新形态一体化系列教材

幼儿教师职业道德

主　编　刘志林　张立明　罗　荔

副主编　夏胜先　游宇晴　王魏敏

中国言实出版社

图书在版编目(CIP)数据

幼儿教师职业道德 / 刘志林 , 张立明 , 罗荔主编 .
—北京：中国言实出版社 , 2022.9
新形态一体化系列教材
ISBN 978-7-5171-4259-1

Ⅰ . ①幼… Ⅱ . ①刘… ②张… ③罗… Ⅲ . ①幼教
人员—师德 Ⅳ . ① G615

中国版本图书馆 CIP 数据核字 (2022) 第 135294 号

幼儿教师职业道德

责任编辑：张国旗
责任校对：宫媛媛

出版发行：中国言实出版社
　　　　地　　址：北京市朝阳区北苑路180号加利大厦5号楼105室
　　　　邮　　编：100101
　　　　编辑部：北京市海淀区花园路6号院B座6层
　　　　邮　　编：100088
　　　　电　　话：010-64924853（总编室）　010-64924716（发行部）
　　　　网　　址：www.zgyscbs.cn　电子邮箱：zgyscbs@263.net

经　　销：新华书店
印　　刷：三河市海新印务有限公司
版　　次：2022年10月第1版　　2022年10月第1次印刷
规　　格：787毫米×1092毫米　1/16　12印张
字　　数：299千字

定　　价：39.80元
书　　号：ISBN 978-7-5171-4259-1

前言 PREFACE

百年大计，教育为本；教育大计，教师为本；教师大计，师德为先。学前教育是国民教育体系的重要组成部分，是终身教育的奠基阶段。幼儿教师教育担负着学前教师职前培养和职后培训，促进教师专业成长的双重任务，在教育体系中具有职业性和专业性、基础性和全民性的重要地位。

"树人先树德"，作为一名合格的幼儿教师，不仅要懂得教育规律，掌握丰富的育儿知识，更要具备较高的职业道德素养。幼儿教育工作全面而关键，幼教工作者任重而道远，他们对待孩子要充满爱心，对待幼教事业要有耐心，对待本职工作要有进取心，只有这样才能在幼教工作中完成时代赋予的神圣使命。

本书立足幼儿教师的职业道德规范要求，主要从道德与教师职业道德、幼儿教师职业道德范畴、幼儿教师职业道德规范、幼儿园教育活动中的教师职业道德、幼儿园生活活动中的教师职业道德、幼儿园游戏活动中的教师职业道德、家园合作中的幼儿教师职业道德、幼儿教师职业伦理、幼儿教师职业素养、幼儿教师职业发展的相关法律和规范等方面，对新时期幼儿教师职业道德展开深入浅出的论述，探究幼儿教师职业道德建设发展方向。

本书以习近平新时代中国特色社会主义思想为指导，充分融合思想政治教育元素，注重社会主义核心价值观的引领作用。从幼儿园教学实践、学前教育专业的教学实践中选取丰富的一线教学素材，从社会热点中选取最新、最近、最鲜活的案例对本书理论进行论证和说明，意在提升学生的学习兴趣，彰显教材的引领性、时代性和科学性。

在本书的编写过程中，编者紧扣前沿话题，吸收了近几年有关幼儿教师职业道德的相关研究成果，借鉴了相关专家、学者的论文和著作，在此一并表示感谢。

幼儿教师职业道德涉及面广、实践性强，并在不断与时俱进，本书如有不足之处，真诚希望广大读者批评指正。

编　者

目录 CONTENTS

第一章

道德与教师职业道德

★ **本章导读**

　　一个人如果不是真正有道德，就不可能真正有智慧。意大利诗人但丁有句名言："道德可以弥补智慧的不足，而智慧却永远弥补不了道德的不足。"道德是维系人们生活和谐发展的纽带，社会的发展和文明的进步都离不开人们对道德的认同和具体德行的实践。教师是答疑解惑、教书育人的群体，首先是以一个拥有道德思维能力和德行践行能力的角色出现在学校生活中的；其次是以一个具备完善的专业知识体系和教学技巧的教育者的形象出现在学生面前的。教师与道德之间构成了特殊的关联，教师职业道德是教师在教育实践中道德认识与道德行为的真实写照，针对教师职业道德的探讨不仅涉及教师自身素养的养成，更关系到学生道德观念的形成以及学校生活秩序的稳定。

◎ **思政小课堂**

　　育人先育德，注重传道授业解惑、育人育才的有机统一，一直是我国教育的优良传统。道德教育是传承中华美德的重要平台，课堂教学中教师依据社会的要求，将中华美德置于教学的首要地位，教导学生树立正确的社会义务、荣誉、正义、幸福等观念，使受教育者成为道德高尚、思想纯洁、拥有崇高理想的人。

第一节　道德与道德观念

一、道德

（一）道德的内涵

　　道德是人们的一种思想观念，最初被理解为人类特有的内在思维活动，是支配人类行为活动的原动力，是维系社会发展和人类进步的根基。在西方，"道德"（moral）一词源自拉丁文"摩里斯"（mores），意思为礼节、风俗和习惯。在我国，"道"是一切行为应遵守的最基本、最高的行为准则，"德"是对生活中"善"的现象总的概括，"道德"因而构成了生活中善行的全部内容。对道德的整体把握不能仅停留在"道德"的传统认知上，更应该对道德的本质进行剖析。对于"道德"概念没有统一的定义，有的词典上对"道德"的解释为："社会意识形态之一，是人们共同生活及其行为的准则和规范。"

　　因此，"道德"一词的本质可以理解为："为了实现个人与社会的协调发展，调和个人之间以及个人与社会之间的关系所倡导的行为规范的总和。"

　　从传统"道德"思想的演变历程可以看到，中华美德的思想起源及其在漫长的历史长河中逐渐形成的根深蒂固的基础。任何人类社会都要依赖道德作为思想准绳，实现人们思想上的规约，那么，在当代社会中，道德又会表现出什么样的内涵来推进个人与社会进步呢？我们看到，当代社会中的道德主

传统"道德"
含义的演变历程

要表现为一种社会制度、复杂的意识形态、群体影响力和民族文化的反映。

1. 道德是一种社会制度

道德的实质是一种社会行为规范，属于社会制度的范畴。道德不仅规定着社会成员思想和行为的标准，是人们共同遵守的行为准则，而且在实际生活中，道德可以直接通过思维判断和大众舆论对人们的日常行为进行规范和约束，使之符合社会发展的核心价值取向，这是巩固社会制度、促进社会文明进步、提高人们自身素质的重要途径。

社会制度的本质内涵是为了满足人们基本的社会需要而组织的具有普遍意义和稳定性的社会规范体系，它主要包括思想观念、各类规范、实施组织和基础设施等，其中大部分的观念和不成文的规范正是受风俗、习惯、团体等因素影响形成的，这些因素也是道德形成的基本条件，例如在一个民族群体中，风俗习惯中就蕴含着道德内容和道德规范，因此，道德是社会制度的重要构成部分，社会制度在一定程度上表现在人们的道德行为上。

2. 道德是一种复杂的意识形态

如果说社会制度多是以摸得到、看得见的文本规定下来的，那么道德的影响力和权威性是人们思想意识的自觉表达。道德观念是存在于人的头脑中的思维活动，它具有多元性、阶段性、可塑性、不稳定性、自觉性等特征。首先，道德观念的存在形式是复杂多样的，不以固定的形态出现。由于人们的思维活动一直处于活跃状态，随着环境因素的变化而改变，尤其在当下，影响因素众多，人们的思维变化更加迅捷，因此道德观念表现出多元化的形态。其次，道德观念具有阶段性特征。人们身心特征的变化直接影响到对道德认知和道德体验的感官认识，不同年龄阶段对同样的道德现象会做出不同的反应，但随着年龄的增长，这种道德认知的阶段性特征会变得不明显。再次，道德观念具有不稳定性特征。与阶段性特征一样，道德观念的稳定性是随着身心变化而改变的，伴随心理成熟度的增加而趋于稳定。最后，道德观念具有自觉性特征。道德行为的践行是需要一个过程的，从道德认知的形成、道德思维判断的形成、道德习惯的养成，再到道德自觉性的形成，构成了完整的道德行为模式。道德自觉性的形成至关重要，体现出一个人道德意识的成熟程度和践行道德行为的能力。由此可见，道德是一个复杂的意识形态。

3. 道德是一种群体影响力

道德是群体间互动的结果，离开个体间互动的条件，道德将不复存在。首先，一个人的道德是毫无意义的，道德的本意在于对他者施加的正向影响。既然道德是一种社会制度，那么道德将通过具体的行动来维系社会正常秩序。在施展道德行为的同时，也是他者对施动者行为进行评价的过程，离开他者的评价和互动所产生的影响，道德自然而然就丧失了自身存在的意义。也就是说，若在对他者采取行动的过程中没有产生影响，这个过程也就无所谓道德与否。其次，道德的互动影响必须体现出积极的一面。我们说，道德是"真"、"善"、"美"的表达，正是人类对美好事物的向往和社会进步的内在要求，道德在不断地激励着我们形成"向善求真"的价值取向，道德在人际互动的过程中对他者产生积极作用，如果是消极作用，那么就是不道德的行为。最后，道德的群体性为道德行为的实施构建了必要的环境。群体的互动使人们产生了道德思维，从而为道德认知提供了基础，人际的沟通与交流是道德体验的场所，也是锻炼道德行为的重要场所，因此，群体间的互动将直接推动人们道德观的成长。

4. 道德是一种民族文化的反映

道德观念是思想文化的载体，反映了一个民族、一个国家、一个社会群体的核心价值观念。我国的中华美德传承着我国优秀的民族文化，在几千年的文化积淀中，中华美德经历着一代代人的继承和发展，不断维系和推动着社会的前行，尤其在中华民族文化的发展进程中，道德一直都是作为文化的核心内容出现的。文化是人类物质文明与精神文明的成果，是推动社会进步的动力，道德是对精神文明的提炼和选择，相应地，精神文明反作用于道德。精神文明的创造离不开良好的道德品质以及道德行为规范的约束作用，因为文化本身是社会生活的反映，依赖社会制度的制约作用，这与道德的作用是一致的。

（二）道德的作用

道德既然是人们的思想观念、思维活动的方式，就要受到社会生产发展因素的影响，其中首要因素是社会经济关系。但道德并不是消极地接受社会物质条件的决定，而是积极地与其他社会意识形态一起对社会的发展产生强大的能动作用。

1. 调节社会关系

调节复杂的社会关系是道德最基本，也是最主要的功能之一。随着经济社会的发展，当代社会关系已经形成了一张复杂多变的关系网，道德正是通过评价、教育、指导、激励、示范、沟通等方式和途径，调节人与人之间、个人与社会之间的关系，并规约其行为的。

正因为人们看到了道德对行为的约束作用，所以制定法律法规的依据也是从道德出发的。与法律法规不同的是，道德的调节途径以大众信念和公众舆论为主。大众信念主要包括社会主义核心价值观，个人的世界观、人生观、价值观、道德理想等；公众舆论主要由某种社会现象引发的公众对道德观念的思考和评论。大众信念与公众舆论的力量不可小觑。受道德影响的大众信念和公众舆论正是无形的社会力量，对人们的思想、情绪和态度产生强烈的导向作用，从而弃恶扬善、扶正祛邪，传承中华美德、弘扬社会正能量。

2. 认识社会现实

道德为认识社会现实提供了思想基础。人们认识社会是通过各种社会生活中的社会现象，社会现象中充满了各种道德表现形式和道德体验情景，在认知的过程中，道德观念回答了人们什么是有利的和有害的、善的和恶的、应当的和不应当的、正义的和非正义的等伦理道德问题，道德思想就是在这样的过程中培养起来的。

在社会生活中，个人与他人、个人与集体、个人与社会的关系错综复杂，冲突与矛盾反映出整个社会的现状，这些冲突和矛盾为人们提高道德判断能力提供了大量的信息和进行道德选择的条件，通过道德判断和选择，人们可以更清晰地了解社会现实。对社会现实的认知集合可称为社会认知范畴，那么道德认知范畴就是人类对道德现象本质的概括而形成的一些基本概念。道德认知范畴代表了人们将道德现实与道德理想进行对比后得到的道德思维习惯，以及在道德体验过程中凝结而成的道德态度、情感和经验。每个人拥有不同的道德认知范畴，代表着每个人不同的道德思维模式。使用道德思维模式看待所处的社会生活将获得对社会现实的理解，因此，一般的道德范畴都在不同程度上反映了社会对人们的一些基本道德要求。道德范畴不但可以帮助人们更深刻地认识道德的本质及发现规律，指导人们的道德实践，而且可以成为人们进行道德评价的工具。

3. 规约个人行为

规约个人的日常行为是道德最基本的作用之一，道德正是通过对个人行为的调节从而推进社会有序发展的。个人行为是在思想观念的支配下实现的，良好的思想观念将对个人行为产生积极向上的影响，从而促进个人健康成长；不良的思想观念将对个人行为产生负面影响，做出不符合伦理道德的行为，不利于个人成长。道德的能动性就在于对思想观念发挥作用，不断激励个人奋发向上，完善人格特征。

当前，经济社会正在迅速发展，人们越来越认识到道德在调节社会关系方面的重要作用。例如，学校对道德教育越发重视，家庭教育中父母会随时留意孩子的行为是否符合道德要求等。这些道德教育正是道德规约个人行为的重要途径。

道德还可以引领形成个人的道德修养。道德修养是具有良好道德思想观念的表现，是产生道德行为的思想动力。道德修养是经过道德认知、道德思考、道德内化、道德习惯等长期过程最终形成的，是个人修养的综合表现。道德的自觉行为是道德修养的核心部分，规约个人行为并非易事，是一个有道德的人崇高价值的体现。

4. 教育引导功能

道德具有教育引导功能。在我国，道德教育是传承中华美德的重要方式，在学校教育中设有专门的思想政治课程，在课堂教学中教师依据社会的要求，对学生进行思想道德教育，其中将中华美德置于教学的重要位置，其内容主要包括良好的道德意识、道德品质和道德行为，教导学生树立正确的社会义务、荣誉、正义、幸福等观念，引导学生成为道德高尚、思想纯洁、拥有理想的人。

二、道德观念的含义

道德观念是指人们对有利的和有害的、善的和恶的、应当的和不应当的、正义和非正义等方面进行的分析与判断，是对自身、对他人、对世界所处关系的系统认识和看法，属于社会伦理概念。我国传统哲学中的道德观念主要是指以儒家思想为正统的传统道德观，在我国历史上影响至深，是中华美德的思想根源，是道德意识最基本的形式，也是人们道德行为的"指南针"。

道德观念的作用在于以人的内心为始端，以道德为评价标准，依靠公众信念、社会舆论、文化习俗和内在价值观来调整人们之间相互关系的行为规范的总和。道德观念贯穿社会生活的各个方面，如社会公德、职业道德、家庭美德等，通过确立一定的善恶标准和行为准则来约束人们的相互关系和个人行为，调节社会关系，并与法律法规一起对社会生活的正常秩序起保障作用。

道德观念的内容是复杂多样的，它具有社会性、历史性、民族性、地域性等特征。社会性是指道德观念受社会制度变革的影响，在一定的社会制度和环境中表现出不同的公认的道德观念；历史性是指人们的道德观念在各个历史时期会有所不同，会随着时间的推移发生改变；民族性是指在一定的民族群体中，道德观念是稳定存在、可以得到传承的；地域性是指在一定的地区范围内，道德观念也同样具有稳定性和认同性。

道德观念可分为主流道德观念和非主流道德观念。一个人可以自觉抵制社会不良风气，并能以身作则，频做善举，那么他是一个具有主流道德观念的人；相反，另一些人的不被社会公众道德观念所认可，但又受不到法律制裁的行为，如公共场所吸烟、过马路不遵守交通规则、随地大小便、乱扔垃圾、污言秽语等，那么他们是一群具有非主流道德观念的人。前者是维系社会秩序的思想基础，在一定时期和一定场合中稳定存在；而后者是损害社会健康发展的一种混乱表现，属于少数不稳定因素。道德教育旨在教人人认识和开发社会主流道德观念，培养主动抵制非主流道德观念的思想和能力。

第二节　教师职业道德

1993年颁布的《中华人民共和国教师法》（以下简称《教师法》）把教师界定为："教师是履行教育教学职责的专业人员，承担教书育人，培养社会主义事业的建设者和接班人、提高民族素质的使命。"这样的身份决定了教师在教育教学活动中，既要传播人类的文化知识和技能，又要注重学生的思想道德、体质、审美情趣等方面的发展，这必将对教师的职业道德提出较高的要求。

教师职业道德与教师自身思想道德的成熟程度、环境的影响、教师自身对教师职业的理解等方面相关。首先，教师自身思想道德水平与教师职业道德息息相关。思想道德水平是一个人综合素质的体现，是影响日常行为表现方式的动力，在从事工作的过程中必然反映出个人思想道德水平。其次，教师所处的生活环境也是影响教师职业道德的重要因素。人们所处的生活环境对思想观念会产生潜移默化的作用，教师所处的生活环境主要包括家庭环境、社会环境、学校环境、师生交往等，道德正是众多环境中的点滴体验综合影响的结果。最后，对教师职业的理解程度将影响教师对职业的态度和情感，从而指导道德的方向。作为一名教师首先应该知道自己为什么当教师，即从事教师职业的目的是什么，如果把当教师仅仅作为一种谋生的手段，一份普通职业来对待，那么是难以符合社会对教师这种职业的要求的，不足以匹配"人类灵魂工程师"的称号，在教师岗位上也很难真正承担起教书育人的职责。

一、教师职业道德的含义

对于教师职业道德的定义，众说纷纭，例如，"所谓教师职业道德，就是约定俗成的、明文规定的、国家教育从业人员在其教书育人活动中和社会生活中遵循的行为规范和道德准则"。又如，"教师职业道德是指教师在从事教育教学工作中必须遵守的行为、道德规范和准则的总和，是教师对自己从事的职业道德规范的认识和实践所达到的自觉程度，是教师在这一特殊职业的工作中形成和发展起来的品德"。

理解教师职业道德的概念分为3个层次：其一，教师是一类专业人员，术业有专攻，在各个专业领域中有独特的道德要求和标准；其二，教师在从事教育教学这一专业工作时要履行教书育人这一特定的职责，即教师在教育教学过程中所应遵循的各种教师行为规范，这些规范在教育教学实践过程中内化形成教师自身的职业道德品质；其三，教师无论作为社会人，还是作为专业人，都要遵守一定的社会行为准则和道德行为规范。

二、教师职业道德的特征

（一）教师职业道德意识的复杂性

时代的发展、社会的要求、家长的期待、学生的成长，都要求教师必须具备较高的职业道德意识，这样才能胜任教书育人的重任。教师职业道德包括教师职业道德意识和教师职业道德行为两方面：一方面，教师职业道德意识引导着教师的职业道德行为，它是道德行为内在的规范；另一方面，由于教师职业道德行为可以反映出教师职业道德意识的走向，因此只有具备较高的职业道德意识水准，才能将职业道德意识与行为统一起来，以便更好地适应当下的需要。教师职业道德意识的核心是创造良好的思想道德环境和教学环境，更好地引领正在成长中的青少年健康发展，使其丰富个性的同时，形成正确的世界观、人生观、价值观，成为适应时代发展与社会需求的人。正如汉代学者扬雄所说，"吾闻觌君子者，问铸人，不问铸金"。教师不仅要向学生传播知识，更重要的是要用自己的心灵去塑造学生的灵魂。

（二）教师职业道德行为的示范性

道德行为是在道德意识支配下所表现出来的符合一定道德规范的行为。在教育教学过程中，教师要时刻严格要求自己，规范自己的言行举止，为学生的学习和成长起到为人师表、师道尊严的示范作用。在学校生活中，教师与学生朝夕相处，教师的言行举止和思想道德水准对学生必然起到耳濡目染的作用，学生易于在头脑中树立一个自我感受到的教师形象，在生活的点滴和细节中都会以自己的教师为榜样进行模仿。尤其是学生正处于长身体、学知识、立德志的重要时期，他们在个性心理品质上所表现出来的显著特征就是模仿性强、可塑性强。他们的求知欲不仅表现为对知识文化的渴求，更表现为对一个影响自己道德成熟形象的渴望。因此，教师不仅要具备较高水准的道德意识，更要外化堪为示范的行为，成为学生直接模仿的典型，起到以身立教的作用，成为学生做人的引路者。我国传统教育倡导的"凡学之道，严师为难，师严然后道尊，道尊然后民知敬学"，意思是教师首先要做到"师严"，为人师表，使学生从内心深处对教师肃然起敬，感受到教师的学识、品格、行为都值得敬重。相反，则难以为人师表而使尊严尽失。

（三）教师职业道德影响的深刻性

如果一位教师拥有崇高的职业道德理想，散发着值得尊敬的人格魅力，那么他将成为强有力的教育力量和榜样，对学生的成长产生久远的影响，甚至影响到他们对人生道路的选择，这种影响无论从纵向还是横向来讲都是无法忽视的。从纵向来讲，这种影响力可能会影响学生的一生；从横向来讲，这种影响力会涉及学生生活的各个方面，一旦思想观念发生了变化，那么由之产生的行为也会随之改变。在学生心目中，一名教师往往扮演着多重角色，他可能是社会的代表、知识权威的代表，也可能是伦理的化身、真理的标准。一名学识渊博、品德高尚、为人正派、公正无私的教师，会被学生视为自己学习的榜样，并模仿他的言行举止，以此确定自己人生道路的选择。

（四）教师职业道德教育的实践性

教育起源于生产劳动，教师是伴随学校的出现而产生的。教师职业道德离不开教育活动的出现，是在教育活动中逐渐形成，又反作用于教育活动的。在教育活动中，4种利益关系会同时存在并相互作用：社会教育事业利益关系、教师集体利益关系、教师个体利益关系以及学生个体利益关系。在复杂的教育环境下，这4种利益关系不可能永远一致，它们之间时常或公开或隐蔽地发生矛盾和冲突。如果处理不好，将会直接影响到教师的情绪，进而影响教育目的的实现。为了有效地改善利益关系的矛盾和冲突，教育部门制定出了各项教育行政制度、各种奖惩措施，在调节各种利益矛盾、指导教师行为方面发挥了一定的作用。但是由于教师的劳动不同于一般的生产劳动，劳动效果难以直接量化评估，因而需要一种更为有效的调节手段，能够对教育活动的各个方面进行指导、调节和监督，这个调节手段就是教师职业道德，教师职业道德的实践性得到了凸显。

教师职业道德的实践范围是整个学校教育活动，主要途径包括社会舆论、教师的内心信念和传统道德习惯的力量，主要目标是调节教育劳动实践中教师与社会、教师与他人的利益关系及行为，保证教育活动的有效进行。在所有影响教师职业道德实践功能的诸因素中，教师的内心信念是最根本的，传统道德习惯的继承是最具影响力的，而社会舆论起到了辅助作用，将这些综合起来所表现出的特征是教师职业道德有别于其他类型道德的主要方面。

第三节　教师职业道德的意义

一、我国传统的教师职业道德

考察新时期我国教师职业道德的现状，离不开对我国传统教师职业道德的探讨，离不开对传统教师职业道德的继承和发扬，古为今用、推陈出新，才能真正建立起适应社会主义市场经济体制的教师职业道德。我国流传广泛的传统教师职业道德要求常以熟语的形式出现，它们言简意赅、意味深长，几千年来一直鞭策着教师不断自省，以提升自身的思想道德水平。在我国优良的教师职业道德传统中，应该大力宣传和发扬的主要包括以下几个方面的内容。

（一）关爱学生，有教无类

"关爱学生"和"有教无类"是我国传统教师职业道德中最基本的规范和要求。关心学生、热爱学生，一直被认为是一个教师必须具备的首要条件。孔子曾说："爱之能勿劳乎？忠焉能勿诲乎？"意思为：爱他，能不教他勤劳吗？忠于他，能不以正道来规诲他吗？因此，他认为关心学生是一个教师做好教育工作的前提和基础。"有教无类"思想是一个教育机会、教育公平和教育权利的问题，要求教师在教学过程中表现出公正、无私、一视同仁的职业道德思想，不能任凭个人感情的好恶标准，以品行优劣、智力高低、相貌美丑定亲疏，更不应以家庭出身、民族、贫富不同分高下，而应为每位学生提供一个公平的学习环境和条件。在孔子诸多的学生中，有生活贫困的颜回，有食藜藿而负米养亲的子路，有亲自种瓜的曾参，有身穿芦衣为父亲赶车的闵子骞，有家庭出身卑微的仲弓，有犯过法的公冶长，有经商为生的子贡，他们皆属平民阶层，而孔子保障和维护着他们的求学权利，真正做到了"关爱学生"和"有教无类"。

（二）学而不厌，诲人不倦

"学而不厌，诲人不倦"是对教师职业的总体概括，它要求教师既要注重学生学业上的提升，也要从思想品德上施加正向作用。同时，这是孔子最早提出的关于教师职业道德规范的总述，是涉及教师职业道德最有名的阐释。在《论语》一书中，充满了孔子关于这一思想的论述。例如，孔子认为，作为一名教师首先要有"学而不厌"的品德。"君子食无求饱，居无求安，敏于事而慎于言，就有道而正焉。可谓好学也已。"其次，教师不但要在教学中虚心钻研，还要经常注意向他人学习，以丰富自己的才识。孔子就曾向老子问礼，还说"三人行，必有我师焉"、"择其善者而从之，多见而识之"。孔子认为教师只有不断地"温故而知新"，才能博学多能，使弟子敬佩、信服他。最后，教师自己掌握好知识还要教育好后人，所以"诲人不倦"是教师最为可贵的品格。"教不倦，仁也。""默而识之，学而不厌，诲人不倦，何有于我哉？"因此，"学而不厌，诲人不倦"的思想蕴含了丰富的师德内容。

（三）言传身教，为人师表

"身教重于言教。"教师不仅要做学生学习上的导师，更要做学生政治思想、品德修养、情感态度、理想信念上的榜样。由于学生有模仿的能力，教师的言行举止无时无刻不成为学生模仿的对象。传统意义上，教师在学生心目中往往是正义、真理、知识、道德的化身，这种感染力和影响力将直接引领着学生的世界观、人生观、价值观的形成与发展，那么，教师的职业道德也必将深刻影响学生思想品德的形成与发展。孔子很注重自己的言谈举止，他说："其身正，不令而行；其身不正，虽令不从。""不能正其身，如正人何？"而"为人师表"是对教师形象地概括，是对教师职业道德提出的最高要求。孔子强调，教师在学生面前要树立起自己崇高的形象和威信，这不仅有利于教学活动，更有利于学生找到自己道德与行为的楷模，心悦诚服，感化于无形。同属儒家的孟子也要求教师育人时"以身作则"，重视教师的自我道德修养，要求教师在教育学生的过程中加强自我道德教育，时时处处"以德修身"、"以德克己"、"以德育人"。

（四）因材施教，循循善诱

"因材施教"和"循循善诱"是我国传统上重要的教学原则，也是传统教师职业道德理论中处理师生关系的基本道德规范。它最早由孔子提出，并运用在实际的教学活动中，被后人所模仿。它的含义是：要关注人和人之间客观存在的在智力、情感、性格等方面表现出的差异，在进行实际的教育活动时，要注意观察学生的个性特征和情感态度，采取不同的教育方法和方式，有重点地施加智力和思想教育，实现对症下药、有的放矢，以便达到理想的教育效果。孔子自己就是这样做的，如当不同的学生问"仁"、"孝"、"政"时，他会根据学生们不同的身份、性格和对人的态度给予不同的回答。他的学生颜渊称赞道："夫子循循然善诱人。"孟子在领悟孔子"循循善诱"思想的基础上，发扬了其核心思想，"君子之所以教者五：有如时雨化之者，有成德者，有达财者，有答问者，有私淑艾者。此五者，君子之所以教也"。因此，"因材施教"和"循循善诱"既表达了教师对学生的关爱，又表现出教师的教学智慧和技巧。

（五）不耻下问，教学相长

"不耻下问"应用到教师职业可以理解为，教师为了不断提高自己的知识水平和道德情操，仅靠教师个人的自身修养是不行的，还应该虚心地向他人，特别是那些在地位上、学问上、德行上不如自己的人求教，甚至向自己的学生学习，体现出教师对待学习、对待他人的一种态度和精神境界。"教学相长"思想体现了教学活动中的民主思想，是处理师生关系的一个重要原则，孔子的"当仁，不让于师"的说法是其体现。孔子不仅鼓励学生与自己探讨学术问题，而且勇于在学生面前承认错误，他认为在学术面前师生之间的关系是平等的。例如，他当着弟子的面对巫马期公开承认自己的过错；而学生子路、冉求、樊迟经常与孔子争论学术问题，但孔子并未不喜欢他们，反而颇为器重他们，将他们都培养成出类拔萃的英才。荀子继承了孔子"不耻下问"和"教学相长"的思想，提出了"青，取之于蓝而青于蓝；冰，水为之而寒于水"的思想，要求教师在教学中应虚心向后辈与学生学习，后来者居上，学生也可能超过老师。这就是教师对待学业和学生态度的一种道德体认。

二、教师职业道德的当代价值

（一）教师职业道德是履行教师基本职责的根本

教师的职业是崇高而神圣的，崇高在于教师承担着传承人类知识精华、赋予学生创新精神的重任，神圣在于教师要帮助学生树立正确的世界观、人生观、价值观，从思想上引导学生走向符合社会生活的要求，因此集崇高与神圣于一体的教师职业对教师个人提出了很高的要求和标准，加强教师职业理想和职业道德教育，增强广大教师教书育人的责任感和使命感。教师要关爱学生，严谨笃学，淡泊名利，自尊自律，以人格魅力和学识魅力教育感染学生，做学生健康成长的指导者和引路人。这明确了教师职业道德在教育活动中的重要地位和作用，尤其以教育改革和发展规划的方式将其提出来，更说明了教师职业道德与教育质量、教育根本目的、教师天职之间的密切关系，对实际教学行为中教师职业道德的体验起到积极的促进和影响作用。

（二）教师职业道德是教师贯彻教育方针的基石

教师职业道德是贯彻教育方针的有力保障。党的十九大报告就新时代如何优先发展教育事业、加快教育现代化、办好人民满意的教育、建设教育强国提出了明确要求，也为新时代师德师风建设指明了方向。《关于全面深化新时代教师队伍建设改革的意见》对师德师风建设作出了总体部署，要求"着力提升思想政治素质，全面加强师德师风建设"，这体现了深入贯彻落实党的十九大精神，是立足于立德树人根本任务的必然要求。这里强调了在教育工作中，教师对学生道德素养和道德行为能力培养的重要性，提出了树立道德理想与育人的密切联系，重申了在"德育"、"智育"、"体育"、"美育"中"德育"的首要地位。教师承担着多种角色，作为知识的传播者，他们是文明的使者；作为一名普通的教育工作者，他们是教育方针政策的践行者；作为一名好老师，他们是道德教育和思想政治教育的实施者，他们的工作离不开对教师职业道德的深刻理解和具体实践，因为他们关系到亿万青少年能否健康而全面地成长，关系到我国的前途命运和民族的未来发展。只有教师具备了良好的教师职业道德素养，才能确保教育方针政策的全面贯彻落实，才能培养出德智体美全面发展的社会主义建设者和接班人。

（三）教师职业道德是新时期教师实施素质教育的本质内涵

素质教育是指依据人的发展和社会发展的实际需要，以全面提高全体学生的基本素质为根本目的，以尊重学生个性、注重开发人的身心潜能、注重形成人的健全个性为根本特征的教育。素质教育不同于知识技能教育的根本之处在于，是以培养创新精神和实践能力为重点，以提高综合素质为本质要求。这首先要求只有建设一支高素质的教师队伍，才能与素质教育相适应，保证素质教育的顺利实施。因此，广大教师更应该在教师职业道德素养的标准下，开展师德建设工作，真正领悟教育活动的目的所在，真正提高自身的素质和能力，真正在素质教育的过程中做到素质与能力、能力与道德、道德与行为的高度统一。

（四）教师职业道德是教师提高职业道德素养的保障

教师职业道德是围绕师德建设开展的一系列具有时代意义和社会意义的研究活动，将师德建设的本质含义、如何实现师德建设理想、师德建设中遇到的困难、师德建设中的重点和难点等内容置于研究的中心，将提高教师职业道德素质定为研究的目标。百年大计，教育为本；教育大计，教师为本；教师大计，师德为本。人们逐渐意识到教师的思想觉悟、道德品质、文化素养、工作态度、执教能力、待人处事、性情爱好、诚实守信都会对学生产生较大的影响。我国越来越重视师德建设的现实意义，使师德建设逐渐成为教育工作中的重点。许多教育研究都与师德建设有关，然而在实际的教学活动中，教师的职业道德确实存在一些问题，道德缺失的现象依旧存在，这已成为社会关注的焦点问题。教师道德素养的提升为研究提供了丰富而生动的素材，真正反映出了教育实践活动中的缺陷所在。有的放矢地对问题与现象进行剖析，可以挖掘隐藏在现象背后的根本原因。对于教师职业道德而言，影响思想观念的因素众多，教师职业道德的研究就更凸显其重要性。

思考与练习

1. 什么是道德？
2. 教师职业道德有哪些特征？
3. 教师职业道德的意义有哪些？

课证融通

1. 我国历代思想家教育家有关师德修养的思想有（　　）。（单选题）

   A. 学而不厌，诲人不倦

   B. 以身作则，反躬自省

C.教学相长，相互尊重

D.立志乐道，甘于奉献

2.托尔斯泰说："如果一个教师把热爱事业和热爱学生结合起来，他就是一个完美的教师。"这意味着教师要（　　　　）。（单选题）

A.关心学生，了解学生

B.尊重学生，信任学生

C.严格要求学生，对学生一视同仁

D.把热爱事业与热爱学生结合起来

第二章

幼儿教师职业道德范畴

⭐ **本章导读**

　　提高幼儿教师职业道德素养是提高幼儿教师专业素养的关键，也是推动幼儿教育发展的关键。对幼儿教师职业道德范畴的探析，能够帮助我们更好地把握幼儿教师职业道德的基本特征、属性、要求与规律，能够深入认识和把握幼儿教师职业道德的概念。本章的目的在于通过对幼儿教师职业道德范畴的探析，帮助学生把握其基本特征、属性、要求与规律，深入认识和把握幼儿教师职业道德的概念。

◎ **思政小课堂**

　　在进行幼师队伍的建设时，道德范畴建设是比较重要的建设内容，也是进行健康队伍建设的核心内容。新时代下，在对幼师进行道德范畴的建设时，所处的环境也发生了非常大的变化，教师的职业道德受到越来越多人的重视，也受到越来越多人的监督，因此建设工作越来越规范化，而且已经变成了社会的常态。所以，只有社会各方面都重视师德的建设工作，都给师德建设工作提供力量，才能推动幼师道德范畴建设工作取得实效。

第一节　幼儿教师职业道德范畴的内涵

一、范畴与道德范畴

　　范畴是反映事物本质属性和普遍联系的基本概念，是人类理性思维的逻辑形式。它反映着人们认识发展的阶段，是人们借以把握事物本质的手段。

　　道德范畴是概括和反映道德的主要本质，体现一定的社会整体的道德要求，并成为人们的普遍信念而对人们行为发生影响的基本道德概念。

二、教师的职业道德范畴与具备条件

　　教师职业道德范畴，是指反映和概括教师职业现象的特征、根本要求和内在关系的基本概念。教师职业道德范畴应具备以下3个条件：其一，它必须是概括和反映教师职业道德现象最本质、最主要、最普通的道德关系的基本概念；其二，它必须体现教师职业道德原则和规范对教师的根本道德要求，显示教师认识与掌握职业道德现象的一定阶段；其三，它必须作为一种信念存在于教师的内心，并能时时指挥和影响行为。凡是不具备或不完全具备这3个条件的，均不宜作为教师职业道德体系中的基本职业道德范畴。

三、幼儿教师职业道德范畴的定义

　　幼儿教师职业道德范畴，是指概括和反映幼儿教师职业道德的主要特征，体现社会在一定时期对幼儿教师职业道德的根本要求，并成为幼儿教师的普遍内心信念，对幼儿教师的行为发生影响的基本道德概念。

幼儿教师职业道德范畴包括广义和狭义之分。从广义上讲，能反映和概括幼儿教师职业道德现象的基本概念，均属于幼儿教师职业道德的范畴。它不仅包括道德原则、道德规范和道德品质中的基本概念，还包括道德评价、道德修养和道德教育等方面的基本概念。从这个意义上讲，幼儿教师职业道德范畴是一个由不同层次的一系列反映幼儿教师职业现象的基本概念构成的多方面的范畴体系。从狭义上讲，幼儿教师职业道德范畴，是指概括和反映幼儿教师职业道德的主要特征，体现幼儿教师职业道德原则和规范对教师的根本要求，成为幼儿教师的内心信念，并对幼儿教师行为发生影响的基本概念。本章提到的幼儿教师职业范畴是狭义上的范畴。

第二节 幼儿教师职业道德范畴的特点

职业道德范畴是幼儿教师职业道德体系的重要组成部分，是职业道德原则和职业道德规范转化为幼儿教师内心的道德要求、产生职业道德情感的重要因素。明确职业道德范畴对幼儿教师正确认识学前教育教学过程中的各种道德关系、调整自身的道德行为、自觉实践教师职业道德原则及规范的要求，具有重要的意义。然而，由于幼儿教师这一职业对象的特殊性和职业特点的与众不同，使幼儿教师的职业道德范畴呈现出不同于其他阶段教师职业道德范畴的独特特征。

一、幼儿教师的职业道德范畴是教师职业道德体系的重要组成部分，需要适应、遵守基本范畴内容

近年来，随着国家对学前教育事业的重视，幼儿教师群体的规模发展快速。教育部发布的《2021年全国教育事业发展统计公报》的数字显示，全国共有幼儿园29.48万所，在园幼儿4805.21万人，其中，普惠性幼儿园在园幼儿4218.20万人，普惠性幼儿园覆盖率达到87.78%，共有学前教育专任教师319.10万人，学前教育毛入学率为88.1%。虽然面对的教育对象、教育内容及方法等与其他阶段的教师有很大不同，但作为我国教师队伍中的重要组成部分，幼儿教师同样属于教师群体，因此，必须首先遵守教师群体的整体职业道德要求、适应教师职业范畴的基本内容。

二、幼儿教师的职业道德范畴是实践幼儿教师职业道德基本原则、发挥职业道德规范作用的前提与条件

幼儿教师的职业道德范畴和职业道德基本原则、道德规范都是调节幼儿教师教育教学行为的道德准则。但职业道德范畴是成为幼儿教师的内心信念，并对幼儿教师行为产生影响的基本概念；而教师职业道德基本原则和规范的践行，又是以树立师德信念为前提的。由此看来，幼儿教师职业道德范畴高于其他的职业道德原则和规范。教师职业道德的原则和规范要想在幼儿教师的日常工作中发挥应有的作用，必须首先成为教师个人的道德意识并转化为习惯性的、自觉的道德行为。因为，"只有当教师的职业道德范畴在教师内心形成明确的道德意识时，才能指导教师按照一定的职业道德原则和规范，产生强烈的道德责任感、义务感和荣誉感，从而自

觉地选择、评价和调整自己的道德行为"。也就是说，幼儿教师职业道德范畴是职业原则和规范向教师道德意识转化，进而内化为教师职业道德信念的必要条件。没有幼儿教师职业范畴的确立，就难以发挥教师职业道德原则和规范的作用，也就难以在教师的职业道德实践过程中体现出来。

三、幼儿教师的职业道德范畴受到幼儿教师职业道德基本原则和规范的制约

幼儿教师的职业道德范畴是幼儿教师职业道德体系中各种内在关系的反映，受幼儿教师的职业道德范畴幼儿教师职业道德基本原则和规范制约。教师职业道德范畴反映和概括的是幼儿教师职业道德现象中的基本概念，因此，具有基础性和普适性的特征，可以被不同社会、不同时代的教职人员普遍遵守和使用。由于不同社会、不同时代和不同文化背景下对教师职业的要求不同，因此教师职业道德范畴所包含的具体内容常有所不同，但它们都由时代、社会或阶级的职业道德原则和规范所规定。离开了一定社会的师德原则和规范，就难以确定师德范畴的具体内容和要求。从一定意义上说，幼儿教师职业道德基本原则和规范是教师职业道德范畴的基础。

四、幼儿教师的职业道德范畴是人们对幼儿教师职业道德认识不同发展阶段的具体体现

幼儿教师的职业道德范畴是由概括和反映幼儿教师职业道德主要特征的一系列基本概念构成的范畴体系。而随着幼儿教师职业的发展和人们对这一职业的认识程度不同，人们对教师职业道德范畴内容的理解也有所不同，由此使幼儿教师的职业道德范畴表现出明显的时代性特征。因此，考察不同时代、不同社会的幼儿教师职业道德范畴，可以帮助我们认识和掌握每个社会幼儿教师职业道德现象之网的"纽结"，进而了解一定社会幼儿教师职业道德的状况。

了解幼儿教师职业道德范畴的上述特点，可以更好地了解它在整个幼儿教师职业道德体系中的价值和意义，也可以更深刻地理解它的重要地位和作用。"如果没有教师职业道德范畴，就不能使教师职业道德原则和规范，转化为教师内心的道德要求，产生自觉的符合教师职业道德要求的道德行为和道德情感，也就不能认真履行教书育人的职责。"

第三节　幼儿教师职业道德的重要范畴

一、幼儿教师职业理想

（一）幼儿教师职业理想的含义

职业理想是人们依据社会要求和个人条件而确立的职业奋斗目标和个人渴望达到的职业境界。它是人们实现个人生活理想、道德理想和社会理想的手段，与个体的价值观、职业期待、职业目标等密切相关，并具有明显的差异性、发展性和时代性。

幼儿教师的职业理想，是指教师个体对幼儿教师职业的向往和追求，既包括对所从事的幼儿教师职业的追求，也包括对做一名理想幼儿教师的追求。

古往今来，人们赋予教师许多的美誉，如"教师是人类灵魂的工程师"、"教师是太阳底下最光辉的职业"、"教师是真的种子、善的使者、美的旗帜"、"教师是蜡烛，照亮了别人，燃烧了自己"等。作为教师队伍中的一个重要组成部分，幼儿教师因为"教育对象的幼稚性、教育过程的全面性和教育活动的创造性"，使这个职业需要教师付出更多的汗水和劳动。而坚定的职业理想就成为幼儿教师坚守职业道德、成就幼教事业的前提和动机因素。幼儿教师崇高的职业理想来源于坚定的职业信念，是在对从事学前教育的历史使命和伟大意义深刻理解的基础上，产生的一种从事学前教育事业的志向、抱负和追求。

朱永新
《我的教育理想》

（二）幼儿教师职业理想的作用

1．导向作用

俄国著名作家托尔斯泰曾说过："理想是指路的明灯，没有理想就没有坚定的方向，就没有生活。"而幼儿教师的职业理想则是其职业素质的重要组成部分，是产生良好职业行为的向导。虽然幼儿园的工作细致烦琐、工作时间长、劳动强度大，但一名幼儿教师一旦确立了自己的职业理想，就会摒弃许多的抱怨和不适，排除种种的困难和挫折，朝着实现理想的方向去努力。

高美霞是一名普通的幼儿教师，她同许多工作在幼儿园一线的教师一样，也有过自己的苦恼、无奈和彷徨，但她没有因此而放弃自己的职业追求。她不仅努力地践行着自己的职业理想，还借助专著《爬上豆蔓看自己——辛黛瑞拉的教育日记》将其尽情表达出来。在这本充满激情又令人深思的一线幼儿教师的教育日记中，她详尽地叙述了自己在幼儿园的一日生活以及对日常生活的感悟与反思，记录了一个普通幼儿教师在和孩子、家长交流中的喜怒哀乐，自己专业成长的足迹，以及对生活、工作及生命的感悟与体会。它让我们看到了一名幼儿教师真实的专业生活、锲而不舍的工作状态和因追求职业理想而获得的职业幸福，也让我们感受到了职业理想给予幼儿教师的内在导向力：职业理想不是口头上的，也不是文字上的，而是融入幼儿教师日常教育教学生活的具体行为中的，支撑着教师的工作和生活，引领着教师为实现自己的职业理想而不断努力并坚持付出。

2．调节作用

职业理想在幼儿教师的日常工作中具有参照系的作用，指导并调整着教师个体的职业活动。当一名幼儿教师按照自己的职业理想行动时，他就会以饱满的热情、乐观的态度和高度的社会责任感，兢兢业业地从事学前教育的相关工作，并在勤奋工作、努力探索、用心钻研中"静下心来教学，潜下心来育人"。而当一名幼儿教师在工作中偏离了自己的理想目标时，职业理想就会发挥纠偏作用，尤其是当幼儿教师在实践场域中遇到困难和阻力，心灰意冷、丧失斗志时，教师就会在职业理想的支撑下，克服困难、奋发进取、勇往直前。

3．激励作用

职业理想源于现实又高于现实，因此，职业理想和现实之间常常有一定的距离。实践证明，拥有崇高职业理想的幼儿教师，常常因对工作的热爱而产生献身幼教事业的内在动力。他们积极工作，努力探索，在遇到困难和挫折时，不怨天尤人、不心灰意冷；他们会认真分析自己的职业理想是否符合职业的要求和自己的实际能力，从而选择适宜的职业理想；还会以坚忍不拔的毅力、顽强的拼搏精神和开拓创新的行动来继续前进，直至达成自己的职业理想。

（三）幼儿教师职业理想的实现

1．实现的条件

（1）了解自己的职业。学前教育是人生教育的起始阶段，是基础教育的基础，无论是对儿童个体的健康成长、对家庭的生活质量，还是整个教育事业的发展，都具有特殊的意义。然而，幼儿特殊的身心发展规律和差异性的年龄特征，使幼儿教师的劳动呈现出不同于其他教育阶段教师的独特特点：①劳动对象的主动性和幼稚性；②劳动任务的全面性和细致性；③劳动过程的创造性；④劳动手段的主体性及劳动具有强烈的示范性；⑤劳动周期的长期性和滞后性。因此，幼儿教师既是幼儿学习的支持者，还是幼儿生活的照料者，而保育与教育并重的职业原则，更要求我们的幼儿教师必须充分了解自己的职业特点，设定适宜的职业理想，并做好为自己的职业理想努力奋斗的思想准备和长期辛勤付出的实际行动。

（2）了解自身的特点。幼儿教师作为一种专门职业，有其独特的职业特性。它要求教师有系统的专业理论知识做支撑，有专门的技能做保证；以"儿童的利益高于一切"作为行动的原则；能"专业自主"，运用专业知识独立进行判断、决策。这些要求决定了幼儿教师应清楚地了解自己已有的知识结构和能力结构，看清自身的优势和缺失，并从自身所受的教育、能力倾向、个性特征、身体健康状况等实际出发，结合幼儿教师的职业特点，准确定位自己的职业理想，并有选择、有针对性地培养自己的职业意识和专业能力，主动适应和接受职业岗位的挑战，通过自己的不懈努力来逐步实现自己的理想。

（3）了解社会的需求。了解社会的需求也是幼儿教师实现职业理想的必要条件，因为任何职业理想的实现都与社会的需求紧密相关，幼儿教师也不例外。随着一系列中央和地方学前教育发展行动计划的制订和颁布，中国的学前教育事业也进入了快速发展时期。在教师队伍不断扩大的过程中，幼儿教师数量的增加速度是最快的，但与幼儿园及家长的需求之间仍然存在较大的距离，幼儿教师队伍的缺口仍然很大。作为一名幼儿教师，应该了解社会对本职业的需求情况，加强对职业需求的分析和预测，从而更好地把握本职业的发展趋势，努力储备应有的专业知识和技能，在未来的幼教事业中发挥自己的才能、实现自己的职业理想。

2．实现的路径

（1）树立正确的职业观。职业观是人们在选择职业与从事职业时所持的基本观点和态度，是人生理想在职业问题上的体现。职业观由3个基本要素组成：维持生活、发展个性、承担社会义务。3个基本要素中哪一个要素占主导地位，将决定一个人职业观的类型与层次。而正确的职业观是以承担社会义务为主导方向的3个基本要素的统一体。由此可见，幼儿教师的职业观不同，职业理想也常常不同。

幼儿教师是一个神圣而伟大的职业，他们是幼儿学习活动的支持者和引导者，也是幼儿幸福童年的创造者和维护者。他们除肩负传道、授业、解惑的职责外，还肩负着为未来的社会成员奠定初步的素质基础的重要使命。在所有的教育阶段中，学前教育是投入最少但效益最高的一个阶段，学前教育的质量在一定程度上决定着其他阶段教育的质量。而幼儿教师恰恰是确保学前教育质量的关键因素之一。因此，幼儿教师除应该拥有教育意识、自我价值实现的意识外，还应该拥有强烈的社会责任意识，树立正确的职业观，进而逐步形成崇高的职业理想，用自己的智慧和行动在促进幼儿健康成长的同时，为推进人类的文明进步、社会经济的发展和民族的振兴富强做出贡献。

（2）坚守自己的职业追求。幼儿教师的职业理想，实际上是幼儿教师对职业的认识、信念、情感、意志、行为和习惯诸要素从无到有、从低到高的矛盾运动过程。这一特点决定了它的形成不可能是在短期内轻而易举就完成的，更不可能一蹴而就，而幼儿教育的特殊性更加剧了幼儿教师实现职业理想的难度。这就要求幼儿教师在实现职业理想的历程中，不能因烦琐的工作而放弃自己的职业责任，也不能因暂时的委屈而违背职业要求，更不能因各种借口和压力而改变自己的职业理想和目标。特别是在市场经济快速发展的今天，幼儿教师更需要坚定自己的职业追求，克服因各种困难和职业倦怠产生的退缩情绪，并从日复一日的琐碎事务和教育教学工作中走出来，勇敢地接受摆在自己面前的一个个不可回避的挑战和考验，逐步实现专业突破、获得专业发展。

（3）保持积极的职业状态。职业理想是人们对职业目标的向往和追求，可将个人追求的远大目标和平凡的职业生活联系起来，从而保持一种积极的职业状态，产生强烈而持久的内在动力，并在职业实践的过程中努力工作，积极进取。与其他教育相比，幼儿教育是一个充满激情的事业，它需要幼儿教师从内心热爱自己的这份职业，把幼教工作作为神圣的事业去追求，安心从教，不为名利，甘为人梯，从而通过自己辛勤的劳动坚定自己成为优秀幼儿教师的信心，并在幼教实践的摸索探寻中取得让自己和家长满意的成绩、收获事业成功的满足、体会职业理想达成的幸福。

（4）努力践行正确的职业行为。"理想，不付诸行动，就是虚无缥缈的雾。"幼儿教师需要拥有自己的职业理想，但更需要为理想而奋斗的实际行为，否则理想永远是一句徒劳的空话。我国的学前教育现处于一个蓬勃发展的时期，这让广大的幼儿教师感受到了学前教育大发展的春风，也让更多幼儿教师激起了在幼儿教育领域大展宏图的热情。这种热情不能是一时的冲动，而是要在踏踏实实的幼儿园实践活动中转化为自己的进步和幼儿的成长。特别是随着学前教育实践活动的逐步深入，越来越多的新的实践问题呈现在幼儿教师面前，这些问题需要每位幼儿教师勇于探索、不断磨炼，在坚持不懈的实践中使自己不断提高，最终实现职业理想和抱负。

二、幼儿教师职业义务

（一）幼儿教师职业义务的含义

在社会生活中，作为个体的人，总是在求得生存的过程中同他人发生着相互的联系。不管个体自己意识或承认与否，客观上每位个体都必然对社会关系中的他人承担一定的责任，这种责任就是义务。因此，从一般意义上讲，义务就是个人对他人、对社会应该做的事情和承担的责任，是对他人或社会做与自己的职责、使命、任务相宜的事情。它既表明个人对社会和他人承担的责任，也表明社会和他人对个人行为的要求。

每个人在社会中扮演的角色不同，因而对他人、对社会应尽的义务也各不相同。如一个人作为公民，就要对国家、对民族、对社会履行一定的道德义务；作为一名家庭成员，就要对家庭、对亲友履行一定的家庭义务；作为一名职场成员，就要承担一定的职业义务等。这些义务都是个人在社会中的职责、任务和使命的有意识的表达。

幼儿教师职业义务，是指幼儿教师对幼儿、幼儿园（或社会要求幼儿教师）应当做的事情和应该承担的责任。它通常包含两方面的内容：一方面是指社会向幼儿教师提出的必须遵循的道德要求；另一方面是指幼儿教师在幼儿教育职业劳动的过程中，自觉意识到的各种道德要求的合理性，并把自觉遵循这些合理的道德要求作为自己内心的一种道德习惯，主动履行职业道德行为的规范要求。

幼儿教师作为社会中的一个特殊职业群体，一方面，幼儿教师与一般的社会成员一样要对社会、对他人履行一定的义务；另一方面，作为一种特殊职业，幼儿教师又有着其特定的职业道德义务。幼儿教师的义务是作为人民教师的一种社会属性，既是社会、教师集体用于调节幼儿教师行为的手段，也是幼儿教师个人从自身的责任、良心和荣誉的角度出发，调节个人教育教学行为的手段。

（二）幼儿教师职业义务的内容

幼儿教师的职业义务，是对幼儿教师在教育教学活动中必须做出一定行为或不得做出一定行为的约束，是幼儿教师从事幼儿教育教学工作时应该履行的责任。它主要包括以下6项内容。

1. 遵守宪法、法律和职业道德，为人师表

《教师法》第八条第一款规定，教师应"遵守宪法、法律和职业道德，为人师表"。幼儿教师作为中华人民共和国的公民，应该自觉、模范地遵守宪法、法律以及国家、社会的各项规章制度。同时，在日常的保育教育工作中，幼儿教师还应自觉培养幼儿的法制观念，使每个幼儿自小养成遵纪守法的意识与行为。

幼儿时期的孩子，模仿性很强但分辨是非的能力较弱。可以说，幼儿的很多知识和经验不是来自正规的教育教学活动，而是更多地来自日常生活中对成人的模仿和潜移默化的影响。幼儿教师作为幼儿园内专门从事教育教学活动的专职人员，作为幼儿在园期间的重要他人，他们的一言一行、一举一动都会成为幼儿的模仿对象和学习内容。作为一名幼儿教师，除了要用自己的专业技能向幼儿传递粗浅的知识和经验，更重要的是通过自己的道德品质、思想观念、对幼教事业的态度、对幼儿的情感、自身的行为习惯等言传身教，潜移默化地影响幼儿的发展。

2. 贯彻国家的教育方针，遵守规章制度，执行幼儿园的保教工作计划，履行教师聘约，完成保教工作任务

幼儿教师是专指在特定的学前教育机构中，利用专门的设施，按照特定的章程，对学前儿童实施教育行为的专业人员。幼儿教师作为学前教育与学前儿童发展之间的桥梁，是承接学前教育理念和教育实效的纽带，更是对幼儿施加教育影响、促进幼儿健康成长的重要他人。在日常的保教工作中，幼儿教师应当全面贯彻国家关于幼儿教育的方针政策，遵守相应的规章制度，认真执行教育行政部门和幼儿园制订的各项保教工作计划，完成保教工作任务。幼儿园实行的

是教师聘任制，教师在与园方签订的聘任合同中，已约定了彼此之间的规范和职责，那么，幼儿教师就应当按照合同约定履行自己的义务，完成职责范围内的保育教育任务。

3. 按照国家规定的保育教育目标，组织、带领幼儿开展有目的、有计划的教育活动

幼儿园的教育活动，是教师以多种形式有目的、有计划地引导幼儿生动、活泼、主动活动的教育过程，是实现学前教育目标、促进幼儿身心全面发展的基本途径。所有的学前教育观念只有转化为具体的教育活动才能发挥固有的价值，而学前教育目标也只有在具体的教育活动中转化为幼儿的活动目标，并通过教育媒介和教育手段的运作，才能产生预期的教育效果。因此，幼儿教师应按照国家规定的保育教育目标，充分挖掘各类教育资源，科学地设计和实施好教育活动，为幼儿提供操作探索、交流合作、表达表现的机会，促进幼儿身心和谐发展。

4. 关心爱护全体幼儿，尊重幼儿人格，促进幼儿的全面发展

苏联教育家苏霍姆林斯基说过："教育技巧的全部奥秘也就在于如何爱护儿童。"幼儿虽小，但他们也是作为一个独立的个体存在于社会中的，拥有与成人一样的尊严和权利。幼儿教师应将幼儿当成有独立人格的人来对待，尊重他们的思想感情、兴趣爱好和需求，注意倾听他们的想法，尊重他们的意愿，使幼儿意识到他们是这个社会中有价值、有能力、不可缺少的成员之一，从而建立起自信心，获得良好的自我认同和积极的自我概念，进而为今后的持续发展奠定良好的全面发展的基础。

5. 制止有害于幼儿的行为或者其他侵犯幼儿合法权益的行为，批评和抵制有害于幼儿健康成长的现象

学前期幼儿的发展十分强劲，同时又最脆弱，极易受到伤害，各种风险对幼儿产生的负面影响常常造成无法挽回的后果。幼儿教育对象的以上特点决定了"保护好园内的幼儿，使其免受非法的侵犯"是幼儿教师责无旁贷的责任和义务。而我国的《幼儿园教育指导纲要（试行）》也明确指出："幼儿园必须把保护幼儿的生命和促进幼儿的健康放在工作的首位。"这就要求幼儿教师一方面在幼儿园活动中，对侵犯其所教育管理的幼儿的合法权益的违法行为要给予制止；另一方面对来自家庭社会的、有害于幼儿身心健康成长的不良现象有义务进行批评和抵制。

6. 不断提高职业素养和教育教学水平

职业素养是职业人在社会活动中需要遵守的行为规范，或者说是职业人在从事某种职业时所必须具备的综合素质。良好的职业素养是衡量一个人职业生涯成败的重要指标和关键因素。幼儿教育是基础性的教育，是为人的一生打下良好基础的育根的教育。作为直接从事幼儿教育教学职责的专业人员，幼儿教师应该努力学习、积极进取，在幼儿园的实践工作中不断提高自身的职业素养，并按照《幼儿园教师专业标准（试行）》（以下简称《专业标准》）中的基本要求，建构专业幼儿教师的职业道德结构和职业智能结构，从而在不断充实专业知识、提高专业能力的同时，提高自己的教育教学水平和幼儿教育的质量。

（三）确定幼儿教师职业义务的意义

幼儿教师的职业义务既是社会、集体用于调节教师个人行为的手段，也是教师个人规范和调节自身行为的手段。幼儿教师一旦确立了正确的职业义务观、了解了职业义务的内容，就会

提高自己的职业意识，获得较好的教育教学效果。

1. 幼儿教师认真履行职业义务，有利于减少和协调教师工作中的矛盾和冲突，顺利推进各项教育教学工作的开展

由于教育本身的特点、幼儿教师劳动的特殊性和幼儿教师工作的特殊环境，教师处于特殊的人际关系之中，从而不可避免地遭遇各种矛盾和冲突。其中既有师幼之间的、教师个人之间的，还有教师群体之间的、教师与园领导之间的矛盾等。解决这些冲突和矛盾，固然需要经济手段、纪律手段和行政手段，但更重要的是道德手段。而教师职业义务正是国家教育事业根本利益和幼儿教育劳动内在规律对教师行为的道德总要求，其本身就能够指导教师在日常的幼儿园工作中正确处理教师与幼儿、教师与领导、教师集体与社会之间的各种利益关系，从而保证和促进幼儿园日常教育教学工作的顺利开展。

幼儿教师的工作既有大量显性的、可以量化的工作，也有许多隐性的、难以量化的渗透性日常工作，很难绝对用硬性的指标进行考核，因此，幼儿教师的工作常常被称为"良心活儿"。教师在职业劳动中，能否遵循幼儿教师的职业义务和职责，将会带来截然不同的结果。幼儿教师如果能够在平凡的工作岗位上充分认识自己的职业义务、明确自己的职业职责、深刻理解自己担负的使命，形成高度的责任感，就会以极端负责的态度自觉地调整自己的行为，认真履行幼儿教师职业义务，出色完成教育教学的任务。相反，如果教师无视自己的职业义务，只根据自己的意愿行事，那必然造成幼儿园教育工作中的矛盾和冲突，从而严重影响幼儿教育的质量和各项日常工作的有效进行。

2. 幼儿教师自觉履行教师职业义务，有利于在幼儿教育工作中自觉遵循教师道德要求，选择最佳的教育教学行为

教师义务是社会对教师的道德总要求，带有综合性和全面性的特点。而教师在实际的工作中，教育教学的情境是多样的、复杂的，常常面临着艰难的选择，此时，需要教师按照教师道德的总要求，从各个方面进行分析，全面、综合判断，权衡利弊，只有这样才能做出最佳的行为选择。

2021年5月，江苏常州家长爆料某幼儿园教师暴力虐待学生，多次掌掴幼童。在监控视频中，所谓的"孙班长"让孩子自扇耳光，家长称"打得不满意，他还要再打"。区教育局回复称，涉事教师立刻停课接受调查。如果该幼儿园教师能够遵循幼儿教师的职业义务，就会从幼儿的利益出发，考虑采用何种教育方式更能调动学生学习的积极性，并综合判断该学生的行为进而做出更为适宜、合理的行为选择。

3. 幼儿教师积极履行职业义务，有益于教师在教育教学工作中培养高尚的道德情操，提升道德品质

幼儿教师的职业义务是与幼儿教育的实践紧密相连的，是社会对幼儿教师的职业道德要求。幼儿教师高尚的道德品质作为一种内在的信念意识和外在的品质表现，不是与生俱来的，而是在长期的幼儿园教育教学实践中逐步形成的。"一方面，任何选择了教师职业的人，都必须履行自己的职业义务，按照教师职业道德的要求选择自己的从业行为；另一方面，教师在遵章行事的教育活动中，也会不断体验和认识到履行教师义务的必要性，从而逐渐把履行教师义务转化为自身的内在需求，形成一种高尚自觉的责任感和使命感，促进自身道德觉悟的不断提升。"

（四）幼儿教师履行职业义务的途径

1．全面把握幼儿教师职业义务的意义和内容

《中华人民共和国教育法》第三十三条明确规定：教师享有法律规定的权利，履行法律规定的义务，忠诚于人民的教育事业。幼儿教师作为教师队伍中的一个重要群体，同样需要依照《教育法》、《教师法》、《专业标准》及其他有关法律法规的要求，深刻理解职业义务对幼儿园教育教学工作和自身专业发展的意义。同时，还应全面掌握幼儿教师义务的基本内容，并按照教师义务的内容开展科学的幼儿教育工作。目前，幼儿教师主要面临着岗位责任、社会责任和国家责任三大责任，而履行这些责任的前提就是全面把握幼儿教师职业义务的意义和内容，按照职业义务的要求明确应当做或不应当做的行为。

2．正确理解幼儿教师权利和义务的关系

权利和义务构成了法律关系的内容，"没有无权利的义务，也没有无义务的权利"。权利和义务之间是对立统一的关系，这种关系主要表现在4个方面：①权利和义务存在于相互对应、相互依存、相互转化的辩证过程之中；②权利的绝对值总是等同于义务的绝对值；③权利和义务是价值一致性与功能互补性的统一；④权利和义务之间遵循权利义务守恒定律。由此可以看出，幼儿教师职业义务的履行与自身权利的行使是一个辩证统一的问题。教师应遵循必须的职业义务，并不意味着要一味地付出和奉献，而是在享有职业权利的过程中进行的。只有明确义务和权利之间的正确关系，并用之以指导实践，才能在实际工作中更好地发挥幼教工作者应有的作用。

3．积极履行幼儿教师的职业义务

履行职业义务是每位幼儿教师的职业职责，也是保障其教育教学工作顺利开展的必要条件。但在现实生活中，严格按照职业义务开展教师工作，对于每位幼儿教师来讲都是困难的事情，因为它需要教师拥有较强的意志力和顽强的职业坚守。特别是在幼儿教育事业快速发展的今天，我们广大的幼儿教师必须尊重儿童的天性和成长的规律，珍惜童年生活的独特价值；必须坚守应当坚守的，拒绝应当拒绝的；必须耐心地倾听来自不同层面的声音，勇敢地接受摆在我们面前的一个个不可回避的挑战。为此，我们幼儿教师应做好3个方面的工作：①自觉做到对幼儿负责，做一名幼儿喜欢的教师；②自觉做到对幼儿家长负责，做一名家长满意的教师；③自觉做到对社会负责，做一名对社会有贡献的教师。

三、幼儿教师职业良心

（一）幼儿教师职业良心的含义

1．良心与义务

良心是最古老的道德范畴，是以内心自觉自愿的方式来评价和调节自己的品质和行为、做出道德行为选择的一种内在形式。

良心是和义务密切联系的一种重要的道德范畴。但良心和义务的不同之处在于：义务来自道德主体之外，表现为个人对他人和社会应尽的道德责任；良心出自道德主体之内，表现为个

人对自己行为的道德责任感。如果说义务是一种客观要求的职责和使命，良心则是被人们自觉意识到的一种深藏于内心深处的使命和职责，是义务的内化形式。良心最显著的特征是其具有自律性。

2. 幼儿教师的职业良心

幼儿教师的职业良心是幼儿教师个人在幼儿教育实践中，对社会向幼儿教师提出的一系列道德要求的自觉意识，是教师个人对幼儿、幼儿园和社会自觉履行其教师职责的道德责任感以及对自己教育教学行为进行道德控制和道德评价的能力。

幼儿教师的职业良心是在其教育教学的实践过程中表现出来的一种内心信念，主要表现在3个方面。

其一，在教育劳动中表现为教师个人对幼儿、对幼儿园、对幼儿教师群体及整个幼儿教育事业，有一种高度自觉的道德责任感。他对自己应当履行的道德职责有着深刻的认识和理解，从而把自己的职业责任看作自己的义务，并尽己所能在自己所从事的职业活动中克服困难履行好职业义务。

其二，在教育实践中表现为教师对自己教育教学行为的道德控制和道德评价。职业良心是一种理性的道德意识。当一名幼儿教师深刻理解了社会对幼儿教师职业道德规范和道德要求的合理性和必要性后，就会按照职业道德的要求，以高度负责的态度来评价、选择和控制自己的教育行为，评价幼儿的行为、幼儿家长的行为和幼儿园的行为，并根据自己的职业良心调整和修正不符合教育要求及幼儿发展规律的行为。

其三，在教育生活中表现为教师职业道德觉悟的内在性和综合性。幼儿教师的职业良心是其职业道德认识、职业道德情感、职业道德意志和职业道德信念等多种因素互相作用的结果，是幼儿教师个人自觉履行教师职业道德要求，激励自己搞好幼儿园教育教学工作，提高幼儿教育质量和教学效果的内在道德因素。在日常生活中，幼儿教师常常被当作"妈妈"，被称为"孩子的朋友"，还常常被比喻为"红烛"、"人梯"、"春蚕"、"铺路石"等，教师的职业良心正是在社会的道德规范、公众的期望、教师的自我约束和自我调节等多种因素的相互影响下形成和发展的。

良好的专业能力是做好一个有职业良心的幼儿教师的必备条件。职业良心应根植于心，融化于生命的血脉，镌刻在灵魂的深处。由于幼儿教师教授的对象相对于其他教学阶段的对象比较特殊，主要是3—6岁的幼儿，因此有些人认为幼儿教师不需要懂得太多的专业知识，只需性格开朗，会一些简单的技能，如唱歌、跳舞、画画、手工制作等，能够安全地带领小朋友进行户外活动、做做游戏就可以了。其实不然，不管是音乐、舞蹈、绘画、手工等这些专门的艺术领域，还是幼儿园的教育教学工作，幼儿教师都需要职业良心。

📖 案例评析

平等的爱

雪欣刚刚从大学毕业，来到幼儿园工作还不到一个月，就赶上了教师节。教师节前后，家长们送来各种节日"礼物"，有化妆品、围巾、购物卡、电话充值卡……看着这些精美的

"礼物"，很多都是学生时期梦想的奢侈品，怎能不让囊中羞涩的雪欣动心呢？但是雪欣很清楚，这不是自己的劳动所得，是不能要的。虽然家长口口声声说是"自愿送的"、"节日礼物"，而且"不值几个钱"，但是雪欣很清楚家长的"自愿"里夹杂的其他含义，如果接受了，就会严重影响自己的职业形象。

就在雪欣准备说"不"时，她又犹豫了。因为她亲眼看到班上的另外两位老师都收了，而且收得很"自然"。如果自己说"不"，那么同事会怎么看自己？自己一个新来的，不"入乡随俗"的话，会不会受到排挤呢？雪欣又不知该如何是好了。就在迟疑之间，各种礼物已经堆成了小山。

有了。教师节过后的周末，雪欣转了转幼儿园周边的商场，对家长们送来的各种礼品进行了价格调查，并计算了礼物的总价。最后，她来到玩具市场，为班上的孩子们精挑细选了一批玩具，类型多样，保证班上每个孩子人手一份，并且每人的玩具价格相差不多。最后，玩具的总价刚好控制在礼物的总价上。

新的一周里，雪欣将玩具一一送给了班上的孩子们，感谢孩子们和家长们送来的教师节祝福，同班的老师和家长一下子都懂了。

朋友得知后，怪雪欣"还没拿到工资就先垫进去了一笔钱，家长们送的东西有用没用的，又不能当钱用"。雪欣坚持："这样我才能坦然地继续做孩子们的老师。只能希望以后家长们不要再给我出这个难题了。"

评析：

在教育工作的每个方面，一位合格的幼儿教师都不能触及底线、不能违背基本原则，无论成就的高低、职位的尊卑、环境的优劣，是何时何地都不能超越职业操守的。反之，则担不起"灵魂工程师"的美誉，也玷污了教师这个太阳底下最光辉的职业。因此，良好的专业能力是做好一个有职业良心的幼儿教师的必备条件，也是幼儿教师传道授业的根本。

（二）幼儿教师职业良心的特点

1. 公正性

幼儿教师职业良心的公正性主要体现在：对待幼儿园日常工作，坚持科学的教育教学原则，坚守专业教师的职业品性，秉公办事；对待成长中的幼儿，能够一视同仁、赏罚分明；对待幼儿家长，本着尊重、平等、合作的态度，与家长保持密切的联系，不因家长的职业、经济水平和社会地位的不同而区别对待；对待领导和同事，开诚布公，相互支持，团结协作。

2. 综合性

幼儿教师的职业良心，是教师在职业活动中各种因素相互作用的结果，是由教师已有的知识结构、以往的生活经历和全部的生活方式决定的，具有综合性的特征。而从幼儿教师良心的构成机制和要素来看，也同样具有综合性的特征。教师良心既包含理性因素，又包含非理性因素。他们在教育劳动的过程中，不仅依靠理性的分析，还常常依靠反映生活经验的敏锐性，既诉诸理性的评判，又诉诸情感需求，有时起决定作用的还有教育情境中的激情。

3．稳定性

幼儿教师的职业良心不是转瞬即逝或变化不定的东西，而是以一定道德信念为基础的，一旦形成就会成为稳定的信念和意志，比较持久稳定地发挥作用。

4．内隐性

幼儿教师职业良心是隐藏在教师内心深处的一种对教师社会道德责任感、义务感的认识和感情及自我评价的能力，是教师在教育劳动过程中发自肺腑、发自内心深处的维护自己行为道德性的精神力量，也是一定的社会道德原则和规范体现在教师内心深处的认识、情感、意志、信念、理想和行为的有机统一。

5．广泛性

幼儿教师的职业良心一旦形成，其作用范围是非常广泛的。它渗透在教师整个幼儿园生活和个人生活的一切领域中，并发挥着作用，左右着教师职业道德意识的各个方面，支配着教师行为过程的各个阶段。

（三）幼儿教师职业良心的作用

1．教育行为实施前，幼儿教师的职业良心起着指导和促进作用

幼儿教师在选择自己的教育行为之前，总是从某种动机和目的出发，考虑并选择符合自己职业理念的教育行为。而教师的职业良心可以在此过程中，指导教师根据教师义务的道德要求，从幼儿的利益出发，对教育行为进行思考和权衡，对符合职业道德要求的动机给予肯定，对不符合职业道德要求的动机给予抑制和否定，进而做出正确的目的选择，以求对得起自己的职业良心、对得起家长的信任、对得起社会的期待。

2．教育行为实施过程中，幼儿教师的职业良心起着监督和调节作用

在教育教学的过程中，幼儿教师的职业良心对教师自己的行为时时处处起着自我监督的作用：对符合教师职业道德要求的情感、意志和信念给予支持和激励，对不符合教师职业道德要求的情感、动机和欲望给予否定和克服。教师的职业良心是控制教师行为的调节器，在教育教学过程中，当教师意识到自己的某些不当行为可能伤害幼儿的自尊心、可能影响幼儿的个性发展、可能损害幼儿园和幼儿教师群体的荣誉时，教师的职业良心会及时发出"我不该这样做"、"我不能这样做"的指令，由此避免不良教育后果的出现。

与其他阶段的教育不同，幼儿园一日活动中的集体教学活动时间很短，小班每天一节，每节15分钟；中班每天两节，每节25分钟；大班每天2节，每节30分钟。也就是说，幼儿在幼儿园的一日活动，基本上是在各类生活活动和游戏活动中度过的。这样的活动特点，决定了幼儿教师在日常工作中所受外部监督的力量要小于其他教育阶段的教师，这正是为什么说"幼儿教育事业是一项良心的事业，幼儿教师干的是'良心活儿'"的内在原因。这从另一方面也更突出了教师良心自我监督作用的重要性。

在现实生活中，确实存在少数缺少职业良心的教师。幼儿教师职业对他们来讲就是谋生的手段，他们所做的一切只是为了获得薪金，所以对幼儿冷淡、缺乏感情，不愿更多地付出，更不会主动地奉献。应该说，幼儿教师的职业良心实质上是一种"道德自律"，是存在于教师内

心的一种自我约束的道德信念和力量。作为一名幼儿教师，应时时处处用职业良心来调控自己的教育行为。

3. 教育行为实施后，幼儿教师的职业良心起着评价和激励作用

人们常常把良心形象地比喻为"内心道德法庭"，而幼儿教师的职业良心就是教师对自己教育行为的自我评判，是建立在教师内心深处的道德法庭。教师在完成一项教育任务或工作之后，往往会在内心做出一番自我评价。当教师看到自己的劳动付出带来了幼儿的进步和发展时，内心就会产生自豪感和成就感，从而采取更有价值的方式获取更大的收获。而当教师意识到自己的行为损害了幼儿的利益，带来了幼儿教育的不良后果，其内心就会感到内疚和惭愧，受到良心的谴责，进而吸取教训，尽力弥补和挽回损失，并减少此类现象的再次发生。职业良心是教师道德思想和道德情操的精神支柱，正是通过这种心灵的自省与自律，幼儿教师的道德人格才得以不断完善。

（四）幼儿教师职业良心的形成

职业良心是幼儿教师职业道德的本质规定，是一种在客观的社会关系及幼儿教育实践基础上产生的主观意识。也就是说，幼儿教师的职业良心不是先验的精神存在，而是教师在道德实践基础上主动建构的产物，是教师在幼儿教育劳动实践的过程中，对自身所承担义务产生深刻体验和认识而逐步形成的。

1. 正确认识幼儿教师职业良心的特点与价值

幼儿教师职业良心是教师对社会和幼儿的义务关系在教师内心的反映，是外部义务转化为教师内心道德要求和个人道德品质的结果。幼儿教师要形成自己的职业良心，首先就要对本职业良心的特点和本质有正确的理解，并深刻认识职业良心的意义与价值，进而增强自己对幼儿教育事业的使命感和责任心，促进自身生命价值的自我实现和道德境界的不断提升。

2. 深刻理解一定社会的道德关系和幼儿教育职业活动中的道德关系

幼儿教师职业良心的表现形式是主观的，但其内部是客观的，是教师对一定社会道德关系和幼儿教育职业活动中各种道德关系的自觉反映和深刻理解。教师职业良心作为一种道德责任感，是教师在深刻体验和认识到自己对幼儿、对幼儿家庭、对社会客观上所承担的义务时，产生和形成的。而教师职业良心作为一种自我评价能力，反映的也是客观存在的一定社会的道德要求和教育职业活动中的道德要求。没有这些道德要求，或这些道德要求没被教师所认识和理解，就不能转化为教师的内在信念，也就不能形成教师的职业良心。因此，幼儿教师应自觉认识并深刻理解一定社会的道德关系和幼儿教育职业活动中的道德关系，并在一定的社会关系和教育实践过程中逐步形成。

3. 自觉进行职业道德的自我教育

教师职业良心是存在于教师内心的自我道德信念和要求，是一种"道德自律"。幼儿教师职业良心的形成，在很大程度上取决于教师自己在幼儿教育实践中的自我修养、自我体验和自我教育，取决于教师将职业道德的要求由"他律"转变成"自律"。它需要教师在自我修养的过程中，克服个体本体道德与社会职业道德的矛盾、知与行的分离及得与失的冲突，实现道德"实然"向道德"应然"的跨越。换言之，真实的职业良心是教师"自家的准则"，只有通过养性、养德、养学、养行等良心修养举措来提升自身的道德境界和精神境界，职业良心才能在幼儿教师内心深处不断生长、发展和完善。

四、幼儿教师的职业公正

（一）幼儿教师职业公正的含义

1. 公正与正义

公正是一个复杂的概念，既是法学概念、政治学概念，也是伦理学概念。伦理学上的公正，是指人们依据一定的道德原则和道德规范办事情，坚持真理，公平正直，合乎情理，不存私心。

在日常生活中，人们常常将公正与正义混淆。在大多数情况下，二者可以作为同义词出现，也可以互相交换使用。但公正与正义是有区别的。一是内涵上的差别。公正往往是根据一定的价值观和原则、规则去行为，而正义一般用来陈述人类追求的善和幸福，是既符合规律又和目的的实现相关的社会伦理范畴。公正与正义显然是属种关系，而不是种属关系，也不是交叉关系。正义的内涵比公正丰富，而公正的外延比正义大。二是语言习惯的用语差别，如我们说正义的事业、正义的战争，而不说公正的事业、公正的战争。三是表示的对象不同，正义一般表示价值及其原则本身，而公正则是表示根据价值及其原则来做人做事。

2. 幼儿教师的职业公正

幼儿教师的职业公正是指教师在幼儿教育和教学的过程中，公平合理地对待和评价每个幼儿。具体来讲，幼儿教师职业公正就是要求教师在日常的教育教学过程中，在对待不同智力发展水平、不同性别、不同相貌、不同民族、不同家庭、不同个性、不同亲疏关系的幼儿时，都一视同仁，公平相待，正直无私，不偏袒、不偏心，发自内心地热爱和关心每个幼儿，并能从每个幼儿的不同年龄特征和发展水平出发，因材施教地促进每个幼儿的和谐发展。

幼儿教师的职业公正性是教师职业道德素养水平的一个重要标志，它体现在教师与自身、教师与同事和领导、教师与幼儿等人际关系中。

（二）幼儿教师职业公正形成的主客观因素

1. 客观因素

教师职业公正是一个历史性的道德范畴，与人们在不同的社会历史时期对教师职业公正的理解有着紧密联系。无论是幼儿教师职业公正的内容，还是对职业公正的要求，都是受一定社会历史条件和社会教育制度、教育职业劳动的目的等制约。比如，尽管教师职业公正要求每位幼儿教师都要不论幼儿的相貌、出身、智力发展水平等方面的不同而一视同仁、公平对待，但由于受各种社会文化、教育制度和幼儿教师社会地位不高、工资待遇普遍较低，他们的辛勤付出常常得不到应有回报等客观现实条件的影响，幼儿教师的职业公正在幼儿的日常教育生活中常常受到限制，甚至有个别教师超越了基本的道德底线。但随着国家对学前教育事业的重视和对幼儿教师的特别关注，幼儿教师职业公正的内容正在不断得到充实和完善，而更多的公正行为将会出现在每个幼儿身上。

2．主观原因

幼儿教师的职业公正注重的是幼儿园教育工作中的"实质公正"，追求的是最大限度地促进每个幼儿在其原有的发展水平上和谐发展。幼儿教师在教育教学的实践中，要公正合理地对每个幼儿实施个别化的教育，对每个幼儿的能力、品质、特长等给予恰当的评价，是一件很费心费力的事情。它不仅需要教师具有高尚的职业道德和坚定的公正信念，更需要教师遵循幼儿教育的规律，掌握幼儿学习的特点，并借助科学的方法和手段实现幼儿教育的目的。因此，幼儿教师应当潜心研究幼儿教育的规律，深入了解每个幼儿的年龄特点和个性特征，选择最为公正合理的教育方法和教育手段，最大限度地促进每个幼儿的全面发展。

另外，幼儿教师公正信念的形成，还取决于幼儿教师个人的道德素养、道德觉悟的高低。如果教师个人的道德境界不高，私心重重，患得患失，把个人的利益放在首位，他就不会把更多的精力放在幼儿的发展方面，也不会为幼儿的发展付出额外的时间和心血，更不会深入研究幼儿教育的内在规律，为幼儿设计更优秀的教学活动并制作更丰富的教学用具。相反，一个道德觉悟高的教师，他会时时处处把幼儿和幼儿教育事业的整体利益放在首要位置，会在幼儿出现问题时宽容他们、耐心引导和教育他们，也会在幼儿家长的馈赠、亲友托情帮忙时，坚持原则，秉公办事。教师职业公正应成为每位幼儿教师坚定的内心信念。

（三）幼儿教师职业公正的价值

1．有利于促进每个幼儿的健康发展

学前期是个体一生中生长发育最为迅速的时期。但同时，他们身体的各项机能还很不健全，疾病的抵抗力弱，自我防御或规避危险的能力差，缺乏相应的生活能力，需要依靠成人的精心照料和科学护理来满足他们身体发育的各种需要。学前期还是个体的心理活动、认知能力、社会性等快速发展的时期，而高质量的学前教育可以有效地促进幼儿学习潜能的发挥和社会性、人格品质的发展。教师作为幼儿成长过程中的重要他人，其对待幼儿的态度和为幼儿创设的公正环境，直接影响着幼儿身心各方面的健康发展。这是因为，幼儿教师的公正将会使幼儿在公正、友好、安全的人际关系中受到感染和教育，并在不断模仿教师榜样行为的过程中，逐步形成公正的意识，对社会、对他人采取公正友好的态度，进而形成亲善社会、友爱他人的健康人格。

幼儿尽管不如中小学生那么敏感，但他们同样能够感受到来自教师的不喜欢、不公正、偏爱等不良的环境信息。因此，幼儿教师应该拥有职业公正的意识，尊重幼儿的人格，承认幼儿的个体差异，公平地接纳每个幼儿，不因相貌较差、反应迟钝、性格木讷或过于顽皮而对幼儿"另眼相待"，甚至流露出厌恶情绪。公正就像一面镜子，能够反映出教师的心灵；又像一把尺子，衡量着教师的行为。对职业公正的追求，应该成为幼儿教师促进幼儿健康发展的精神动力。

2．有利于确立幼儿教师的威信

职业公正是幼儿教师思想品德和教育作风的重要表现，也是幼儿教师职业道德的一种示范。这种示范可以产生榜样的力量，而且也可以成为一种深刻、持久的非权力性的影响。这种影响不是来自教师的惩罚和强制，而是来自教师的声誉和威信。教师如果能够对幼儿平等对待、公正无私、不偏心，他们自然会得到幼儿的喜欢和尊重，进而确立自己在幼儿发展中的地位和

威信。而幼儿也会"爱屋及乌"，把对教师的喜爱和信赖，转移到教师所开展的各类幼儿园活动中，积极与教师开展良好的师幼互动，并与教师之间形成心理的默契，在放松、信服的环境氛围下，提高幼儿教育教学的质量。

3.有利于创建公正和谐的幼儿园文化

文化是"人们共同拥有的知识，是使他们能够以相同的方式阐述他们的经验，并依据共同约定的规范行动的知识。它是自我永恒的、多层次的、不易改变的"。幼儿园文化则是幼儿园在长期发展的过程中，为适应外部环境和内部整合能力而逐步形成的、为幼儿园内部成员共同认同和遵守的价值体系与习惯体系，包括价值观、信条、道德、伦理等。它们同正式的组织结构相互作用形成行为规范，决定着教师员工的行为理念与方式。

幼儿教师的劳动，是以个体脑力劳动和体力劳动为基础的团体协作劳动，这种劳动特点和劳动形式使和谐、轻松的幼儿园环境对教师劳动积极性的发挥和教育教学品质的提高具有内在的影响价值。在日常的教育教学生活中，幼儿教师公正合理地处理同园长、同事、幼儿和幼儿家长的关系，公正合理地评价关系中的不同个体，就会形成相互尊重、相互支持、彼此激励、公平竞争的团体关系，形成合作共享型的幼儿园文化。在这种文化氛围之下，教师之间彼此支持，团结合作，在心情舒畅、相互激励、观念激发、成果共享的过程中实现教育质量的提高和个人专业能力的发展。

（四）幼儿教师职业公正的实现

1.深刻认识幼儿教师职业公正的深远意义

幼儿教师的职业公正，在一定意义上讲，是一个抽象的道德原则。它既关系到幼儿教师，也关系到幼儿教育的体制；既关系到幼儿教师的道德修养，也关系到教师的教育素养和教学技能等多方面的问题。而职业公正的意义和价值是显而易见的，也是持久深远的。它可能不会呈现即时性的表现，但会带来潜在的、内隐的、弥散性的、持久性的影响。幼儿教师应该充分认识职业公正的内在价值，用前瞻性的眼光看待职业公正的问题，并把职业公正作为自己一贯追求的原则和精神动力。

2.全面把握幼儿教师职业公正的特点与内容

幼儿教师职业公正的特点，是与其职业角色密切相关的。幼儿教师的职业角色为幼儿生活的养护者、幼儿学习的合作者、幼儿教育活动的引导者、幼儿园课程的建构者和幼儿教育资源的整合者。这一职业角色的特点决定了幼儿教师职业公正的全面性、教育性、内隐性和自觉性。

与幼儿教师职业公正特点相对应的是职业公正的内容。教师职业公正既表现在教师对自己的公正、对领导同事的公正及对幼儿家长的公正等方面，也表现在对教育对象——全体幼儿的公正。而对幼儿的公正是教师职业公正的核心。具体来讲，主要包括四个方面的内容：对待幼儿，应热爱接纳；对待家长，应尊重合作；对待同事，应团结协作；对待自己，应以身作则。

3.努力处理好幼儿教育教学活动中的公正问题

幼儿教育教学活动是教师和幼儿在特定的教育教学情境中，围绕一定的主题和内容进行的特殊交往活动。教育教学活动中的公正问题是幼儿教师职业公正中的主要问题，也是最为复杂的问题。幼儿教师只有努力处理好幼儿教育教学活动中的公正问题，才能真正促进幼儿的健康成长。为此，幼儿教师应努力做到以下4点。

（1）为幼儿树立坚持真理、尊重科学、主持公道的榜样，以自己的道德行为影响幼儿初步形成健康的社会情感和态度。幼儿教师应对传递给幼儿的科学文化知识进行严格的审视和鉴别，择善而从，帮助幼儿获得正向的理念和学习内容。同时，还应正确对待教育实践中个人的错误和过失，不要强词夺理、文过饰非、知错不改，以免损害自己的威信和形象。

（2）对幼儿一视同仁、爱无差等。幼儿教师应以公正的态度对待发展水平存在差异的幼儿，给每个幼儿提供适宜其发展的学习机会和表现机会，不以智力高低定亲疏、不以家庭出身分高下。同时，还应该树立性别平等的意识，公正客观地根据男女儿童的不同性别特征实施性别平等教育。

（3）处理事务公道，赏罚分明，奖惩适宜。幼儿教师在处理幼儿与幼儿之间、幼儿家长与幼儿家长之间、幼儿家长与幼儿园之间、幼儿园各班级之间的有关事务时，应做到公平公正、抑制偏私、处事公道。同时，在处理教育教学活动中的各种矛盾时，应褒贬得当、赏罚分明、标准统一，但对幼儿应慎用惩罚的方式。因为，惩罚作为一种教育措施，有其消极的一面，如何控制惩罚的度本身也涉及教师的职业公正问题。

（4）重视个别差异，因材施教，长善救失。每个幼儿都是独立发展的个体，都有不同于其他幼儿的身心发展的独特性。正是因为每个幼儿的需要、兴趣、性格、能力、学习方式等各有不同，因此，在实施幼儿教育教学活动的过程中，幼儿教师首先应该重视幼儿个别差异的存在，同时还应该考虑到每个幼儿的特殊需要，从每个幼儿的差异性特点出发，有针对性地采取最有效、最合理的方式，因人而异地进行教育，使每个幼儿在充分发挥自身优势和特长的过程中，在自己原有的水平上得到应有的发展。

4. 不断提高个人的职业修养和教育素养

幼儿教师的职业公正，是在价值自觉前提下的实践公正。这就要求教师个体有宽阔的胸怀和高度的使命感，有无私奉献的精神和较高的人文素养，同时还应有一定的自制力和抵制压力以及坚持公正的勇气。一个自私或有偏见的教师很难做到职业公正，一个明哲保身、遇事退缩、不愿担当的教师也不可能做到职业公正。要实现教师的职业公正，教师自身的道德修养十分重要。

幼儿教师职业公正不仅是一个道德概念，更是一个教育实践的法则，幼儿教师只有具备较高的教育技能和素养，才能真正实现职业公正。比如，如何根据幼儿的年龄特点实施科学的个别化教育、如何根据幼儿的性别特征开展适宜的性别教育、如何根据幼儿的身心发展水平采用惩罚与奖励等，都与教师教育技能和教育素养的高低密不可分。所以，每位幼儿教师都应努力加强自身的专业素养，提高自身的专业技能，努力为自己实现职业公正创造良好的职业素养基础。

📝 **思考与练习**

1. 教师职业道德范畴应具备哪些条件？
2. 幼儿教师职业良心的作用是什么？
3. 幼儿教师职业公正的价值体现在哪些方面？

课证融通

1. 孔夫子所说的"其身正，不令而行；其身不正，虽令不从。"从教师的角度来说，可理解为（　　）。（单选题）

    A. 走路身体一定要端正

    B. 自己做好了，不要教育学生，学生自然会学好

    C. 对学生下命令一定要正确

    D. 教师自己以身作则，一言一行都会对学生产生巨大的影响

2. 在教育教学的细节中要尊重学生的个别差异，做到（　　）。（单选题）

    A. 对学生一视同仁，一样要求

    B. 辩证地看待学生的优缺点，不绝对化

    C. 在学生之间进行横向的比较

    D. 不同的学生犯了同样的错误，不考虑动机与原因就进行处理

第三章

幼儿教师职业道德规范

★ 本章导读

　　职业道德是指人们在职业生活中应遵循的道德规范，是职业所要求的道德准则、道德情操与道德品质的总和。教师职业道德规范是教师从事职业活动时，依据教师职业道德基本原则，在调整教育过程中各种利益关系时所应遵循的共同行为准则，是评价教师行为是非善恶的具体标准，是构成教师职业道德体系的基本要素。在幼儿教师道德建设中，职业道德规范发挥着至关重要的作用。我国已经制定并颁布了统一的高校教师职业道德规范和中小学教师职业道德规范，但尚未制定出统一的幼儿教师职业道德规范。

　　造就具有良好职业道德和专业精神的合格教师，既体现了对"幼儿为本"理念的细化，比如尊重幼儿、关爱幼儿、教书育人等，也体现了对"师德为先"理念的细化，比如依法从教、爱岗敬业、为人师表等。专业理念与师德是教师从事保育和教育实践工作的情感和动力基础。拥有不同专业理念与师德的教师，会以不同的热情与态度对待幼儿和各项日常工作，自我发展的意识、积极性以及在工作中的创造性也会不同。因而，依据《幼儿园教师专业标准（试行）》（以下简称《专业标准》）中的"专业理念与师德"维度的四个方面，立足于幼儿教师的专业本质，可以构建幼儿教师职业道德规范。

@ 思政小课堂

　　随着经济发展和人们生活水平的提高，一方面，学前教育日益受到重视社会各界幼儿教师的职业道德要求也越来越高；另一方面，人们的道德观念、价值取向日益多元化，社会上出现了道德失范，是非、善恶、美丑界限混淆，拜金主义、享乐主义、极端个人主义有所滋长的现象。面对形形色色的不良诱惑，部分幼儿教师的价值观念发生了扭曲，没有了坚定的职业信念，缺乏了高度的职业责任感，甚至还出现了非人道对待幼儿道德失范现象。这不仅严重损害了幼儿的身心健康，导致教学人际关系恶化和消极教学氛围的出现，还直接抹黑了人民教师的光辉形象，进而影响了教育目标的实现和整个社会良好道德风气的形成。作为中华民族伟大复兴中国梦积极践行者的幼儿教师，要争做党和人民满意的好老师，不负党和人民的厚望，不断加强自身的道德修养。

第一节　对职业的理想与追求

　　在《专业标准》中的"对职业的理解与认识"领域是从幼儿教师对学前教育事业和幼儿教师职业的认识等宏观层面，对一个合格幼儿教师所应该具备的专业理念和师德进行的规定，具体包括 5 个方面的基本要求：贯彻党和国家教育方针政策，遵守教育法律法规；理解幼儿保教工作的意义，热爱学前教育事业，具有职业理想和敬业精神；认同幼儿教师的专业性和独特性，注重自身专业发展；具有良好职业道德修养，为人师表；具有团队合作精神，积极开展协作与交流。根据这 5 个方面的要求，在幼儿教师对职业的理想与追求方面，具体的职业道德规范主要表现为：爱国守法，依法执教；爱岗敬业，忠于职守；职业认同，恪守职责；为人师表，以身立教；团队协作，和谐发展。

一、爱国守法，依法执教

爱国守法、依法执教是指幼儿教师要认真学习宪法和法律，严格依照宪法和法律规范自己的言行，忠于人民的教育事业。爱国守法、依法执教是幼儿教师从事教育活动的先决条件。其基本要求是：自觉学习和遵守《宪法》、《教育法》、《教师法》、《未成年人保护法》等法律法规，严格遵守各级教育行政部门和所在幼儿园的各项规章制度，拥护党的基本路线，全面贯彻党的教育方针。

（一）爱国守法是教师职业道德修养的基础

热爱祖国体现一个人对自己祖国的深厚感情，反映了一个人对祖国的依存关系，是调节个人与祖国（国家）之间关系的政治原则、法律规范，也是道德要求。热爱祖国是一种高尚的道德情感，是每个人作为一个国民都应该具备的基本素质，也是每个人都应当自觉履行的责任和义务。热爱祖国更是一名人民教师应该具备的最基本感情。幼儿教师热爱祖国要具体体现在热爱教育、为祖国的教育事业无私奉献上。遵纪守法是社会向人们提出的基本要求，也是每个社会公民应尽的义务和责任。幼儿教师在教育教学活动必须做到知法、守法和护法。

1. 热爱祖国是幼儿教师献身教育的思想基础

热爱祖国是中华民族的优良传统和崇高的思想品德。幼儿教师的职业是富于责任感的事业，教师的责任感是教师职业的内在要求。教师承担着为国家、为社会培养建设者和接班人的伟大重任，这是国家和人民把伟大的责任加在幼儿教师身上的一种重托。一个幼儿教师首先要树立爱国主义思想，深刻地认识到自己的工作是和祖国的未来发展、国家的繁荣昌盛联系在一起的，像陶行知那样把教育事业当作"大事"来做，才能自觉担负起这份责任和接受这样一种重托。一位幼儿教师只有认识到、体验到自己所从事的工作的崇高，意识到自己肩上担负着祖国和民族的未来，从而树立献身教育的坚定信念，才能做到言行一致，无论遇到什么困难，都处处为事业着想，呕心沥血、矢志不渝地培养一代新人而默默奉献自己的一生。

2. 热爱祖国是幼儿教师构建积极人生、责任人生的动力源泉

伟大的人生目标往往产生于对祖国深厚的爱，一个人对祖国爱得越深，社会责任感越强烈，人生目标就越明确，人生信念就越坚定。信念是人们对于某种人生观、道德理想和行为准则正确性和正义性深刻而理性的笃信，以及由此而产生的对某种道德义务的强烈责任感，是深刻的道德认识与炽热的道德情感的有机统一。

爱国主义是一种精神支柱，是一种动力源泉。爱国主义从内涵上来看，有 3 个层次：情感、思想和行动。首先表现为一种情感，对自己祖国的一种归属感、认同感、尊严感和荣誉感，然后这种情感随着理性的认识要升华为爱国思想，最终转化为爱国行动。

3. 热爱祖国要具体体现在热爱教育、为祖国的教育事业无私奉献

人民教师强烈的爱国之情，表现为深深地爱自己的教育事业，满腔热情地教书育人，竭尽全力地为祖国培养优秀人才。著名特级教师霍懋征在其报告中这样说道：我知道孩子是祖国的花朵、是祖国未来的建设者，爱孩子就是爱祖国，我要把热爱祖国、热爱教育事业之情，倾注

到我的学生身上，全身心地投入教育事业中。

（二）依法执教是教师职业道德修养的底线伦理

所谓依法执教，就是要求幼儿教师在所从事的教育教学活动中，严格按照《宪法》和教育方面的法律法规以及其他相关的法律法规，使自己的教育教学活动符合法制。依法执教是调整教师劳动与法律制度之间关系的教师职业道德规范，是幼儿教师完成本职工作的前提基础，是国家和社会对幼儿教师提出的道德要求。它是判断教师行为是非、善恶的最根本的道德标准。一方面，它可以使幼儿教师在教育活动中的劳动有法可依；另一方面，它加强了法律对教育事业的保障和促进，保障了幼儿教师职业的纯洁性。

1．遵纪守法是社会向幼儿教师提出的基本要求

遵纪守法是社会向人们提出的基本要求，也是每个人在社会生活中必须履行的义务，是做一个社会人的起码准则。法律与道德在现代社会发展过程中所起的作用是相互促进、相互补充的。道德在社会秩序维持的过程中起主导作用，法律是维持社会秩序所必需的一种强制性手段。在幼儿教师职业道德修养的过程中，一方面应该强调道德因素在师德修养过程中的主导作用，另一方面应该强化法律在师德修养过程中的重要功能。

2．依法执教是幼儿教师职业道德修养的现实要求

在教育实践中，个别幼儿教师教育幼儿的方法简单、粗暴，动辄训斥、谩骂、讽刺、挖苦、羞辱幼儿，体罚甚至变相体罚，不尊重家长，对幼儿进行人格侮辱和心灵虐待，给整个教师形象造成了极坏的影响，引起全社会的高度关注。人们惊讶于作为人类灵魂工程师的教师为什么会如此粗暴、残忍，变成摧残幼儿心灵和身体的恶人。除师德修养不够外，还在于一些教师法律意识淡薄、法律知识贫乏，不能依法执教。

实际上，《未成年人保护法》第二十八条规定：学校应当保障未成年学生受教育的权利，不得违反国家规定开除、变相开除未成年学生。

3．幼儿教师要自觉遵守法律法规，做遵纪守法的模范

当前，我国的教育法律法规有《教师法》、《义务教育法》、《未成年人保护法》等。因此，幼儿教师的教育教学活动，一定要合法、规范、严谨，要用相关的法律法规指导自己的教育教学实践。幼儿教师在教育教学活动中必须做到知法、守法和护法。

第一，知法。宪法和法律是国家、社会组织和公民一切活动的基本行为准则，教师首先要模范地遵守。而教育法律法规是规范教育行为的专门法律。在《宪法》的指引下，我国已经形成了以《教育法》、《教师法》、《义务教育法》、《未成年人保护法》等法律法规为骨干的教育法律法规体系。这几个方面的法律法规内容是指导教师从事教育、教学工作的章程和依据。幼儿教师只有学习和熟悉这些法律法规条文的内容，才能做到懂法、守法，按照法律要求从事教书育人工作，才能防止和杜绝体罚学生、违法乱纪、触犯刑律等现象，同时教育学生学法和守法。其中，《教师法》是我国教育史上第一部专门为教师制定的法律，对教师的权利、义务以及法律责任等都作出了明确的规定，向教师的执教提出了要求，促使教师必须依法执教。教师要教书育人，为人师表，就应当模范地遵守宪法和法律法规。它的实施对维护教师合法权益、提高教

师社会地位和待遇、加强教师队伍建设、使教育工作和教师队伍建设走上法制化轨道具有重大意义。广大幼儿教师要认真学习、深刻理解，坚决贯彻教育法律法规，严格依法执教。

第二，守法。依法执教要把法定的职业规范转化为教育教学实践活动，以法律为尺度，严格依照法律进行教师职业行为选择。我国《教育法》和《教师法》规定，教师的行为选择如果不符合法律，就要承担法律责任，受到法律制裁。《教师法》第三十七条规定："教师有下列情形之一的，由所在学校、其他教育机构或者教育行政部门给予行政处分或者解聘：（一）故意不完成教育教学任务给教育教学工作造成损失的；（二）体罚学生，经教育不改的；（三）品行不良，侮辱学生，影响恶劣的。教师有前款第（二）项、第（三）项所列情形之一，情节严重，构成犯罪的，依法追究刑事责任。"幼儿教师的教育教学活动，一定要合法、规范、严谨，要用相关的法律法规指导自己的教育教学实践，要从教育的方法到手段都符合法律的规定。

第三，护法。作为教师，知法是重要的权利义务，学法是重要的必修课程，守法是重要的师德内容，护法是重要的基本职责。保护少年儿童健康成长是教育工作者的神圣职责。《教师法》第八条第五款规定，教师应"制止有害于学生的行为或其他侵犯学生合法权益的行为，批评和抵制有害于学生健康成长的现象"。《幼儿园管理条例》第十六条第二款："幼儿园可以根据本园的实际，安排和选择教育内容与方法，但不得进行违背教育规律，有损于幼儿身心健康的活动。"对幼儿坚持正面教育，是所有教育工作者必须遵循的一条重要原则。孩子是祖国的花朵，是祖国的未来，保护好孩子是全社会的责任，要让孩子在良好的社会环境中健康成长。作为幼儿教师，保护好园内的孩子，使其免受非法侵犯，更是责无旁贷。一方面，幼儿教师在教育活动中，对侵犯其所教育管理的幼儿的合法权益的违法行为应予以制止；另一方面，对来自家庭社会的有害于幼儿身心健康成长的不良现象和行为有义务进行批评和抵制。要给孩子创造健康有益的环境，组织一些有助于幼儿健康成长的活动，抵制或阻挡来自外界社会环境的毒害。对于在教育教学过程中体罚和变相体罚幼儿的教师，每位幼儿教育工作者都有义务和责任及时进行制止，给予批评教育，帮助他们认识和改正错误。教育行政部门要视情节给予行政处分或者解聘。

（三）幼儿教师爱国守法、依法执教的具体要求

首先，幼儿教师需要了解我国已经颁布的教育法律和行政法规，特别需要熟知与学前教育相关的法律法规以及政策，深刻理解我国学前教育的方针、政策以及阶段性的学前教育事业发展目标等。当然，对国际上一些相关法规的了解也有利于幼儿教师更好地理解我国学前教育法律法规出台的国际背景，从而能够更深刻地领会这些法律法规的内在精神。如对《儿童权利公约》的学习能够使幼儿教师更好地理解我国的学前教育法律法规对幼儿受教育权利的重视、对幼儿独立人格的尊重等精神。

其次，幼儿教师需要总结与体悟国家基本教育方针和主流学前教育思想，以便能够在教育实践中贯彻落实，如理解我国对学前教育的定位是强调其基础性、先导性和公益性。

最后，幼儿教师需要在实践中勤于反思，对照法律法规中的具体规定，反思自己的教育实践活动，时时检视并不断完善自己的专业理念和师德，这样才有可能在保教工作中全面贯彻落实党的教育政策和学前教育法律法规。

二、爱岗敬业，忠于职守

爱岗敬业不仅是个人生存和发展的需要，也是社会存在的发展和需要。因而，爱岗敬业是人类社会最为普遍的奉献精神。爱岗敬业也是社会对每个社会成员个体的普遍性的、最基本的道德要求。爱岗敬业是幼儿教师师德修养的出发点，是幼儿教师对待本职工作的基本品质，要求幼儿教师能从思想上认识到自己职业的神圣使命，从而发自内心地热爱自己所从事的职业，并且愿意为自己从事的职业勤勤恳恳、任劳任怨，作出贡献。

爱岗敬业是从事幼儿教师职业、做好幼儿教师的前提与基础。敬重自己所从事的职业，对自己的职业有着强烈的认同感和责任意识，自动自发地投入全部的精力和热情，包含着成就事业的高尚情感、努力践行的作风和奉献精神。爱岗敬业是幼儿教师履行职责的自觉性和承担使命的责任感的集中体现。

忠于职守有两层含义：一是忠于职责；二是忠于操守。幼儿教师忠于职责，就是要自动自发地担当起幼儿教师岗位职能设定的工作责任，优质高效地履行好各项义务。幼儿教师忠于操守，就是要在教学和工作中为人处世必须忠诚地遵守幼儿教师职业的社会法则、道德法则和心灵法则。

（一）忠诚于人民教育事业是幼儿教师爱岗敬业的灵魂

爱岗敬业指的是忠于职守的事业精神，是幼儿教师职业道德的基础。爱岗就是幼儿教师应该热爱自己的本职工作，安心于本职岗位，稳定、持久地在幼儿教师的职业天地中耕耘，恪尽职守地做好本职工作。敬业就是幼儿教师应该充分认识本职工作在社会经济活动中的地位和作用，认识本职工作的社会意义和道德价值，具有幼儿教师职业的荣誉感和自豪感，在职业活动中具有高度的劳动热情和创造性，以强烈的事业心、责任感从事教师工作。

作为一名爱岗敬业的幼儿教师，首要的条件就是有责任感。责任感能激发人的潜能，也能唤醒人的良知；有责任感的幼儿教师，总是全身心地投入教育教学工作之中，真正关爱幼儿。作为一名爱岗敬业的幼儿教师，必须有一种对幼教职业的敬畏感。一名敬畏幼儿教育工作的幼儿教师，面对幼儿教育工作中要做的点点滴滴、烦琐的事情，不会有消极怠工的情绪。因为他具有发自内心的做一名幼儿教师的职业准则和道德标准，会不断提高自身的修养，自觉约束不端行为，正所谓"君子之修身也，内正其身，外正其容"。

幼儿教师爱岗敬业，重要的是热爱幼儿教育工作，积极从事幼儿教育，忠诚于人民的教育事业。这既是幼儿教师职业道德的基本原则，又是幼儿教师职业道德的重要规范，还是幼儿教师道德的灵魂。它鲜明地表达了幼儿教师职业道德的服务宗旨，指明了幼儿教师道德行为的总方向。我国《教师法》第一章第三条规定："教师是履行教育教学职责的专业人员，承担教书育人、培养社会主义事业建设者和接班人、提高民族素质的使命。教师应当忠于人民的教育事业。"

1. 幼儿教师要认识忠诚于人民教育事业的含义

忠诚于人民的教育事业，首先，表明了幼儿教师热爱幼儿教育事业、立志从事幼儿园教育工作的无私献身精神。其次，表明了幼儿教师应具有的强烈责任感和事业心。幼儿教师从事的岗位，是教书育人、塑造灵魂、教人做人的重要岗位，必须具备强烈的责任感和事业心。为此，幼儿教师应在本职工作中转变教育观念，调整和改革课程体系与内容，提高教育技术手段，全身心地投入幼儿教育事业中。最后，体现了幼儿教师的个人利益、集体利益和整体利益相一致的根本关系。幼儿教师进行教育工作的对象来自社会各个家庭，幼儿教师的劳动任务是为社会、为民族培育人才。热爱幼儿教育、忠诚于幼儿教育事业，就会更快、更好地为社会和民族培育人才。

2．明确忠诚于人民教育事业的作用

爱岗敬业是幼儿教师职业道德体系的根本标志，对幼儿教师职业道德的规范和范畴具有指导作用。忠诚于人民的教育事业是社会对幼儿教师职业道德提出的最根本要求，是区别于古今中外其他教师职业道德的根本标志。它规定了幼儿教师道德行为的总方向和性质，贯穿幼儿教师道德发展的全过程，遍及幼儿教师道德活动的各个领域，是幼儿教师职业道德体系的核心内容，具有统率作用，是整个幼儿教师职业道德体系的最高准则。幼儿教师在从教过程中，会发生各种各样的矛盾和问题，用什么准则判断和裁决幼儿教师的思想和行为是否正确呢？重要依据和标准就是看他是否忠诚于人民的教育事业。

（二）爱岗敬业、忠于职守是对幼儿教师职业的本质要求

爱岗敬业、忠于职守是指幼儿教师要热爱本职工作，尽职尽责，把全部心血和精力投入幼教事业中，是幼儿教师做好本职工作的思想基础。其基本要求是：对教育事业要有高度的责任感和强烈的事业心，热爱教育，热爱岗位，尽职尽责，保教并重，注重培养幼儿良好的思想品德，不传播有害幼儿身心健康的思想，牢固树立保教并重的教育理念，努力促进幼儿体、智、德、美、劳全面发展。理解幼儿保教工作的意义，热爱学前教育事业，具有职业理想和敬业精神。

1．幼儿教师要对自身职业产生认同感

幼儿教师只有相信自己所实施的、符合幼儿身心发展规律的教育一定能对幼儿的身心健康发展发挥积极有效的作用，只有把保教工作看作一种具有特殊社会价值的公共服务，才能获得职业成就感和幸福感，并激发出进一步做好保教工作的热情和信心。

2．幼儿教师需要具有强烈的敬业精神，并对自己的职业有目标、理想和规划

敬业精神和职业理想是幼儿教师做好教育工作的思想助推器。敬业和职业理想会让幼儿教师产生不受营利性动机驱使的奉献精神。幼儿教师从事学前教育工作的动机不应仅仅停留在待遇和兴趣层面上，而应上升到热爱专业、忠于职守的层面。敬业精神和职业理想是幼儿教师在不断体验职业意义与人生意义的过程中逐渐产生的。一般来说，幼儿教师专业角色的形成可以分为3个阶段：第一阶段为角色认知，了解幼儿教师所承担的社会职责、职业的特点和需要遵守的基本行为规范；第二阶段为角色认同，在有了一定的教育实践经验后，亲身体验到了幼儿教师所承担的社会职责，并用于衡量和控制自己的行为；第三阶段是角色信念，即将幼儿教师角色中的社会要求转化为教师的个体需要，幼儿教师开始坚信自己对幼儿教师职业的认识和选择是正确的，从而形成幼儿教师职业所特有的荣誉心、责任心和敬业精神。

总之，由于幼儿教师工作，没有令人羡慕的地位和权力，也没有显赫一时的声名和财富，更没有悠闲自在的舒适和安逸，更多的是辛苦、操劳和责任；同时，幼儿教师的劳动特点决定了幼儿教师工作难以有严格的时空界限，也难以准确量化工作时间和质量，更难以进行时时刻

刻的监督，因此，幼儿教师工作更要凭借教师自己的职业良心、自觉性、责任感、荣誉心和上进心激励并约束自己。

三、职业认同，恪守职责

职业认同是指一个人认为工作不仅是谋生的手段，还是一个人价值实现的需要，在工作中表现出敬业爱岗的精神。认同是人们精神稳固的源泉之一，幼儿教师的职业认同决定了幼儿教师工作行为的基本态度，也深深地影响着幼儿教师对自我、对职业的感受。幼儿教师只有建立了内在的职业认同，才会有发自内心的精神满足，感受到教师职业带来的幸福与生命价值，实现真正的职业发展。

（一）职业认同，是幼儿教师职业道德建设的前提和基础

人的职业状态可以分为两种，一种是"用生命回应职业的需要"，另一种是"用职业实现生命的价值"。从前一种职业状态来说，幼儿教师职业被作为一种谋生的手段，工作和忙碌只是源于外在的职业要求，一旦得不到应有的报酬、职称、荣誉等，就很容易失去价值感。第二种职业状态是通过职业体现生命的价值，这类幼儿教师在教育中实现了自我，在他的内心中，幼儿教育本身就是很有价值、很有意义的事情。对幼儿教师职业的认同感越强、心理层次越高，个体就会以比较积极、主动、愉悦的心态投入这项职业，化解各种压力和矛盾，并从心底爱上这个职业，甚至在思想上进一步升华，把从事幼儿教师职业当作一种幸福和崇高的事业。

职业的地位和待遇以及从业的兴趣可以构成专业成长的动力，但是，专业劳动还有一个重要特点就是要通过其活动"解决人生和社会问题，促进社会进步"，就幼儿教师职业来说，这个特点更突出，需要幼儿教师把幼儿教育工作不仅看作谋生手段，更要看作一种具有特殊社会价值的公共服务，要有不受营利性动机驱使的奉献精神，热爱专业、忠于职守的敬业精神，若其动机仅仅停留在待遇和兴趣层面，则其动力恐怕难以持久。

教师的十二项修炼

（二）职业认同，是幼儿教师从敬业精神到专业自觉跨越的基础

良好的工作态度是每个行业道德的基本要求，同时也是取得成功的基本要求。职业的性质赋予了幼儿教师角色的多样性和特殊性，但"甘为人梯，乐意奉献"是所有教师应有的职业道德，而职业道德构建依托职业认同。教师不同于其他职业，不仅关乎教师自身未来的发展，对学生未来的影响更是长远而不可逆的，所以尤其需要构建坚实的职业认同。职业认同作为幼儿教师职业道德建设的前提与基础，可视为幼儿教师专业成长的起点。幼儿教师的职业认同是指幼儿教师对其所从事职业的目标、社会价值等所持有的看法和社会对该职业的评价、期望的一致。幼儿教师专业认同的内涵可以整合为自我形象、专业准备、工作动机、教学实践、未来展望5个方面。它包括个体对幼教职业本身的特点、社会职能和社会地位等的认识和看法；对从事幼教职业应具备的素质的认识；个体乐于从教的意愿以及从教时积极愉悦的情感体验，如自我实现与满足的心理表征等。

幼儿教师有其独特的职业特点，这些特点是幼儿教师职业能够向专业化方向发展的客观基础。全美幼教协会（NAEYC）指出，幼儿教师的专业化应体现在对儿童发展有着深刻的理

解和体悟，将心理学、教育学知识运用于实践；善于观察和评量儿童的行为表现，以此作为课程计划的依据和设计个性化课程的依据；善于为儿童营造和保持安全、健康的氛围；计划并履行适宜儿童发展的课程，全面促进儿童的社会性、情感、智力和身体等各方面的发展；与儿童建立积极的互动关系，成为儿童发展的支持力量；与幼儿家庭建立积极有效的关系；支持儿童个体的发展和学习，使儿童在家庭、文化、社会背景下得到充分的理解；对教师专业主义予以认同。

幼儿教师需要认同幼儿教师职业的专业性，并有意识地提高自己的专业素养，使自己成为一个称职的专业人员。作为一名幼儿教师只有认识到自己所从事职业的专业性，才能以一个专业人员的整体要求来提升自己的专业素养，并以自身的专业素养向社会展示其专业形象，逐步实现个体的专业发展和群体的专业化。幼儿教师要真正从内心认同并理解自身职业的专业性，就需要在敬业的基础上不断进取，对职业的认可达到一种自觉的程度，因为体验到了自己职业的意义而更加钻研业务，因为不断进取而更加领略到学前教育的博大精深和崇高价值，并获得外界对其职业贡献的认可与肯定，从而使幼儿教师实现从敬业精神到专业意识的跨越。

实现专业认同还需要幼儿教师能够有意识地根据专业发展的规律，确定符合自身实际的专业发展规划。有主动的专业发展意识，能够树立自己专业发展的目标与理想，确定符合实际的专业发展路径，这些都是幼儿教师对自身职业的专业性产生认同的深层表现，同时能够反过来强化其专业认同意识。

四、为人师表，以身立教

著名教育家叶圣陶说过："教育工作者的全部工作就是为人师表。"这就是说教师在工作中，必须要规范自己的言行举止，要以自己的"言"为学生之师，"行"为学生之范，言传身教，动之以情、晓之以理、导之以行，做名副其实的人类灵魂工程师。教师良好的思想品行将是教师最伟大人格力量的体现。德国著名教育家第斯多惠强调，教师本人是学校里最重要的师表，是最直观最有效益的模范，是学生最活生生的榜样。由此，为人师表这一规范就成为教师职业道德区别于其他职业道德的显著标志。无论是孔子讲的"不能正其身，如正人何"，还是陶行知说的"捧着一颗心来，不带半根草去"，都确切地阐释了为人师表的要义。

（一）为人师表的含义和特征

教师是以"言传"和"身教"的方式来影响和教育学生的。特别是中小学生和幼儿园的孩子们，他们不仅学习教师传授的知识和技能，还学习和模仿教师的穿着、声调、走路及其各种动作。在学生的心目中，教师的言行往往就是道德的标准。一个好的教师，在学生眼中就是智慧的象征、人格的象征，可以说教师的思想、行为、作风和品质，每时每刻都在感染、熏陶和影响着学生。有人说，教师的一言一行，都起着耳濡目染的作用。所谓为人师表，是指教师要在各方面成为学生和社会上人们效法的表率、榜样和楷模。为人师表是教师职业道德区别于其他职业道德的显著标志，是对教师的特殊规范，具有自己独有的特征。

1. 幼儿教师工作对象的"向师性"决定了为人师表具有鲜明的示范性

幼儿教师从教的对象是幼儿，幼儿的特点是好学习、爱模仿、精力充沛、求知欲强、有好奇心、可塑性大。他们都具有"向师性"，具有尊重、崇敬教师，乐意接受教师教导的自然倾向。幼儿教师在从教过程中，通过自己的思想和品德、知识和才能、情感和意志，在言行、举止、仪表上都在为幼儿做表率、起示范作用。

2. 幼儿教师劳动任务的性质决定了为人师表具有突出的严谨性

教师的劳动是教书育人。在其完成任务的过程中，教师一方面用自己的知识和才能来教育学生学习科学文化知识和技能；另一方面用自己高尚的思想品德和行为教育并影响学生，让学生在耳濡目染、潜移默化中受到感染，接受教育，懂得做人的道理，学会做人。幼儿教师的思想、品德、言行、习惯是作用于幼儿的不可缺少的教育手段。正如俄国著名教育家乌申斯基所说的："在教育中，一切都应以教育者的个性为基础，因为教育的力量仅仅来自人的个性这个活的源泉。任何规章制度和纲领，任何人为设置的机构，不管它设想得多么巧妙也罢，都不能取代教育事业的个性。没有教育者个人对受教育者的直接影响，就不可能有深入性格的真正教育。只有个性才能影响个性的发展和定型，只有性格才能养成性格。"教师的这一工作重任要求教师必须为人师表。幼儿教师是幼儿学习的榜样，必须时时、处处、事事要为幼儿、为社会上的人们做出表率、树立榜样。同时教师每时每刻每件事中的言行举止、行为表现也在受到幼儿和社会成员的监督。这就要求幼儿教师不仅要在课堂上、幼儿园里的一切言行举止要严格和谨慎，而且要在家庭中、社会上为人们做榜样；不仅要在语言、仪表上做模范，而且要在思想、行动中做表率；不仅要在工作态度、学习精神上为幼儿和他人做楷模，还要在政治思想、道德品质、生活修养等方面率先垂范。

3. 幼儿教师从教的自身需求决定了为人师表具有重要的激励性

幼儿教师从教的自身需求是为了实现个人的社会价值。身教重于言教，教师的道德品质和行为举止是强有力的教育因素，是任何教科书、任何道德箴言、任何惩罚和奖励制度都不能代替的一种优秀品质。幼儿教师的行为表达着情感，幼儿从教师行为中接受着情感的熏染和启迪。教育是人与人心灵上的相互接触，幼儿教师所表现出的道德面貌，既是幼儿认识社会、认识问题、认识人与人之间关系的一面镜子，也是幼儿道德品质成长的最直观、最生动的榜样。幼儿教师必须具有崇高的品德和高尚的行为，才能达到育人的目的。为人师表这一师德规范首先激励幼儿教师用自己的行为、举止、仪表、语言为幼儿和他人做榜样，同时，为人教师的示范、榜样作用也激励和引导着幼儿学习和模仿教师高尚的品德和情操，还可以激励社会中的人们，注重自己的言行举止，学习教师的优良品格。

（二）为人师表，以身立教是对幼儿教师的要求

为人师表，以身立教是指幼儿教师在教育教学过程中，要用自己高尚的言行为幼儿做出表率，从而影响幼儿、教育幼儿。为人师表，以身立教体现了教师职业道德的典范性。其基本要求是：遵守劳动纪律，尊重社会公德；举止文明礼貌，语言健康规范；衣着整洁得体，教态端庄大方；生活检点，作风正派；以身作则，注重身教。

好模仿是幼儿的天性，幼儿的学习实质上是一种感性模仿。幼儿教师对幼儿的影响是全方位的，教师的身体力行、善心、爱心和责任心，甚至其兴趣、个性与穿着打扮都会对孩子产生重要影响。教师的一言一行、一举一动都会对他们起到潜移默化的作用。从某种意义上说，幼

儿教师的道德水平决定着幼儿的道德水准。

为人师表，以身立教是幼儿教师职业的内在要求，对于学前教育工作具有特殊的重要意义，可以说是对幼儿教师良好师德的高度概括，主要是指幼儿教师要注重通过自身的言行举止，对幼儿发展发挥积极的影响和教育作用。"以自己的言为幼儿之师，以自己的行为幼儿之范"，让自身成为促进幼儿发展的最有力资源。学前期的幼儿以具体形象思维为主，且心理承受能力薄弱，自主和自理能力较低，缺乏是非判断力，无论在精神上还是在生活中都非常依赖幼儿教师，幼儿教师的一言一行在他们心目中具有无可比拟的"权威地位"。幼儿教师必须做到品德高尚、举止文明，才有可能在自己的保教工作中实现"以德育德、以爱育爱"的春风化雨式教育。

幼儿的学习具有极大的模仿性，幼儿的心理和行为具有极强的可塑性。宇宇从刚入园到中班，每次中午吃饭时，都要把自己不喜欢吃的饭菜洒落到桌子上，而且吃完饭，他的碗里面总会多多少少地剩下饭菜，弄得桌子上到处都是饭粒。于是，教师就找了一位吃饭很干净，碗里不剩一粒米饭的小朋友和他坐在一起，以后每次吃饭，他都要看看同桌的碗和自己的碗。只要自己的碗剩下一粒米饭，他都会捡起来吃掉，而且也不再挑食了。从这个案例得知，为幼儿树立正确的模仿榜样是多么重要。虽然他们的模仿没有明确的道德标准，他们辨别是非的能力弱，但老师可以帮助孩子克服模仿行为的盲目性，促进孩子由无意模仿向有意模仿学习发展，促进孩子的良性模仿。

五、团队协作，和谐发展

团结协作是指建立在目标、利益一致基础上的思想、观念和行动的统一以及感情上的和谐。团结协作不仅是人类生存的基本法则，更是人类幸福生活的基础。现代教育是一个分工协作的系统工程，要求每所学校、每个教师群体内部必须建立起一种团结协作、互相帮助的新型道德关系，这样才能优势互补，形成强大的教育合力，共同完成好教书育人的任务。幼儿教师在整个教育过程中，除要处理好与幼儿、家长之间的关系外，还要处理好与同事、领导之间的关系。只有教师之间团结协作，才能真正圆满完成教育任务。团结协作是实现教育目的的必要条件，也是调整教师之间关系的职业道德规范。

（一）幼儿教师团结协作的道德意义

1. 团结协作是实现教育目标，保证教育的连续性和一贯性的客观要求

幼儿教师劳动是个体性和协作性的有机统一。从微观层面来看，幼儿教师的教育劳动方式是个体性的脑力劳动。但从宏观层面来看，教育过程是一个复杂的系统性的工程。现代社会，一个人的成长需要许多人从多角度、多侧面实施全方位、立体、交叉式教育。现代教育担负着培育具有创新精神和创新人才的任务，这一伟大而艰巨的教育工程不是哪一位教师能独立完成的，而是需要全体教职员工的通力合作。只有全体教师团结一致、相互协作，形成集体的智慧和教育的合力，才能产生良好的教育效果，才能培养出德、智、体、美、劳全面发展的"四有"接班人和新型劳动者。可见，一个团结协作的集体是实现教育目标的关键所在。

2．团结协作是幼儿教师优秀人格的必备要素

幼儿教师是人类精神文明的培育者和人类灵魂的工程师，承担着教书育人的神圣职责，起着开启发智、哺育人才、承前启后、继往开来的作用。正是幼儿教师承担的任务和发挥的作用，使社会对幼儿教师具有特殊的要求。要求幼儿教师在教育实践活动中修养成品德高尚、智力和才能优秀的人，具有完美的人格特征，从而对幼儿起着言传身教和潜移默化的作用。幼儿教师的这种人格是由良好的思想政治素质，高尚的道德、品行素质，优秀的科学文化素质和突出的能力素质等构成的。而团结同事、互相协作正是幼儿教师高尚的思想、道德和科学文化、能力等素质的综合表现。

3．团结协作是提高幼儿教师的专业发展水平，增进幼儿教师职业人生的归属感和幸福感的重要途径

团结协作不仅有利于幼儿教师群体形成合力，建立整体的教育智慧，也有利于幼儿教师自身素质和能力的全面提高。一个优秀的幼儿教师的成长必须依赖与同事间教育教学经验的交流，发挥集体的协作精神，取长补短，完善自身。此外，建立良好的人际关系是一个人保持心理健康的重要条件。团结协作的氛围能极大地激发教师的创造力和表现力，幼儿教师不仅可以拥有彰显个人价值和独特性的机会，还能体验到职业生活中的归属感和幸福感。幼儿教师精神生活的充实既来源于个人在工作中所获得的成功感，也来源于周围关系世界中的和谐与融洽。

4．团结协作是形成良好育人氛围的重要保障

幼儿教师集体的风貌和园所育人环境状况是决定教育思想成功的重要因素。良好的育人氛围是办好教育的精神力量，它能对全园的师生员工起到潜移默化的教育和熏陶作用，并能长久地影响教师和幼儿的学习与生活。良好育人氛围的形成离不开幼儿教师的团结协作精神，因为幼儿教师集体的风貌是构成育人氛围的主体，只有团结协作的教师集体才能培养出良好的幼儿集体，才有形成良好育人氛围的基础。教师集体风貌的核心就是教师之间的人际关系氛围。教师之间相互尊重、相互信任、团结协作、共同发展，人际关系必然和谐，教师集体的风貌必然正，也就必然有利于构建良好的育人氛围。

（二）幼儿教师团结协作，和谐发展的基本要求

团结协作，和谐发展是教育事业的内在要求，是幼儿教师专业活动的基本方式，也是幼儿教师专业素养的基本要求之一。幼儿教师在其工作中所进行的合作是广义上的合作，不仅指教师之间的合作，也指教师和幼儿家长、社区甚至与幼儿之间的合作。当然，其中最重要的是教师之间的合作。现代意义上的教师之间的合作是建立在将幼儿园作为一个学习共同体的理念基础之上的，幼儿教师通过合作可以获得心理上的支持、知识上的共享和能力上的互补，以团队的形式有质量地完成保教工作，并通过相互学习获得共同的提高与发展。

教师之间这种合作的实际行动同时也向幼儿示范了合作的要义。苏联教育家马卡连柯曾说："无论哪一个教师，都不能单独地进行工作，不能做个人冒险，不能要求个人负责，而应当成为教师集体的一分子。"在团队合作中通过同伴互助来获得个人发展，是幼儿教师进行团队合作的宗旨和要义。要实现这样的目的，就需要每位幼儿教师首先有团队合作的意识，愿

意以开放、接纳、包容的心态去面对工作，并且需要幼儿教师具有合作的能力，在合作中有理智的判断和成熟的热情，有设身处地为他人着想的品质和推己及人的胸怀，同时掌握人际交往的基本技巧，如认真倾听他人的意见与感受、理解对方的立场和看法、通过对话达成共识等。

总之，团结协作、和谐发展是指幼儿教师要正确处理与同事的关系，做到互相尊重，互相学习，团结一致，密切配合，共同促进幼教事业的发展。其基本要求是：谦虚谨慎、尊重同事、主动交往、互相勉励、互相学习、互相帮助，友好合作、公平竞争，维护其他教师在幼儿中的威信、维护集体荣誉，共创和谐园风。

第二节 对幼儿的理解与关爱

《专业标准》中的"对幼儿的态度与行为"领域是从工作对象的角度对一个合格的幼儿教师所应该具备的专业理念和师德进行的规定。幼儿教师看待、认识、评价幼儿的观念和对待幼儿的行为即幼儿教师的儿童观，直接影响着幼儿教师实施教育的理念、路径、方式和实际行动。《专业标准》从关爱幼儿、尊重幼儿、注重生活教育3个方面对幼儿教师的儿童观进行了规定。具体要求为：关爱幼儿，重视幼儿身心健康，将保护幼儿生命安全放在首位；尊重幼儿人格，维护幼儿合法权益，平等对待每个幼儿，不讽刺、挖苦、歧视幼儿，不体罚或变相体罚幼儿；信任幼儿，尊重个体差异，主动了解和满足有益于幼儿身心发展的不同需求；重视生活对幼儿健康成长的重要价值，积极创造条件，让幼儿拥有快乐的幼儿园生活。根据这4个方面的要求，在幼儿教师对幼儿的态度与行为方面，具体的职业道德规范主要表现为：关爱幼儿，全面育人；尊重幼儿，以人为本；注重幼儿生活价值。

一、关爱幼儿，全面育人

热爱学生，是教师的天职，是教育学生的前提，是教师必须具备的情感品质，是教师热爱祖国、热爱人民、热爱和谐社会的具体体现，因而，也是幼儿教师必须遵循的职业道德规范。关爱幼儿是幼儿教师职业道德修养的灵魂。

（一）关爱幼儿是幼儿教师的天职

关爱是幼儿教师与幼儿之间最有力、最自然的联结点，是打开幼儿心灵的金钥匙。幼儿教师的爱是一种崇高的社会情感。既要有母爱的细腻、深刻，又要以理性的方式和客观的态度去涵盖所有幼儿和幼儿的一切。从某种意义上讲，幼儿教师的爱是一种高于母爱的、无私的、伟大的爱。正是由于幼儿教师的爱，为幼儿的学习和生活创造了一种和谐、温暖、健康的精神环境，使幼儿在这种环境中感到愉快、安全和自由，在积极、愉快向上的情绪中自觉地接受教育，积极主动地得到发展。

1. 关爱幼儿体现了社会主义人道主义的精神

社会主义人道主义是一种尊重人、关心人、爱护人的伦理原则和处理人与人之间关系的道德规范。幼儿教师热爱幼儿不仅体现了对幼儿人格、尊严、做人权利的尊重，而且体现了教师对幼儿的关心和爱护。

2. 关爱幼儿是幼儿教师教育爱的具体体现

教育是一种感化人心、塑造灵魂的工作。教师热爱学生也称教育爱，一般是指教师对学生的一种自觉的、纯洁而真挚的、普遍而持久的爱。它是教师的一种高尚和积极的情感，具有丰富的内容和要求。关爱幼儿是教育艺术的基础和前提。幼儿教师对幼儿的教育必须建立在一种高度的责任感上。幼儿教师的这种责任感是一种充满着科学精神的教育之爱，这种爱不同于母爱中的偏私，也不同于友爱中的单纯，幼儿教师之爱，是立足对祖国前途的关心、对教育事业的忠诚。幼儿教师的这种爱具体表现为对幼儿的关心、理解和期望。

3. 关爱幼儿蕴含着幼儿教师的社会主义法律义务

关爱幼儿不仅是幼儿教师职业道德规范的重要内容，也是《教育法》、《教师法》等教育法律法规对教师的法定要求。如《教师法》第八条规定教师"要关心、爱护全体学生，尊重学生人格，促进学生在品德、智力、体质等方面全面发展"，《幼儿园工作规程》第六条也规定幼儿教师要"尊重、爱护幼儿"。这些法律条文说明了关爱幼儿是幼儿教师必须履行的法律义务。关爱幼儿、保护幼儿安全，无论是从法律角度，还是从道德规范角度，都是幼儿教师不可回避的责任。促进幼儿全面发展、保护幼儿的生命安全和身心的健康发展，是幼儿教师群体所应具有的职业精神，也是检验幼儿教师的一个职业道德标准。

幼儿教师要关心、爱护幼儿，而且要关心、爱护每个幼儿。幼儿教师应以博大的胸怀，呵护每个幼儿，让幼儿体会到母亲般的师爱。人格尊严是宪法赋予公民的一项基本权利，幼儿虽然在教育活动中居于受教育者的弱势地位，但其人格尊严不容侵犯。关爱每个幼儿，保护每个幼儿的健康成长，是法律赋予幼儿教师的职责和义务。即使是对待违反纪律、犯了错误的孩子，也不能简单、粗暴地训斥，而是应以爱心为本，以诱导、体贴、关心为重。

（二）关爱幼儿的基本要求

关爱幼儿是幼儿教师职业必须遵守的道德底线，是幼儿教师职业区别于其他任何一种职业的本质特征之一。幼儿教师对幼儿的关爱应该与其他人对幼儿的关爱不一样，是一种带有教育意蕴的、区别于一般人文关怀的"教育之爱"。幼儿教师所面对的对象是还没有自理能力和自卫能力的相对柔弱的幼儿，幼儿教师职业的神圣就在于他是从弱者（幼儿）出发的意识。实际上，在整个学前教育阶段，幼儿教师的"养护者"或者说"照料者"的角色都是至关重要的。这种养护和照料不仅有对幼儿生命安全的保护、对幼儿生活的照料，更包含着对幼儿情绪情感状态、人格个性品质、社会性行为等多方面心理发展的关注与呵护。

1. 关爱幼儿就要对幼儿的生命安全进行保护

对幼儿生命安全的保护是幼儿教师的首要职责，也是幼儿教师对幼儿实施教育的基础。"保护幼儿安全"可以分为3个方面。

首先，应随时关注幼儿身边的危险，未雨绸缪地保护好每个幼儿，确保幼儿在园安全。其次，应具有生命意识，注重对幼儿进行生命安全教育，通过多种方式引导幼儿认识生命、珍惜生命、热爱生命，提高幼儿的安全意识、抗险能力和自救能力。最后，在危急时刻，幼儿教师应能挺身而出，保障幼儿的生命安全。

2. 关爱幼儿就要对幼儿身心的健康发展进行保护

关注幼儿的身心健康是幼儿教师专业特性的体现之一。幼儿教师对幼儿身体健康的关注主要在于严格按照幼儿一日生活作息规律，保证幼儿的休息和户外活动时间与质量，保证幼儿膳食结构合理，帮助幼儿纠正偏食、挑食、多食、少动等不良饮食和生活习惯等。幼儿教师对幼儿心理健康的关注则更为突出了其专业性，不但要在组织保教活动时充分考虑到幼儿的心理特点，注重幼儿的心理感受，不得损害幼儿的心理健康，还应该关注幼儿的一些特殊心理需求，并及时和幼儿家长沟通联系，一起帮助幼儿解决问题走出心理困境，维护幼儿心理健康。

3. 关爱幼儿就要尊重幼儿的个体差异

尊重幼儿、热爱幼儿是指幼儿教师在教育教学过程中，要时时处处尊重幼儿、关心幼儿、爱护幼儿。尊重幼儿、热爱幼儿是幼儿教师职业情感的集中体现，其基本要求是：全面了解幼儿，关心爱护幼儿，对幼儿一视同仁、公平对待，对幼儿严格要求、循循善诱，尊重幼儿的人格、个性和自尊心，不讽刺、挖苦、歧视幼儿，不体罚或变相体罚幼儿，保护幼儿合法权益，促进幼儿全面、主动、健康发展。

例如，"每个儿童都有被爱的权利，都应该得到充分的发展"，这是幼儿园李老师对自己教育工作的体会。李老师在日常教学中不像有的老师那样去提问那些能说会道、反应机灵的孩子，而是经常关注那些比较胆小、很少回答问题的幼儿。有时这些幼儿可能过于紧张回答不出来，李老师就会让她先坐下来平静一下，语气温和地对小朋友说："没关系，以后经常锻炼锻炼就好了。"活动结束后，李老师还主动与幼儿交流，培养其语言表达能力，并经常与幼儿的家长进行沟通，共同寻找适宜的培养方法。

李老师模范地践行了教师职业道德规范，是值得每位教师学习的。李老师的做法践行了关爱幼儿这一幼儿教师职业道德规范。关爱幼儿要求幼儿教师要尊重幼儿的个体差异，平等地对待每个幼儿，要始终信任每个幼儿。

二、尊重幼儿，以人为本

尊重是一切教育的基础，也是现代教育的基本价值尺度之一。《幼儿园教育指导纲要（试行）》（以下简称《指导纲要》）基于"以幼儿为本"的思想理念，提出幼儿教师要"以关怀、接纳、尊重的态度与幼儿交往"，成为幼儿心灵的倾听者和保护者。幼儿教师对幼儿的尊重就意味着对幼儿权益的重视与维护，对幼儿人格的平等相待，对幼儿个体差异的认可与满足。对幼儿的尊重程度反映了幼儿教师是否拥有正确的师幼观，其核心要求是幼儿教师要公平公正地对待每个幼儿。

（一）尊重幼儿作为"人"的尊严与权利

"幼儿为本"的第一要义就是尊重幼儿的权利。幼儿作为独立的"人"拥有自己的基本权利。1959年联合国大会首次通过了《儿童权利宣言》，1989年又通过了《儿童权利公约》，明确规定了儿童的生存权、发展权、受保护权和参与权。儿童的生存权包括生命权、健康权和医疗保健的获得；儿童的发展权是指儿童拥有充分发展其全部体能和智能的权利，具体指信息权、受教育权、娱乐权、思想和宗教自由、个性发展权等；受保护权提出了反对一切形式的儿童歧视，保护儿童的一切人身权利；参与权是指儿童有参与家庭、文化和社会生活的权利。《儿童权利公约》强调儿童应该与成人平等共享相同的价值，平等共享相同的权利。《指导纲要》强调"幼儿园教育应尊重幼儿的人格和权利"。幼儿教师应当认识到，"幼儿为本"理念下的教育与"成人本位"教育最根本的区别在于：教育是帮助幼儿最终成长为成熟的、有责任感的、能正确行使自己权利的合格社会公民，或是成长为成人的奴隶或附属品。热爱幼儿，尊重幼儿人格，理解、尊重并保障幼儿参与和自身有关的一切活动并发表自己意见的权利，让每个幼儿愉快地、有尊严地度过童年生活，应当成为每位幼儿教师坚定的教育信念。

（二）尊重幼儿成长发展的自然规律

"幼儿为本"就是要尊重幼儿成长发展的自然规律。儿童的发展过程是一个自然的进程，无论是孩子的生理还是心理发展，均有其自身发展的内在规律。在教育孩子的过程中，如果违背了孩子发展的自然规律，往往会影响孩子的正常发展。在学龄前儿童的教育中，表现得较为普遍的，就是父母和教师缺乏等待孩子自然成长的耐心。《指导纲要》明确指出："尊重幼儿身心发展的规律和学习特点，以游戏为基本活动，保教并重，关注个别差异，促进每个幼儿富有个性的发展。"幼儿教师必须理解幼儿的学习与发展规律是不以成人意志为转移的，应当怀着敬畏之心去不断地探索、发现，遵循这些规律，通过创设良好的教育环境，让幼儿在游戏中、生活中学习、发展，健康成长。

（三）尊重幼儿的独立人格和自我意识

尊重幼儿人格就是要将幼儿视为平等的人格主体予以尊重。《儿童权利公约》的基本精神就是强调幼儿不仅是被保护和教育的对象，而且是具有积极性和主动性的权利主体。幼儿教师对幼儿人格的尊重体现在3个层次：第一个层次是认识到虽然幼儿年龄小，思想不成熟，但也是一个有着自己想法、观点的能动个体，幼儿的人格、观点和想法以及权益应该受到尊重和重视；第二个层次是幼儿教师要将幼儿的想法和观点、权益作为自己设计、组织教育活动的起点和依据，教师所采取的教育教学行为不能无视甚至损害幼儿的合法权益；第三个层次是及时制止不尊重幼儿人格、侵害幼儿权益的行为和现象，或依靠自己的能力向相关部门反映，用自己的实际行动保护幼儿的人格和合法权益。

幼儿的自我意识是幼儿社会适应性发展的基础，没有良好的自我意识就没有良好的社会适应性。自我意识包括自我感觉、自我评价、自尊心、自信心、自制力、独立性等。尊重幼儿，就是要保护孩子的自尊心。心理学家认为，自尊是一种精神需要，是人格的内核。维护自尊是人的本能与天性。幼儿的自尊心是他们成长的动力。保护好幼儿的自尊心，增强他们的自信心，是做合格幼儿教师的责任。教师应懂得幼儿的自尊心是他们一生做人的资本，不能伤害与践踏它。

（四）尊重幼儿的个体差异

"平等对待每个幼儿"也是尊重幼儿的具体体现之一，主要是指幼儿教师在日常的保教工作中，要做到平等公正。"尊重幼儿的个体差异并满足不同幼儿的需求"是尊重幼儿的深层次要求。幼儿教师应做到以下 3 个方面：首先，在理念上应尊重每个幼儿的个体差异。幼儿是具有发展差异性的人，幼儿教师要承认、尊重和接受每个幼儿在认知、情感与社会性甚至外貌等各个方面的独特性和差异性，特别要避免在日常工作中对外貌较好或者能力较强的幼儿有意或无意的偏爱。其次，在教育活动中给予每个幼儿基于其能力而言平等的机会和资源，按照每个幼儿的不同兴趣、能力、气质和性格等个体差异因材施教，使每个幼儿的个性心理品质和能力都能够在原有的基础上获得进步，要避免无意识地给少数"好孩子"更多的"表现机会"。最后，对幼儿的评价要公正，评价的原则是每个幼儿在原有的基础上有发展和进步，避免将不同发展水平的幼儿做横向的优劣比较。"不讽刺、挖苦、歧视幼儿，不体罚或变相体罚幼儿"是在"尊重幼儿"方面的禁止性行为，也是幼儿教师的师德底线。"讽刺、挖苦、歧视"是对幼儿人格的漠视，"体罚和变相体罚"更是对幼儿人身权益的直接侵犯，都会对幼儿的身心健康造成不可弥补的伤害。幼儿教师在教育实践中一定要杜绝这些行为。

《专业标准》在专业理念与师德层面，明确提出要尊重幼儿的人格，维护幼儿的合法权益，平等对待每个幼儿；不讽刺、挖苦、歧视幼儿，不体罚或变相体罚幼儿；信任幼儿，尊重个体差异，主动了解和满足有益于幼儿身心发展的不同需求。在专业能力方面，要求教师鼓励幼儿自主选择游戏内容、伙伴和材料，支持幼儿主动地、创造性地开展游戏；能及时发现和赏识每个幼儿的点滴进步，注重激发和保护幼儿的积极性、自信心等。这就要求教师自觉尊重幼儿的人格，尊重幼儿的想法和意见；承认并尊重幼儿的个体差异，公平公正地对待每个幼儿；坚持正面引导和积极鼓励，杜绝并抵制漠视幼儿人格、侵犯幼儿权益的做法。

三、注重幼儿生活价值

《专业标准》在各个层面都要求幼儿教师重视生活、游戏对幼儿健康成长的重要价值，强调幼儿有权并应该拥有快乐的幼儿园生活，教师要为此创设保障性条件。教师要将游戏作为幼儿的主要活动，并让幼儿充分体验游戏的快乐和满足等。这些要求都体现了对幼儿日常生活和游戏价值的科学认识，并体现了对幼儿人格和年龄特点的尊重。

（一）幼儿生活价值是其生命价值的体现

生命的存在状态是生活，生活的根本内涵是生生不息的生命的展现形式。教学作为关照人的生命的活动是在生活中进行的，离开了生活，生命就失去了根基，教学也就失去了存在的意义。

德国哲学家狄尔泰认为，生命就是人的生活，而人的生活就是人的经验、人对自己存在的内在的体验。齐美尔认为，没有无内容的生命过程和生命形式。我们在自己的生活中"体验"到生命的内容，这种"体验"实际上是心灵把握生命的活动。

（二）幼儿的生命是幼儿园教学的出发点

人是教育的根源，教育是关乎人的教育。从教育的目的看，教育即促进人的生长，生长既是状态也是过程。一种生长状态的实现，意味着另一个生长过程的开始，生长是持续的。在这个意义上，教育即生长，教育的过程就是一个持续不断的生长过程，在教育过程的每个阶段都以增加生长的能力为其目的。生长不仅是生活的特征，更是生命的特征。生活只是生命的一种生存场域，生命在生活中生长。

教育的出发点是人的生命的持续性生长，是生活中具体的、丰富的、充满活力的生命个体的成长。教育要达到促进儿童发展的目的，首先的一个前提是遵循儿童生命发展的内在逻辑，人的生命发展的规律和特点是教育必须遵循的。同样，作为教育的基础部分，幼儿教育也是一种培养人的活动，这种培养人的活动是建立在每个儿童个体生命基础上的。离开了每个儿童个体的生命，教育就会成为一种抽象的东西，就会失去它的意义和价值。教育只有把根基建立在儿童个体生命的基础上，才能找准位置，开展活动，完成使命。因此，幼儿教育活动的开展必须建立在儿童个体生命的基础上，在充分认识儿童生命特点的基础上进行。

幼儿生命是幼儿教育的原点，而幼儿教育源于幼儿生命发展的需要，因此幼儿教育应关注幼儿的生命。关注幼儿的生命，首先要正确地认识幼儿，树立正确的幼儿观，并且解放幼儿，让幼儿自由自在地成长，这样才能使每个幼儿的生命都绽放出炫丽的光彩。儿童的生命是幼儿园教学的思考原点，幼儿园教学是儿童生命的促发剂。若教育违背或外在于幼儿发展顺序、特性，不仅不能促进他的发展，反而会贻害生命的发展，出现"反生命"的现象。

然而，在工具理性的世界中，儿童的生命价值被忽视和异化了。在工具理性的支配下，教育就是让儿童掌握有用的知识，为未来的生活做准备。知识被看成由外在于人的事物决定的，是客观的、绝对的、唯一的。因此，知识与当下的生活没有联系，儿童完全可以在生活之外去掌握它。在这种教育观和知识观的引导下，现代教育逐渐远离了生活，学校成了儿童与生活之间的樊篱。孩子的游戏、自由活动、体育锻炼乃至休息的时间被无情地挤占。孩子探索时的乐趣、遇到困难时的迷茫、尝试活动中的期待，孩子的能力发展、个性养成等在教学中被忽视。通过教学培养出来的人仅仅学会了一些知识、掌握了一些技能，教学失去了引导儿童感悟生命、体验生命、实现生命意义的本真追求。

有学者将当今教育与生活分离的表现概括为 3 个方面：一是教育的内容与生活脱节，远离儿童的生活世界；二是以成人的世界代替儿童的世界，失去了对儿童当下生活的关注；三是教育中缺乏生活的气息，使教育丧失了生命的活力。幼儿教学与儿童生活割裂的现象同样如此。

（三）幼儿的生活对于幼儿的成长具有重要作用

《指导纲要》明确规定，幼儿园教育应尊重幼儿身心发展的规律和学习特点，充分关注幼儿的经验，引导幼儿在生活和活动中生动、活泼、主动地学习。幼儿园教学应关注幼儿的日常生活，关注日常生活给予幼儿的各种发展机会，关注日常生活中的种种价值与意义，关注幼儿在日常生活中的每个疑惑、困难与问题，关注幼儿在日常生活中的每个发展历程。在幼儿的生活中，通过让其不断获得丰富的经验来促进其生长和发展。教学要结合幼儿的生活，让幼儿用自己的眼睛和手去观察、触摸大自然中的花草虫鱼，发展幼儿的认知、观察、分析、探索能力，发展幼儿积极的情感和态度。只有在真实的、自然的生活中，幼儿才能获得和谐的发展。

幼儿在园的一日生活由游戏、教学和生活活动等不同的形式构成。幼儿教师要实现一日生活的教育价值需要采取多种措施。首先，教师必须关注幼儿生活的各种形态，而不能将有目标、有计划的教育仅仅狭隘为"教学活动"，将游戏活动和生活活动当作各种教学活动的"过渡环节"。其次，幼儿教师必须有意识地对幼儿在园一日生活进行充分利用和有效干预，在内容上充分拓展，创设丰富多样的环境，将教育扩展到幼儿在园一日生活的方方面面，甚至延伸到家庭和社区中。最后，幼儿教师需要转变和克服一些已有的偏见与陋习，逐步实现幼儿生活与幼儿发展的统一与贯通。如目前很多幼儿园中，教学活动之外的幼儿生活基本处于被忽视的状态，没有引起教师的重视，对相关活动的组织和实施没有明确目标，生活活动与教学活动相脱节，未能在幼儿的生活与幼儿的发展之间建立起必要的实质性联系。只有改变这种状态，幼儿在园的生活才能真正回归幼儿生活的本质，即一种具有自在性和游戏性的生活。

第三节　对专业保教工作的责任与信念

《专业标准》中的"对幼儿保育和教育的态度与行为"领域是从保教观的角度对一个合格的幼儿教师所应具备的专业理念和师德进行的规定。幼儿教师对保教活动的原则、内容、方式、效果等整个过程的认识与理解，直接决定着其保教活动的实践形态。《专业标准》从坚持保、教结合的原则、遵循幼儿的学习方式组织保教活动、重视环境和游戏对幼儿发展的作用，以及充分利用各种资源实现家园共育等方面对幼儿教师的专业素养进行了规范。具体要求为：注重保教结合，培育幼儿良好的意志品质，帮助幼儿形成良好的行为习惯；注重保护幼儿的好奇心，培养幼儿的想象力，发掘幼儿的兴趣爱好；重视环境和游戏对幼儿发展的独特作用，创设富有教育意义的环境氛围，将游戏作为幼儿的主要活动；重视丰富幼儿多方面的直接经验，将探索、交往等实践活动作为幼儿最重要的学习方式；重视自身日常态度言行对幼儿发展的重要影响与作用；重视幼儿园、家庭和社区的合作，综合利用各种资源。根据这些方面的要求，在幼儿教师对专业保教工作的责任与信念方面，具体的职业道德规范主要表现为：坚守保、教结合；遵循幼儿心理特点；重视游戏精神；尊重家长，热情服务。

一、坚守保、教结合

"保教并重"是幼儿园教育的基本原则，即对于作为学前教育范畴重要组成部分的幼儿园教育来说，它必须把促进儿童的身体健康与养成儿童的生活卫生习惯，以及自理能力的养成放在与儿童的知识技能学习和智力发展同等重要的位置。无论是《幼儿园工作规程》，还是《指导纲要》和《国务院关于当前发展学前教育的若干意见》，都明确规定幼儿园必须坚持"保教并重"的基本原则。《教育规划纲要》也明确指出"保教并重"是"科学实施幼儿园教育的基本要求"。

（一）幼儿园保、教结合的含义

幼儿园教育中保、教结合包含3层意思：一是幼儿园不仅有教育问题，还有保育问题；二是幼儿园的保育工作和教育工作有着同等重要的地位；三是保育和教育必须互相结合、互相联系、互相渗透。保教结合之所以成为幼儿教师必须执行的工作原则，主要是由其教育对象——幼儿的身心发展特点所决定的。学前期的幼儿在保护自身生命安全的能力、身体活动能力、自我照料和独立生活能力以及识别危险物品与防御能力等方面都较差，缺乏生活经验，有时难以避免生活中的危险，这些都决定了幼儿教师对幼儿所实施的教育既需要在生活上给予幼儿精心照料和安全保护，也需要对幼儿进行必要的知识启蒙和能力培养。

（二）幼儿教师贯彻落实保、教结合的途径

幼儿教师怎样才能贯彻落实保、教结合呢？首先，要真正理解保、教结合的含义，深刻理解保、教结合就是要保护幼儿安全，安排好幼儿一日生活，做好幼儿的疾病预防和膳食营养，培养幼儿良好的生活卫生习惯和优秀的道德品质，帮助幼儿积累各方面的经验，发展幼儿各方面的能力。其次，幼儿教师需要精心设计幼儿在园一日生活的各个环节，将保、教结合具体落实到日常生活、教学活动以及游戏活动等各项活动之中，真正做到教中有保、保中有教，相互渗透、有机结合。最后，幼儿教师还应该注意和保育员以及幼儿家长的协调、配合，才能更好地将保、教结合原则贯穿幼儿园教育的全部工作中。

（三）注重保、教结合的具体要求

幼儿身心发展的特点和需要决定了保、教结合是幼儿园教育的基本原则，也是对幼儿教师的基本专业要求。《专业标准》明确提出要"注重保、教结合"，不仅将"一日生活的组织与保育"作为重要的专项领域要求，而且对教师提出了多项具体要求，要能合理安排和组织一日生活的各个环节，科学照料幼儿的日常生活，将教育灵活地渗透到一日生活中；能充分利用一日生活中的各种教育契机，对幼儿进行随机教育，以将保、教结合原则落到实处。

二、遵循幼儿心理特点

《3—6岁儿童学习与发展指南》中提出学前教育应该坚持遵循幼儿的发展规律和学习特点。珍视幼儿生活和游戏的独特价值，充分尊重和保护其好奇心和学习兴趣，创设丰富的教育环境，合理安排一日生活，最大限度地支持和满足幼儿通过直接感知、实际操作和亲身体验获取经验的需要，严禁"拔苗助长"式的超前教育和强化训练。

（一）幼儿的学习心理特点

幼儿具有求知欲强、好奇好问的心理特点，教师应根据这一心理特点，创设良好的环境，采用恰当的方法，启发孩子的思维，保护孩子创造的火花。正像法国政治家埃德加·富尔在《学会生存》一书中指出的那样：教师的职责现在已经是越来越少地传递知识，而越来越多地激励思考。活泼、好动是学前儿童的另一心理特点，因此，组织并参与孩子的活动是对幼儿教师的一项基本要求。教师应注意活动是否反映孩子的兴趣、愿望，活动过程中是否有孩子的自主性参与，是否伴随着孩子的积极思考与愉快体验。

（二）遵循幼儿心理特点的具体要求

对幼儿学习特点的分析、理解、把握、尊重与运用是促进幼儿实现有效学习和健康发展的前提，是幼儿教师组织保教活动的基础。

1. 注重保护幼儿的好奇心，培养幼儿的想象力，发掘幼儿的兴趣爱好

好奇心是推动幼儿获得新知的主要动机，而想象力是创新的源泉。保护好幼儿的好奇心有助于培养幼儿的创造性思维能力，又可以让幼儿对周围的世界保持浓厚的兴趣，激发幼儿探索

的愿望。幼儿教师应充分认识到幼儿强烈的好奇心是幼儿的年龄特点，因此要注意保护幼儿的好奇心，并创设情境激发幼儿的好奇心，以此引发幼儿学习和探索的兴趣。幼儿教师还需要充分利用幼儿的兴趣，通过分析幼儿的兴趣判断幼儿的发展水平，生成适合幼儿的教育活动，以促进幼儿在原有水平上的发展。

2. 重视丰富幼儿多方面的直接经验，将探索、交往等实践活动作为幼儿最重要的学习方式

幼儿生来就有主动学习的能力，"做中学"、"通过实际操作和自由探索获得直接经验"是他们最主要的学习方式。而我们强调教师要"重视自身日常态度言行对幼儿发展的重要影响与作用"，则是对幼儿的另一种学习方式——模仿学习的重视。幼儿常常通过对他人的模仿来学习，幼儿教师是幼儿最重要也是最有影响力的模仿对象。在幼儿的心目中，幼儿教师的权威性无可置疑，教师被幼儿所关注并模仿，并能对幼儿产生潜移默化的影响，因此，幼儿教师必须充分注意到自身的言行对幼儿的示范作用，时刻提醒自己应该用高尚的品德、得体的言行举止，对幼儿的发展产生积极、正面的影响。

三、重视游戏精神

《专业标准》要求教师引导幼儿在游戏中获得多方面的发展，重视丰富幼儿多方面的直接经验，将探索、交往等实践活动作为幼儿最重要的学习方式；为幼儿提供更多的操作探索、交流合作、表达表现的机会，支持和促进幼儿的主动学习等。幼儿的学习是与游戏结合在一起的，幼儿的大部分时间都是在游戏中度过的，通过游戏反映自己的理想、情感、愿望和观念，从中得到极大的快乐。

（一）游戏是幼儿的生活方式，也是幼儿园教育的存在方式

1. 游戏是幼儿生命存在的基本方式

幼儿的生活就是一种游戏生活。他们的大部分时间都是在游戏中度过的，而且在幼儿的生活中游戏总是占据着第一的位置。游戏作为幼儿生活的重要组成部分，并不是简单的玩，即实体性活动，也不只是幼儿认识世界、改造世界的工具和手段。实际上，它是幼儿的存在方式，幼儿是以游戏的形式和态度拥有世界的，游戏是幼儿对待世界的基本方式。这里的游戏既包括具体的"玩"，也含有在游戏中所体现的游戏精神。游戏给了幼儿一个熟悉的世界，他们的学习、生活、劳动等一切方面都渗透着游戏的精神和态度，所以游戏就是幼儿的生存方式。

2. 幼儿的精神就是游戏着的精神，游戏性是幼儿精神的基本特质

幼儿的游戏精神首先是一种带有原发性的生命精神。幼儿的游戏性精神作为一种不断成长着的精神，不是被动地作为幼儿生活与发展的产物，更重要的是，它是幼儿生命成长的动力与源泉，并以自身的完整性与和谐性赋予幼儿以完整而和谐的童年生活。

游戏精神统整了幼儿生活的全部。幼儿总是用一种诗性的、童话的（神话的）、好奇的、探索的精神在生活。诗性的逻辑，即感性直觉的逻辑、音乐性的逻辑、想象的逻辑、自由的逻辑、审美和艺术的逻辑，这些都是幼儿文化中最可宝贵的一面，是幼儿感性丰富性的具体体现。

3．游戏是幼儿园教育的存在方式

游戏是幼儿的主要活动，幼儿园教育应以游戏为基本活动。游戏能给幼儿带来欢乐和满足，促进幼儿的认知和人际交往能力以及情感发展。游戏是幼儿的天性，幼儿游戏蕴藏着幼儿发展的需要和教育的契机。发展的多样性、差异性、自然性等特点在游戏中体现得淋漓尽致，这是由游戏的本质决定的。但游戏能否最大限度地实现其对幼儿发展的价值，这取决于幼儿教师在其中所起的作用。首先，幼儿教师应该充分认识到游戏对幼儿发展的价值，将游戏作为幼儿的主要活动，以这种符合幼儿天性的方式促进幼儿自由自在地发展。其次，幼儿教师应该正确对待自己在幼儿游戏中的位置，教师是幼儿游戏活动的观察者、支持者、参与者，而不是游戏的设计者、主导者和干预者。最后，幼儿教师应该提高自己支持、指导幼儿游戏的能力，努力提升自己的游戏精神。

（二）游戏精神的含义

游戏精神是指体现幼儿游戏活动诸特点的一种心理状态，以及在这种心理状态支配下幼儿对待事物的主观态度。它如同人类精神一样，是一个内涵特征极其丰富的概念，就其本质可归纳为三大原则：快乐原则、幻想原则、自由原则，三者是构成游戏精神的理论支柱，是游戏精神的基本特征。其中快乐原则是本质，其他所有特征皆以快乐为核心。这是由于快乐原则最直接地代表着游戏精神的特色，是受超越性动机驱使的体验。它既有认知的享受，又有审美的快乐和创造的成就感；幻想是游戏精神得以实现的最重要的手段，只有在幻想中，游戏精神才最能显示其魅力；而自由原则又为幻想提供了必要的前提，只有在充分的自由中，幻想才能插上翅膀，在游戏空间自由翱翔，从而使游戏精神展现得淋漓尽致。

游戏精神至少包括3种基本精神，即自由精神、创造精神和体验精神。追求自由、主动创造、体验生命是人的精神的内在要求，这正是游戏精神的核心所在。游戏精神是人之为人的内在需要，人天生具有游戏的本质。

1．自由精神是游戏精神最本质的特征

自由，首先表现为游戏者主观自愿的态度。游戏完全是游戏者的一种内部需要，是其发自内心的渴望，产生于生命内在的要求。其次体现在游戏的自成目的性。一方面，游戏是一种在自身中得到满足的活动，以自身运作或自我表现的方式存在，有其内在的自由。另一方面，对于游戏者来说，游戏的意义和目的就在于游戏本身，而不是某种直接的物质利益。最后，游戏的自由精神表现在游戏者的自主性上。游戏者始终以主人的姿态在游戏中自主行动，他们根据自己的兴趣和意愿协商制定游戏规则，自由选择游戏内容、方式，自由把握游戏的进程。由于选择是游戏者自主自愿做出的，他们会自觉接受由此产生的责任和规则，从思维到行动都与游戏结构自然合拍，因而实现了事实上的意识的自由。

2．游戏精神是一种创造精神

游戏虽然总是在一定的时间和空间中进行并受一定规则的约束，在形式上具有一定的封闭性，但它的内在精神却是开放的，充满了创新的品格。

人是一个创造性的存在，人通过创造来把握变幻莫测的客观世界，以寻找人在大自然中的位置。人又通过创造去发现生命的意义，追求生命的价值，实现生命的升华，以实现人对自己

生命的认识、把握和超越。所以，创造性是人的生命的本质，是生命的目的，也是人性的呼唤。幼儿是一个小小的探索家、创造家，在幼儿眼里，世界中一切都是新鲜的，幼儿利用自己的方式去认识世界，对世界进行探索。

幼儿带着一颗纯真的心去探索世界的奥妙，游戏是幼儿探索世界的主导活动，能不断产生新的"发展点"。游戏构成了幼儿心理发生发展的最佳姿态，是儿童创造性的源泉。儿童在游戏中自由想象，在一些物体与观念之间建立一些独特的关系和联想，这些特定的关系与联想往往是创造性发展的萌芽。

游戏具有一种自由想象与创造的精神。正是游戏，为幼儿提供了一种激励创造性思维的适宜气氛。在游戏中儿童可以"想我所想"、"抒我所抒"，不会由于"别出心裁"而招致同伴的耻笑与责怪。再加上幼儿特有的表现欲和好胜心，为使自己在无形的比较中"出人头地"而刻意求新，这必将使其思维具有创造性。因而游戏的过程充满了创造的精神，游戏精神就是一种创造精神。

3. 游戏精神是体验精神

游戏的体验精神表现在游戏是一种情不自禁地沉迷其中、专心致志、物我两忘的心理状态，游戏者完全沉浸和醉心于游戏中，摆脱了一切怀疑、恐惧、压抑、紧张和怯懦，深刻而生动地体验到生命精神的展示与释放，达到与游戏的完全融合。

游戏体验是幼儿创新的原动力，游戏精神也是一种体验精神。主要体现在以下几个方面：首先，游戏是一种自主性体验过程。在游戏中，幼儿充分体验了自由——"我想玩就玩，不想玩就不玩"或"我想怎么玩就怎么玩"，孩子享有完全的自由。其次，游戏是一种兴趣性体验过程。在游戏中，幼儿体验到无限的乐趣、新奇感与成功感。幼儿敢作敢为、不怕失败，勇于探索、勇于尝试，新奇感与成功感始终伴随着幼儿。正是幼儿在游戏中的愉快体验使幼儿乐于游戏、乐于探索、乐于创新。最后，游戏过程是一种胜任感体验的过程。在游戏中，幼儿自己支配游戏主题、游戏情节、游戏角色以及游戏规则，体验了那份专注与执着。幼儿之所以在游戏中能够表现出那种专注与执着，表现出坚忍不拔地克服困难和锲而不舍的精神，是因为幼儿认为自己能胜任游戏任务。

（三）幼儿教师游戏精神在教育教学中的体现

1. 形成对教育生活的自觉与热爱，体验幼儿教师的职业美

兴趣和热爱是一种巨大的推动力，能够激发教师对职业的热情，使教师带着自愿和愉悦从事教育教学活动。游戏精神有助于教师超越外在的功利性追求，对教育教学工作产生精神上的需要，把活动过程本身作为目的，在其中表现自己、发展自己、实现自己，从而达到对职业的自由自觉状态。教师对职业的自由自觉是教师游戏精神的重要体现，能够使教师在目的与手段、功利与非功利之间保持一种合理的张力，形成良性互动，抵制工具理性过分膨胀对自身发展的侵蚀，捍卫生命的尊严，追寻一种真实而有意义的职业生活。幼儿教师怀着热情、揣着兴趣、带着几分游戏兴致投入，把教师职业活动的过程本身看成目的，在游戏中表达自己、展现自己、发展自己，教师就使自己也使幼儿在游戏精神的照耀下，获得了深刻的审美享受。

2. 秉持开放的心态，积极参与，不断追求创新

创造是人存在的本质方式。所有幸福都来自创造性生活。富有游戏精神的教师乐于在教育生活中保持开放的心态，对新思想、新知识有学习探索的激情，他们善于打破固化的保守观念，以灵活敏感的思维直面教育中的无限可能性，主动研究教育教学中的理论和实践问题，自觉培养自己发现问题、解决问题的能力，不断发展和完善自己，从中享受教师职业本身的尊严和欢乐，实现教师生命的价值。

3. 向教育过程敞开自身，体验沉浸的幸福

幼儿教师的游戏精神意味着幼儿教师关注当下教育生活，全身心地沉浸其中，与教育活动彼此交融，在其中感受最本真的自我，获得丰盈的、充满生机的生命体验。游戏精神能够帮助人们实现内心平和、豁达的境界，正确地对待物欲的需求；帮助幼儿教师以乐观、真诚的态度与家人和朋友进行平等的沟通，得到他们的支持与谅解；帮助幼儿教师学会用适当的方式排解压力、发泄郁闷，使教师懂得在生活中善待自己、善待他人。具备游戏精神的教师富有平等精神，主动构建良好的师幼关系，与幼儿进行真情沟通与交流，体验心灵对话本身的内在意蕴，丰富自己的精神生活，也激发幼儿对活动内在价值和美的体验。幼儿教师只有形成了体验精神，才能真实地感受到生命的丰富和生活的充实，才能合理地认识自己、认识教育生活，享受到教育的喜悦和身为教师的幸福。这样，幼儿教师才能成为一个完整意义上的幸福的人。

4. 建立和谐的师幼关系

教师要以"玩伴"的身份在与幼儿的互动中促进其自由地发展。富有游戏精神的幼儿教师更多地会喜欢成为幼儿的"玩伴"，而这种"玩伴"的身份也会让幼儿以更加放松的心情接近教师，愿意与教师交流沟通，在平等自由的交往氛围中获得发展。游戏精神促进了教师与幼儿情感的交融，实现了师幼关系的和谐发展。

四、尊重家长，热情服务

教师和幼儿家长有着共同的目标与任务，教师要想出色地完成教书育人的任务，必须与家长加强联系和沟通，联系和沟通的前提条件就是要尊重家长。由此，尊重家长是幼儿教师职业道德的又一重要准绳。

（一）尊重家长的道德要求

尊重家长、热情服务是指幼儿教师要尊重幼儿家长，热情为家长服务，使学校教育和家庭教育形成合力，共同促进幼儿的健康成长。尊重家长、热情服务是做好幼教工作的一个重要方面。其基本要求是：尊重幼儿家长，对所有家长一视同仁，不训斥、指责家长，主动与家长联系沟通，取得家长的支持与配合，认真听取家长的意见和建议，积极向家长宣传科学的教育思想和教育方法，帮助家长确立正确的教育观，强化服务意识，时时处处设身处地为家长着想、为家长解除后顾之忧。

（二）以尊重家长、热情服务的精神进行家园共育

幼儿教育是一项家庭和幼儿园共同的事业，幼儿教师必须和幼儿家长建立密切的联系，和

他们共同协作。作为专业人员，幼儿教师更应该积极、主动和理性地从整合教育资源的角度，培养自己的合作精神，争取家长的支持与配合。幼儿教师可从以下方面着手提升家园共育的效果：首先，幼儿教师应多采用家园联系册、家长开放日、家长沙龙等各种方式，向家长宣传幼儿园的保教工作，不但可以拉近与家长的情感距离，而且可以让家长有机会充分了解幼儿园教育情况。其次，幼儿教师应该挖掘家长中的教育资源并有效利用，创造机会让家长发挥其独特的优势，甚至参与到班级管理工作中，以激发家长参与家园共育的兴趣。最后，幼儿教师应提高自己的资源整合能力，知道怎样将家长和社区等各方面的资源有机整合到自己的保教工作中，为幼儿的发展服务，而不使家园合作、家园共育仅仅停留在形式上。

第四节 对自我专业发展的坚持与推进

教师职业道德有两种存在形态：一是社会公众对教师的殷切希望和要求，它以教师职业道德和行为准则的形式存在；二是教师自身通过学习和实践等修养过程逐步认同、内化这些道德规范与行为准则，它以个体道德品质的形式存在。《专业标准》中的"个人修养与行为"领域是从幼儿教师的个性品质、人格特质以及心理健康等个人修养的角度对合格的幼儿教师所应该具备的专业理念和师德进行的规定。幼儿教师的个人修养主要体现为胜任本职工作所必须具备的性格特征、积极的心理倾向、创造性的认知方式、丰富的情感、坚强的意志、高尚的道德品质以及规范的行为方式等人格特征的综合体。《专业标准》主要对幼儿教师必须具有的良好的个性修养、健康的心理状态、乐于学习的品质等作了具体规定：富有爱心、责任心、耐心和细心；乐观向上、热情开朗，有亲和力；善于自我调节情绪，保持平和心态；勤于学习，不断进取；衣着整洁得体，语言规范健康，举止文明礼貌。根据这些方面的要求，在幼儿教师对专业保教工作的责任与信念方面，具体的职业道德规范主要表现为：良好的个性修养；健康的心理状态；终身学习的品质。

一、良好的个性修养

良好的个性修养不但是幼儿教师顺利开展保教活动的必要条件，而且会对幼儿的性格特征产生潜移默化的影响。幼儿教师必须具备的良好性格特征主要包括富有爱心、责任心、耐心和细心，以及衣着得体，语言健康，举止文明。

（一）富有爱心、责任心、耐心和细心

1. 爱心是幼儿教师对幼儿实施教育的基础和前提

热爱幼儿是幼儿教师职业道德的灵魂，是幼儿教师教育观念的集中体现。没有爱，就没有教育。教师的爱是儿童身心成长的精神需要。只有教师的爱，才能使幼儿感受到愉快、安全和自由。

2. 责任心是幼儿教师职业专业特质的体现

对幼教事业的热爱是幼儿教师通过对幼教工作价值和意义的正确而深刻的认识所形成的重

要的职业道德观念，是幼儿教师职业道德的核心内容。幼儿教师面对的教育对象是一群天真、无邪、稚嫩、身心发育尚未成熟、知识经验贫乏而又充满好奇、求知欲较强的学前儿童，因而幼儿教师的责任心尤为重要。只有具有责任心，才能对幼儿充满爱心，对工作有高度负责的态度，对平凡的幼教事业有着无怨无悔的奉献精神。就责任心来说，一方面，幼儿教师作为专业人员，是代表社会对幼儿实施符合既定社会目标的教育，代表社会来履行教育职责；另一方面，由于幼儿教师专业的服务对象是处于成长中的幼儿，因此幼儿教师对幼儿的身心健康发展承担着极大的责任。幼儿教师应该在认同自身专业的社会价值的基础上产生内在的情感和责任心，激发对自己的职业负责的意识。

3. 耐心和细心是中心环节，它关系到教育过程的成败和教育效果的高下

耐心是指心里不急躁、不厌烦，侧重于人的态度。耐心是幼儿教师应具备的一个重要素质，是教师自己的本职工作。耐心是一种良好的对待幼儿的态度，教师有了良好的心态，才能静下心来耐心地教育幼儿。一是要静下心来听孩子讲。好奇、爱问是幼儿的天性，教师若能平静地与孩子交流，倾听他们的"自言自语"、"唠唠叨叨"，就可以获得很多信息，从而与幼儿的心走得更近。二是要静下心来看孩子玩。孩子在游戏时、在游玩中，需要教师静下心来仔细观察，用一种良好的心态——"耐心"去观察他们的行为，教师在静心的观察中能发现许多可教育的良好契机。三是要静下心来和孩子说。教师若以童言无忌理解孩子的幼稚、天真，以平常心态来看待这些问题，静下心来心平气和地和孩子谈话，就能耐心地帮助幼儿勇敢地面对错误，克服困难，找出对和错的原因。

细心就是用心细密，认真周全地考虑各种问题，精益求精地把事情做好。幼儿期的孩子还很幼稚和单纯，对他们特别要细心，切忌粗心大意。在日常教育和保育工作中，幼儿教师在努力做到3个"细"：一是细心观察，从他们的表情、动作、行为中，了解他们的内心思想感情和身体状况；二是细心分析，从他们的一些反常现象中分析出原因，找出对策；三是细心教育和护理，特别是对一些特殊情况的孩子，给予特殊的照顾。因为工作中有了细心才能及时发现问题，防微杜渐；工作中有了细心才能帮助我们全面分析问题和正确处理问题；工作中有了细心才能提高我们的工作效率，避免出差错。幼儿教师的细心不仅体现在一日活动中要处处留心，做有心人，及时发现活动中的安全隐患，保障幼儿身心的健康发展；还体现在对全班孩子的仔细观察和详细了解，以便及时把握孩子的兴趣和需要，从而正确引导孩子。

（二）衣着得体，语言健康，举止文明

幼儿教师的形象应该是令幼儿敬慕的，是幼儿心中真的模范、善的代言、美的化身。幼儿教师每天都是以核心人物和重要他人的身份亮相在幼儿面前，接受着幼儿细致敏锐的"监督和检阅"，幼儿教师的衣着打扮、言行举止都成为幼儿模仿的对象。这就要求幼儿教师在外表上要衣着端庄、整洁、大方又不失活泼可爱，既能受到幼儿喜爱，又符合教师的职业特点和社会身份。除外表外，幼儿教师在园内外的言行举止也应该充分体现"为人师表"的表率作用，切忌语言粗俗、行为不检。所谓"善教者，使人继其志"，就是强调幼儿教师要让幼儿在吸取教师学识的同时，通过效仿教师的优良行为获得更好的发展。

二、健康的心理状态

健康的心理状态不仅影响着教师自身的身体健康、生活幸福和职业生涯的发展状况，也会直接影响到幼儿的心理状态，因此幼儿教师的心理健康作为教师专业人格中的重要组成部分需要引起高度重视。

（一）幼儿教师健康心理的意义

教师在人的成长过程中扮演着一个十分关键的角色。幼儿时期是人的一生中发育最迅速、最旺盛的时期。幼儿的心理发展极容易受到外界的影响，特别是受到与其朝夕相处的教师的影响，且这种影响大多影响其一生。幼儿教师从事的保教工作平凡而琐碎，在年复一年周而复始的工作中，如果幼儿教师不能以积极乐观的心态去面对工作，必然会因为烦琐的劳累而带来心理上的抑郁，而且一旦幼儿教师表现出这种消极的心理状态，就一定会影响到幼儿的心理状态。因此，幼儿教师的职业特点要求他们必须具有良好的心理素质和心理健康状态。幼儿教师必须随时调动自己的激情，以开朗、包容、乐观的心态面对生活和工作中的困难，以平和、积极的心态面对幼儿，用自己阳光、热情的心理影响和感染幼儿。

（二）对幼儿教师健康心理状态的具体要求

善于调节自己的情绪并使自己的情绪处于稳定的状态，是幼儿教师需要具备的专业个人修养。稳定的情绪不但可以帮助幼儿教师保持教育的自信，使教育工作永远处于一种朝气蓬勃的氛围中，对幼儿安全感的形成也有重要意义，有利于幼儿形成健康的人格。幼儿教师要具有心理调控能力，学会通过身体锻炼、做自己喜欢做的事情等各种方式舒缓自己的压力和紧张，调节自己的情绪。

1. 幼儿教师要建立正确的职业态度

幼儿教师应该对自己所从事的职业有一个正确、理性的认识，并能与现实有良好的接触并做出良好的反应，正确、客观地对待自己，没有明显的自卑感。针对自身的不足，要不断地充电，随时把握新的信息，提高自己各方面的素质；要培养自己乐观、豁达的人生态度，对待挫折和困难；要充满信心和希望，始终保持愉快而美好的心境。

2. 幼儿教师要形成良好的情绪体验，善于调整和控制自己的情绪

幼儿教师要有良好的情绪体验，善于调整和控制自己的情绪。工作中注意克服情绪化和行为上的偏激，不将不好的情绪带入教学活动中，以免影响幼儿；要注意满足身心需要，减轻内在的压力；对待事情要放宽心胸，不为小事斤斤计较，对别人取得的成绩要认同，并虚心向强者学习；适当地进行宣泄，不要过分压抑心中的情感，可以经常和家人、朋友外出娱乐；等等。

3. 与周围的人相处融洽，建立和谐的人际关系

建立良好的人际关系是维护与增进身心健康的重要途径。幼儿教师除要和幼儿建立良好的人际关系外，还要与同事、家长建立融洽的关系，维持和谐的社交活动，这样，不仅能使幼儿教师更好地开展工作，也有利于维护自身的心理健康。

4. 要克服疲惫心理，让自己处于积极的状态

幼儿教师在工作过程中，要克服疲惫心理，保持自身始终处于一个积极的状态；不随意放弃工作目标，善于分析情况，克制自身在实现目标过程中出现的消极情绪。可以努力地形成自己的职业特长，在竞争中找到自己的优势，这样容易使自己拥有一种成就感、优越感；精通工作的各个环节，对工作有轻松感、胜任感；把工作当成一项创造性的事情来做，使工作充满乐趣。

三、终身学习的品质

1966 年，联合国教科文组织和国际劳工组织在巴黎召开了"教师地位之政府间特别会议"，会议提出并通过了《关于教师地位的建议》，对教师专业化作出了明确说明，提出要把教育工作视为专门的职业。这种职业要求教师经过严格、持续的学习，获得并保持专门的知识和特别的技术。幼儿教师作为教师队伍的重要组成部分，同样需要在教育实践中"严格地、持续地学习"。因而，现代教师观把教师专业发展看作教师在参与和实践中学习、在教学工作中提升的过程，将教师专业素养看作一种根植于教学情境的实践表现。

《专业标准》包含了幼儿为本、师德为先、能力为重、终身学习 4 个基本理念，并要求幼儿教师从 3 个方面入手实现终身学习：学习先进学前教育理论，了解国内外学前教育改革与发展的经验和做法；优化知识结构，提高文化素养；具有终身学习与持续发展的意识和能力，做终身学习的典范。

（一）终身学习理念是幼儿教师职业的现实要求

科技进步，知识、经济和信息发展加上政治变迁，意识形态、生活方式和个人潜能的变化是终身教育思潮形成与传播的主要历史背景。终身教育是现代社会的产物。教育不再是随着学校学习的结束而结束，教师不再是知识的权威与垄断者。随着知识经济时代和信息社会的到来，知识更新日新月异，新技术、新发明不断涌现，新理念、新型专业、新知识、新方法相继出现。这就要求幼儿教师必须处在终身学习中。

终身学习理念的实现依赖个人内部条件和社会外部条件的完备。热爱学习、对学习有积极的态度是实现终身学习的最重要的个人条件。强化受教育者的学习意识，普及学习型社会的观念，最终使全体社会成员形成强烈而自觉的学习意识，是保障终身学习理念得以实现的社会条件。幼儿教师作为终身教育开端的启蒙者，在实现终身学习理念的个人内部条件和社会外部条件中扮演着非常重要的角色。

终身学习理念要求幼儿教师要从以教授知识为主，转变为以引导、辅导幼儿的学习为主，成为幼儿学习的帮助者、引导者。幼儿教师不再是知识的权威，而是"学习的促进者"，或者说是幼儿学习的伙伴或朋友。为此，要尊重学习者的情感和意愿，关心学习者的方方面面，接纳作为一个个体的学习者的价值观念和情感表现，让幼儿掌握学习的主动性，建立学习的责任感，体验自己的学习过程。幼儿教师只有真正成为学习者的伙伴，才会最大限度地激发学习者的潜能，培养学习者自主学习的能力。因而，终身学习理念是幼儿教师职业的现实要求。

（二）终身学习是当代幼儿教师成长和发展的必由之路

终身教育具有的本质特征是：把人的一生的教育作为个人和社会的一种理念；尊重每个人的个性，重视人的可持续发展和完善；把教育的机会扩展到社会的各个层面；社会教育资源供每个想获得教育机会的人公平享用。

作为人生的启蒙者，幼儿教师职业是一种使人类和自己都会变得更加美好的职业。幼儿教师是精神生命的创造者。要好做一名幼儿教师，就必须挚爱自己的幼教事业，就必须坚持在"教师教育"中成长。

教师是人类永恒的职业，但社会对幼儿教师条件的选择并不永恒，时代对幼儿教师的要求越来越高。幼儿教师良好的素质并非与生俱来，而是通过学校教育、继续教育才能获得的。新的教育观念认为终身学习是当代教师成长和发展的必由之路。

（三）终身学习是幼儿教师专业持续发展的根本途径

《专业标准》在"实施建议"中提出，幼儿教师要将《专业标准》作为自身专业发展的基本依据。这为幼儿教师专业发展提供了制度支持。具体包括：制定自我专业发展规划，爱岗敬业，增强专业发展自觉性；大胆开展保教实践，不断创新；积极进行自我评价，主动参加教师培训和自主研修，逐步提升专业发展水平。无论是"专业发展规划"、"专业发展自觉性"，还是"主动参加教师培训和自主研修"、"逐步提升专业发展水平"，都体现出《专业标准》的终身学习理念。

学习被视为幼儿教师专业发展中最具活力的因素，幼儿教师必须具备学习的意识和能力，才能在变化的社会中应对教育对其提出的各种挑战。作为一种成人学习，幼儿教师的学习是一种经验性的、行动式的、基于问题的学习。教师本人是学习的绝对主体，以解决幼儿园保教工作中的实际问题为原点，通过选择与之相适应的内容，采取有效的学习方式与策略，并以提高保教工作的水平为主要目标。在这种主动学习中，幼儿教师自觉承担了专业发展的主要责任。幼儿教师还应该认识到，乐于学习不仅仅是自己个人的学习，更是置身于"学习共同体"中的学习，这其实与团队合作的专业素养要求一致。在合作学习中，幼儿教师作为学习的主体，与其他教师、园长、教研员、专家等相关人员通过开展观摩、交流对话、研讨互助等活动，获得经验并得到发展。

 思考与练习

1. 职业道德规范具体表现在哪几个方面？
2. 幼儿教师健康心理状态的具体要求是什么？
3. 幼儿教师健康心理的意义有哪些？

 课证融通

1. 教师职业道德修养的基本原则有（　　　）。（多选题）

　　A. 确立可行目标，坚持不懈努力

B.坚持知与行的统一

C.坚持动机和效果的统一

D.坚持继承和创新相结合

2.教师职业道德修养的基本方法有(　　　)。(多选题)

A.虚心向他人学习，自觉与他人交流

B.确立可行目标，坚持不懈努力

C.加强理论学习，注意内省、慎独

D.勇于实践锻炼，增强情感体验

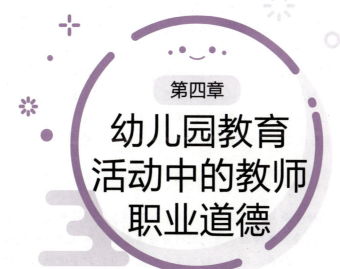

第四章

幼儿园教育活动中的教师职业道德

⭐ 本章导读

　　幼儿园教育活动，是教师以多种形式有目的、有计划地引导幼儿生动、活泼地进行主动活动的教育过程。这种活动以其目的性、计划性及教师的直接指导性为主要特征，对幼儿发展发挥极其重要的作用。《幼儿园教育指导纲要（试行）》（以下简称《指导纲要》）对幼儿园教育活动有明确规定：教育活动的组织和实施过程是教师创造性地开展工作的过程。教师要根据本《指导纲要》，从本地、本园的条件出发，结合本班幼儿发展实际情况，制订切实可行的工作计划并灵活地执行。在教育过程中，教师应成为幼儿学习活动的支持者、合作者和引导者。《幼儿园教师专业标准（试行）》（以下简称《专业标准》）也对教师的保教态度和行为进行了规范，例如，创设富有教育意义的环境氛围，将游戏作为幼儿的主要活动；重视丰富幼儿多方面的直接经验，将探索、交往等实践活动作为幼儿最重要的学习方式；重视自身日常态度言行对幼儿发展的重要影响与作用；等等。

@ 思政小课堂

　　众所周知，教师的专业素质以及职业道德素养直接或间接地影响着幼儿教师设计和组织幼儿园教育活动的质量。教师的职业道德行为习惯是教师职业道德认识的落实，也是教师职业道德理想和信念的外在表现，教师应在不断提升自我职业道德素养的同时，进一步提高组织教育活动的能力和水平。

第一节　教师职业道德在幼儿园教育活动中的作用

一、教师职业道德在幼儿园教育活动中的动力作用

（一）教师职业道德有助于幼儿教师合理制定活动目标

　　幼儿教师的职业道德认识如关爱幼儿、尊重幼儿、发挥幼儿主体性等思想，可以帮助幼儿教师进一步完善儿童观、教育观和教师观；幼儿教师的职业道德信念，将发挥思想动力的作用促使幼儿教师把幼儿的终身发展作为幼儿园教育活动的中心任务进行深入思考和研究，并使教师自觉在工作中贯彻"信任幼儿，尊重个体差异，主动了解和满足有益于幼儿身心发展的不同需求"的理念，认真观察幼儿，了解幼儿需求，关注幼儿即时表现，分析幼儿终身受用的重要品质，为幼儿发展提供"最近发展区"，同时，结合对教育活动内容的分析，制定与幼儿发展相适宜的教育活动目标。

（二）教师职业道德有助于幼儿教师选择合适的教育方法和策略

　　教师职业道德认识通过育人（如儿童观、教育观）、育己（如教师观）的价值澄清，将外在的师德规范内化为主体之需，并形成态度、人格等思想品质，进而使幼儿教师职业道德素质提

升至最高层次，即教师的职业道德理想和信念，或者说是教师的职业理想和专业精神，从其结构构成上分析，专业价值观是其核心要素，事业心、责任感和敬业精神是其基本表现。一个专业化水平较高的幼儿教师，一个事业心、责任感极强的幼儿教师，会将这些重要的职业精神品质随时化为积极的动力作用，促使自己去钻研教育、钻研教育活动中的环节设计，如教育方法和策略、教育组织途径和形式等；同时，根据《专业标准》中的基本要求，在教育活动的设计和实施中体现趣味性、综合性和生活化，灵活运用各种组织形式和适宜的教育方式。

二、教师职业道德在幼儿园教育活动中的调节作用

（一）教师职业道德有助于帮助教师规范和调整自身在教育活动中的言行

教师的职业道德行为习惯既是教师职业道德认识的落实，也是教师职业道德理想和信念的外在表现，教师如果是一名职业道德认识水平高、职业道德理想远大和信念坚定的教师，那么，他的职业精神品质和认识水平会促使他逐步养成良好的职业道德行为习惯，并在教育实践中很好地落实和提高。具有良好的职业道德行为习惯的幼儿教师会时时以职业道德行为规范反观和调整自己的教育行为，并习惯性地以这些规范强化自己的教育行为。因此，在幼儿园教育活动中，一个严于律己、以身作则的教师随着教育目标的指引，会自觉地以习得的职业道德行为习惯调整和塑造自己的教育行为，并不断地在调整和塑造中提升自身的教育言行质量水平。

（二）教师职业道德有助于帮助教师灵活调整和生成教育活动

一个具有远大的职业道德理想的教师是一名"认同幼儿教师的专业性和独特性，注重自身专业发展"的教师，是一名专业化程度较高的教师。这种较高的职业道德素养和专业化水平会使教师本人以善于"反思"和"思辨"的方式理性审视自身的教育活动，并不断调整自己的教育活动，充分利用教育契机和教育资源，合理开发教育活动和生成新的教育活动。

三、教师职业道德在幼儿园教育活动中的评价作用

（一）教师职业道德有助于教师合理评价教育活动并指导下一步教育活动

教师职业道德认识中关于"育人"的基本思想，即如何看待孩子、如何看待教育等的认识，可以帮助教师逐步认识幼儿园教育活动的价值和意义，即某一次教育活动对于幼儿发展的意义，并合理评估活动的效果。因此，教师职业道德认识，可以帮助教师科学评价教育活动，如根据幼儿的年龄、心智发展程度、接受能力、理解能力等评价教育活动目标是否合适，围绕教学活动的目标评价教学活动的过程是否偏离主题或者与主题表达无关，活动过程中是否能引起幼儿的兴趣，幼儿与教师有无互动，能否与教师配合主题完成相关的活动（如画画、唱歌、游戏等）等，并将教育活动的评价结果用来指导下一次的教育活动。

（二）教师职业道德有助于教师全面科学评价幼儿发展

作为教师职业道德素质的最高层次，教师的职业道德理想和信念不仅是教师"育人"的高

层次水平，也是其"育己"的重要条件。教师通过实践和反思提升自身的职业道德理想和信念，同时，有远大职业理想和坚定信念的教师又会习惯在实践和反思中提升自身的专业素质。因此，这种相互促进的专业成长机制以一种激励机制的形式，帮助教师在教育活动中和活动后对教育对象幼儿进行全面科学的评价，为不断为开展良好的教育活动提供科学的幼儿发展依据，同时为幼儿身心全面发展的长期目标服务。

第二节　教师职业道德在幼儿园教育活动中的践行体现

一、教师职业道德在幼儿园教育活动设计中的践行体现

（一）关注幼儿发展现状及需求，合理设定教育活动目标

教育活动目标是教育活动的出发点，也是教育活动的归宿。它既是引导教育活动的方向和指针，又是评价教育活动质量的依据和标准。合理地制定教育活动目标，是教师在教育活动设计中的首要任务。教育的目标是引导幼儿获得发展。那么，设定合适的活动目标的前提是了解幼儿的发展目标，也即了解幼儿已经达到的水平和预测可能达到的水平，这样才能做到使组织活动"既适合幼儿的现有水平，又有一定的挑战性"。

1. 细心观察幼儿，了解幼儿发展现状

教师首先要做到了解幼儿已经达到的发展水平，即现有水平。《指导纲要》明确指出：教育目标应"建立在了解本班幼儿现状的基础上"。做好这一工作，教师需要足够的细心，这是教师基本的教育素养，也是教师职业道德素养的直接表现。细心就是用心细密，考虑问题全面细致。为此，教师应利用一日生活的点点滴滴，认真观察幼儿，包括他们的表情、动作、语言及习惯化的行为，并结合谈话、作品分析等方式全面了解他们的发展现状。教师在了解幼儿发展现状时还要做到关注幼儿发展的全面性和差异性，如要关注幼儿情感、态度、能力、知识、技能等各个方面的发展现状，以及关注幼儿发展水平的差异、能力倾向的差异、学习方式的差异以及原有经验的差异等。

2. 用心研究幼儿，了解幼儿发展需求

设定合理的教育目标，教师还需用心思考通过教育幼儿可以达到的发展水平，即可发展水平。了解幼儿的可发展水平需要教师用心研究幼儿，不仅要从幼儿的常见行为表现背后研究幼儿的心理需求，还要从幼儿的突然行为背后了解幼儿的新需要，"一般来说，幼儿所突然热衷的行为，往往是符合该年龄幼儿发展水平的新需要，如新的兴趣倾向、新行为的出现、反复提问和追究特定事物、同伴争议等"，这正是了解孩子需求的重要时机和条件。教师要认真观察，并以此为基础用心研究幼儿的发展需求，为设定幼儿的发展目标服务，从而也为制定合理的教育活动目标提供幼儿发展基础。

3. 着眼幼儿长远发展，了解幼儿可发展潜力

教育必须"既符合幼儿的现实需要，又有利于其长远发展"，教育活动目标的制定也要充

分考虑幼儿的长远发展，不可只重视教育的即时效应，而忽视幼儿发展的潜在性。幼儿教师在制定教育活动目标时，切记抱持急功近利的思想，只追求明确的结果，规划具体可达成的目标，而忽略孩子终身发展的重要品质。如只关注幼儿在一次教育活动中的知识的获得和能力的提升，而忽略了幼儿自身的主体意识的激发和独立、自制、专注、秩序、合作等这些终身受益的重要品质的培养。

案例评析

合理制定教育活动目标

某天上午，大班开展社会活动"城市美容师"，活动目标有两个，一是了解环卫工人的工作以及与人们生活的关系，二是尊重环卫工人并爱惜他们的劳动成果。在活动结束后，小宋隐隐觉得这个活动似乎有什么漏洞。

因为在活动过程中，小宋听到一个小朋友对旁边的小伙伴小声说："长大了千万不能当环卫工人，又脏钱又少。""就是，不就是扫垃圾的吗？"另一个孩子附和道。听到孩子们的话，小宋的心里隐隐作痛。尽管她非常有意识地引导孩子们了解环卫工人这一职业的特点，并教育孩子们尊重他们的劳动，可是，孩子们仍然表现了对这一职业的冷漠。

问题到底出在哪儿了？是目标二设定得太高了吗？然而综合考虑大班孩子的认识水平、生活经验以及情感发展特点，这一目标应该是适用于大班孩子的。既然目标是适宜的，那么是哪里出了问题？小宋慢慢地整理了自己的思路：让孩子对这种职业怀有敬意的心理前提和经验基础是什么？仅仅是经验的积累和认知上的提升吗？还是激发孩子产生相应情感的心理环境出了问题？

午餐时碰见园长，小宋就此事与她做了交流，园长解释说，让孩子对这一职业产生敬意，其基础应该是萌生谢意，也就是说要让孩子从内心真正感谢环卫工人的劳动付出，而这一情感的获得不是短期能够解决的，比如需要孩子对这一职业有全面深入的认识，并不断在认知冲突中去建构自己的相关知识。当然，在一次活动中要达成这一目标就更不容易了，所以不可急于求成。

听了园长的解释，小宋对此次活动有了新的认识：目标二是建立在目标一的基础上的，目标一是本次活动的重点，这一目标要在活动设计中重点突破。因此，活动设计时不仅要让孩子了解环卫工人每天的工作，还可以引导孩子认识他们独特的服装设计以及高科技现代化的环卫工具等，通过这些内容不仅可以增加孩子对这一职业内涵的认识，也可以进一步激发孩子对这一职业的兴趣和关注。而目标二作为长期目标，在目标一的基础上应循序渐进地进行，比如可以通过日常谈话、参观活动以及随机教育方式等实施。

评析：

教师应着眼于幼儿的长远发展，重视幼儿终身受益的品质的培养，在制定教育活动目标时不仅要关注短期目标，更要有重视教育活动长期目标的意识；不仅要在活动中设定具体可操作的短期活动目标，还要树立引领幼儿不断发展的长期目标，并坚持在系统的教育活动中逐步得到实现。

（二）注重幼儿生活价值，科学选用教育活动内容

人的生活就是人的经验，人们在生活里去体验、感受、思索、总结，进而在生活中成长并使身心得到历练。幼儿正是在丰富多彩的生活中慢慢成长起来的，离开了生活，幼儿的成长就失去了根基，教学也就失去了存在的意义。作为有目的、有计划的教育活动，其内容本应源于生活，并服务于生活。《指导纲要》明确规定，幼儿园教育应尊重幼儿身心发展的规律和学习特点，充分关注幼儿的经验，引导幼儿在生活和活动中生动、活泼、主动地学习。因此，幼儿教师在选用教育活动内容时应关注幼儿的日常生活，关注日常生活给予幼儿的各种发展机会，关注日常生活中的种种价值与意义，关注幼儿在日常生活中的每个疑惑、困难与问题，关注幼儿在日常生活中的每个发展历程。在幼儿的生活中，通过让其不断获得丰富的经验来促进其生长和发展。教学要结合幼儿的生活，让幼儿用自己的眼睛去观察；用手去触摸大自然中的花草虫鱼，发展幼儿的认知、观察、分析、探索能力，发展幼儿积极的情感和态度。只有在真实的、自然的生活中，幼儿才能获得和谐的发展。

（三）遵循幼儿学习特点，灵活选用教育活动方法

教育方法和策略是达成教育目标的重要途径和方式，恰当的教育方法不仅可以提供良好的教育环境，激发幼儿的求知欲，而且可以提高幼儿参与活动的积极性和主动性，使幼儿充分发挥其主体意识，在主动探索中获得发展，并最终达到教育活动目标。《专业标准》提出：要重视环境和游戏对幼儿发展的独特作用，创设富有教育意义的环境氛围，将游戏作为幼儿的主要活动。重视丰富幼儿多方面的直接经验，将探索、交往等实践活动作为幼儿最重要的学习方式。因此，教师在设计教育活动方案时，要充分重视教育方法的选择，灵活选用适宜的教育方式，提高教育活动的效果。

"教育有法而无定法。"教师在选用教育方法时，不仅要尊重教育规律，还要遵循幼儿的学习特点和身心发展规律。《3—6岁儿童学习与发展指南》提出：学前教育应该坚持遵循幼儿的发展规律和学习特点。因此，教师应该端正态度，在深入认识幼儿学习特点并严格遵循这些特点的基础上选用恰当教育方法，如根据幼儿具有求知欲强、好奇好问的心理特点，教师可以设置问题情境，使幼儿产生认知冲突，进一步启发幼儿的思维，保护幼儿创造的思维火花。根据幼儿活泼、好动的特点，教师可以选用自主探索、合作创作、想象创编等方式开展活动。

二、教师职业道德在幼儿园教育活动实施中的践行体现

（一）以身示范，发挥教师在课堂中的教育影响力

幼儿以具体形象思维为主，自主和自理能力较差，缺乏一定的判断力，作为言传身教者，幼儿教师在他们的心目中具有无可比拟的"权威地位"。在他们的心目中，教师的言行往往就是道德的标准。可以说，教师的思想、行为、作风和品质，每时每刻都在感染、熏陶和影响着幼儿。因此，教师在教育工作中，必须规范自己的言行举止，要以自己的"言"为幼儿之师，"行"为幼儿之范，言传身教，让自身成为促进幼儿发展的最有力资源。同时，幼儿教师必须做到品德高尚、举止文明，以身立教，发挥其在教育活动中的感染和引领作用。

1. 教师在教育活动中要规范其言行，为幼儿提供认知标准和行为规范

在教育活动中，教师通过身教和示范，给予幼儿学习知识和行为习得的标准与参照。作为幼儿学习的楷模，无论教师的言行是否规范、是否符合职业道德标准要求，幼儿都照单全收。例如，有教师在组织科学活动"各种各样的树叶"时，随手在花盆里拽掉一片植物的叶片，教幼儿认识树叶的结构。又如教师教幼儿学习正确使用纸巾擦鼻涕时，随手将纸巾扔在脚下等。诸如此类的现象，恰恰说明教师的行为示范在教育活动中发挥了不光彩的作用，对幼儿身心发展起到了负面的影响作用，教育活动的效果当然会大打折扣。因此，教师在教育活动中一定要根据师德行为规范，约束自身的不良言行，发挥自身榜样示范作用，为幼儿在教育活动中提供认知标准和行为规范。正如《指导纲要》所述：教师的"言行举止应成为幼儿学习的良好榜样"。

2. 教师在教育活动中要以身立教，发挥其情绪感染和人格引领作用

以身立教、为人师表是指幼儿教师在教育教学过程中，要用自己高尚的言行为幼儿做出表率，从而影响幼儿，教育幼儿。以身立教、为人师表体现了教师职业道德的典范性。幼儿教师对孩子的影响是全方位的，教师的身体力行、善心、爱心和责任心，甚至于兴趣、个性与穿着打扮都会对孩子产生重要影响。

案例评析

教师的道德水平对儿童的道德水准有重要影响

在科学活动"最喜欢的小动物"中，孙老师让孩子们说一说自己喜欢的动物是什么，为什么喜欢它？没想到她们班的肖华竟然说她喜欢壁虎，并绘声绘色地描述了小壁虎的外部特征和生活习性。

因为孙老师非常害怕壁虎，所以听到这些，孙老师不由得皱起了眉头，轻声发出了厌恶的声音，可能由于有了自己的个人情绪，因此对她的描述和解释，孙老师只是简单地肯定了她的回答，并未深入点评。

在活动结束后，肖华来到孙老师身边，轻声问："老师，您不喜欢小壁虎，对不对？"孙老师惊了一下，难道刚才的表现被肖华看到了吗？但是很快又装作镇定自若的样子说道："没有啊，你为什么会这样说呢？""我看到你眼睛不喜欢它，而且你心里也不喜欢它。"肖华说道。此时，孙老师羞愧难当，不知该怎么样才能弥补对肖华的伤害。

孙老师知道，个人好恶已经非常明确地传递给了孩子，起到了一个不好的示范作用。虽然，此次活动想传递给孩子的是：每种动物都有它们可爱的地方，都值得我们去关爱，就像每个孩子都有其闪光之处一样。可是，孙老师却不经意间传递给孩子一种恰恰相反的对待小动物的态度。而这一看似微不足道的表现也给她精心设计的活动以及活动效果不小的打击。

评析：

教师的一言一行、一举一动都会对幼儿起到潜移默化的作用。从某种意义上说，幼儿教师的道德水平，对幼儿的道德水准有重要影响。因此，教师在教育活动实施过程中，应充分发挥其人格魅力和积极情绪的感染作用，引导幼儿在活动中通过移情，感受积极的情绪情感，并进一步引领幼儿在活动中发展积极乐观、不怕苦难、灵活应对、坚持不懈等人格品质。

（二）关注幼儿身心健康，创设安全的课堂环境

关注幼儿的身心健康是幼儿教师专业特性的体现之一，也是幼儿教师职业道德修养的重要规范之一。《专业标准》基本要求第六条提出：教师要"关爱幼儿，重视幼儿身心健康，将保护幼儿生命安全放在首位"，幼儿教师对幼儿身心健康的关注不仅表现在幼儿园生活活动中，同样也表现在组织幼儿园教育活动的过程中，尤其表现在创设课堂环境方面。《指导纲要》提出，教师的态度和管理方式应有助于形成安全、温馨的心灵环境。因此，教师在教育活动实施过程中，要有积极的教育态度和科学的管理方式，避免出现恶劣的态度和过度控制的管理方式，从而带给幼儿消极的心理体验。心理学告诉我们：人在紧张和恐惧的状态中，会产生认知和行为的障碍，消极的心理环境不仅带给幼儿消极的心理感受，同时也降低了幼儿参与活动的积极性和活动的效果。

 案例评析

教育情境的安全性和教育性

某次，记者听了一名新手教师执教的"地震来了怎么办"的活动后与教师的对话如下。

记者（J）：对于这次活动，你的感受是什么？

授课教师（S）：我最大的感受是教育目标的达成度不高，目标二、目标三基本没有达成。

J：为什么？你从哪里看出来的？

S：比如目标二，让幼儿明白地震来临时要不紧张、不慌乱，可是当我营造了地震来临的情境时，我班大部分孩子都吓哭了，当时我的心里乱急了，只好告诉孩子这不是真的。可我发现这样做的结果是，孩子们走入了另一个极端，他们竟然说说笑笑，像是没事儿似的进行地震逃生的模拟。因此，目标三学会地震来临时的常用逃生方法的达成度也就大打折扣了。

J：那我们一起分析一下为什么会这样吧。首先，我们分析一下为什么孩子最初会被吓哭？

S：可能是我播放的是地震实录，那里面巨大的声响、慌乱的人群、昏天黑地的黄沙，的确有点恐怖，确实会让孩子感到害怕。

J：有没有什么方式可以降低这种恐怖程度呢？

S：后来我想，可否换一种动画的形式展示给孩子们地震的情境？这种资料我们幼儿园也有，我只觉得不够真实才没有选用。

J：其实选择教学材料，不仅要考虑它的真实性，还要考虑它的教育性，比如这个实录的确给孩子的心理带来巨大的不安全感，在教育性上有所欠缺。你可以考虑使用动画或者语言描述等直观的方式。

S：是的。

J：那为什么在模拟时孩子反倒一点儿都不害怕了？

S：可能因为我和他们说刚才的地震是假的，使他们完全脱离了恐惧心理吧。

J：那你觉得应该怎么办？

S（不好意思地笑笑）：我不应该说那是假的，其实那确实是真的，不过，我总觉得那个环节我少做了点什么？

J：你是指应该设计一个活动还是别的什么？

S：我觉得应该给幼儿创造出一种既不恐惧又能集中注意力的环境，让他们想办法去逃生。

J：你是指物质环境还是心理环境？

S：是心理环境。

J：如果是心理环境，那么你的语言引导就很关键了。

S：是的。我想通过设置一种问题情境，比如，发生地震了，房子晃动得很厉害，我们不能往楼下跑，这样很危险，那么待在房间里的什么地方是最安全的呢？或者设置一种游戏情境，让孩子通过游戏情境中的角色扮演来解决问题。不过，我又担心幼儿在游戏情境中感觉不真实。

J：其实无论什么样的情境，都要让幼儿感觉到既安全又有压力。

S：压力指的是什么？

J：指的是解决问题的状态。

S：哦，我明白了，也就是说既要让幼儿感觉到环境中的安全，还要想办法让幼儿在问题情境中有积极主动解决问题的意识。

J：是的，那么你现在的感受如何？

S：现在，我感觉豁然开朗了，看来在课堂中给幼儿营造的心理环境非常重要，这是我今后努力的一个方向。

评析：

教师在组织教育活动时应充分考虑到幼儿的心理特点，注重幼儿的心理感受，让幼儿在教育情境中感受到安全和有依靠。当然，安全的心理环境并不意味着没有挑战、没有压力，教师为幼儿创设的课堂环境应是一种能够激发幼儿产生问题意识和产生认知冲突的问题情境，在这样的情境中，幼儿既能感受到环境的安全，又能积极地探索环境并自主地解决问题。

（三）以幼儿为本，机智处理课堂中的突发事件

教育情境是一种融合了多种因素的复杂情境，因其情境的复杂性和多变性而充满了太多的不可预计性。课堂中随时会出现计划外的情况，这些情况有些是外界的突发事件带来的影响，有些是幼儿突然产生的想法和行为，有些是幼儿之间产生的冲突，也有些是教师自身的教育行为失范带来的综合反映。当遇到这些情况时，教师的处理办法和其行为动机、教育观念有直接的关系，同时也和教师的职业道德素养有着紧密的联系。在课堂中秉持"幼儿为本"的理念，坚持处理突发事件"为孩子好"的首要原则的教师，有着较高的职业道德素养，同时能智慧地处理突发事件，并能以此为教育契机，从而对幼儿施加积极的教育影响。而在课堂首先考虑课堂秩序稳定，而不是"孩子怎么样"、"孩子需要什么"的教师，不仅不能有效处理突发事件，还容易带来不良的教育效果，同时，其职业道德素养水平也受到较大的挑战。

案例评析

灵活处理课堂事件

某天，在数学活动"长方形和正方形"课堂上发生的事情让李老师内心久久不能平静。

在讲解了长方形和正方形的特征之后，为了让孩子们更直观地感受两种图形的不同，李老师给每个孩子准备了一份学具（用卡纸剪好的图形）让孩子对折进行比较。在观察孩子们操作时，李老师发现邢飞宇和旁边的兰兰发生了争执，简单询问之后得知，邢飞宇把兰兰的那份学具拿走了，并且正在进行操作，见此情况，李老师夺过邢飞宇手中的学具交给了兰兰，并大声斥责了他。

当时，李老师看到邢飞宇眼睛里夺眶而出的泪水，但并没有放在心里，只想着维持课堂纪律。在之后的活动中，李老师发现邢飞宇一直无精打采，偶尔看她的眼神也是怪怪的。

下午离园时，李老师听见邢飞宇和奶奶边走边小声嘀咕着什么，很快李老师看见奶奶折身回来，低声对她说："李老师，我家小飞让我告诉你，他今天上课的时候不应该拿人家的东西，不过，他还说他真的很喜欢玩操作卡，他想多玩一会儿。"

听到这里，李老师突然明白，原来邢飞宇的泪水不仅是犯错时被批评的泪水，更是不被理解后受委屈的泪水。此时，李老师才发现自己是多么不称职，在她的心里，只有她认为非常重要的课堂秩序，而没有那些一个个有着特殊需求的孩子们。

评析：

幼儿教师在课堂教学中，应该时时处处考虑"幼儿在干什么，幼儿怎么样，他们怎么了"等问题，坚持以"幼儿为本"的课堂教学理念，对于课堂中的突发事件，尤其是幼儿之间的冲突、幼儿提出的疑难问题、幼儿突然的行为表现等，要密切关注，并以"为孩子好"为基本处理原则，灵活处理这些事件，进而有效完成课堂教学任务和帮助孩子获得发展的任务。《专业标准》中提出：教师要做到"信任幼儿，尊重个体差异，主动了解和满足有益于幼儿身心发展的不同需求"。为此，教师在教育活动中应重视对课堂中的幼儿进行观察和了解，在处理课堂秩序问题时也应以尊重儿童的发展需要为前提和基础。

（四）尊重幼儿天性，充分发挥游戏在教育活动中的价值

发展是在天性的基础上展开的，天性是自然赋予幼儿的，非人力所能控制。只有在天性的发展中，教师才能把握幼儿的发展可能，使其潜在的能力得到最大程度的开发。游戏是幼儿的天性，幼儿游戏蕴藏着发展的需要和教育的契机，发展的多样性、差异性和自然性等特点，在游戏中体现得最为淋漓尽致。游戏是活动者自主和自由的活动，它注重过程体验，因而营造了一种轻松安全的氛围，又因其是在个体原有经验基础上的活动，无须承受过于超越自己能力的行动，因而更多体现其自我表现性。在游戏中，幼儿沉浸在自己的世界，从一个被动的承受者转变为主动的执行者。正如苏联教育学家阿尔金所说，游戏是儿童心理健康的维生素。同时，幼儿通过游戏中的自发探索，不仅能提高自身的认知程度，还能提升自身的各项能力。正因为游戏具有帮助幼儿发展的功用，因此，游戏同样具有教育上的价值，在教育活动中，教师要珍

视幼儿的游戏天性，充分发挥游戏的重要功用，贯彻以"游戏为基本活动"的教育指导思想，有目的、有计划地开展有意义的教育活动。具体要做到以下4点：一是将外在的教育活动目标转化为幼儿的实际需要，关注幼儿实际需要在活动中的满足；二是开展幼儿感兴趣的意愿活动，在活动中给幼儿尽可能多的选择自由度；三是注重幼儿在教育活动中的体验和探索，注重活动过程；四是在幼儿已有经验的基础上开展幼儿感兴趣的活动。

三、教师职业道德在幼儿园教育活动评价中的践行体现

（一）公平公正，合理选用奖惩措施激励幼儿

1. 以激励为目的，正确使用奖励措施

奖励作为一种对人们行为的评价，有两个作用：一是在行为前具有前馈作用，即提示和引导人们的行为；二是在行为后具有正向反馈作用，即鼓励人们保持和发展这种行为，促使人们更加进步。因此，适当的奖励行为不仅是对正在参与教育活动的幼儿行为的引导和提示，同时是对积极参与教育活动并取得活动成果的幼儿的肯定和激励。在教育活动中，教师如何使用奖励措施，使用什么奖励措施，不仅会影响到教育活动的开展，同时也是教师在教育活动中职业道德素养的体现。

 案例评析

合理使用奖励措施

为了锻炼小班孩子轻松自然地双脚一起向前跳的能力，何老师组织此次体育活动"小青蛙跳一跳"。考虑到小班孩子的心理特点，何老师将游戏活动和教学活动有效融合，设计了本次体育游戏。

游戏内容是"小青蛙"依次在"荷叶"（地面上画出荷叶形状）上向前双脚一起跳跃。小朋友如果能又快又好地跳到最后的"荷叶"上就当即奖励一个小礼物——各种各样小昆虫的贴画。当何老师把小贴画发给那些成功完成任务的小朋友时，她发现了一个意想不到的现象，孩子们的兴趣转移到了小贴画上，他们开始相互询问并展开了关于小昆虫的讨论。

此时，孩子们参与体育游戏的热情大大减退。尽管何老师采取了很多方法试图将孩子的注意力转移回来，但结果都不尽如人意。这一事件让何老师反思：该不该给孩子奖励，或是给孩子奖励的方式和内容有问题？

评析：

教师首先要明确奖励的目的性，即奖励是否是为了激发幼儿的活动积极性和规范幼儿的动作。如果能达到这样的目的，同时使用物质奖励又能使教育活动更具有感召力和吸引力，那么，这样的鼓励措施是必要的。问题的关键是什么样的鼓励措施是恰当的、可行的。选择什么样的奖励措施，首先明确的是这样的奖励方式是为了激励和引导幼儿参与活动，还是在干扰和转移幼儿的注意力？如果是前者，那么是适宜的；如果是后者，就必须考虑

更换奖励措施。

从此案例中可以看出，教师给予幼儿的物质奖励，即各种小昆虫的贴画，对于小班幼儿来讲，既存在认知上的挑战，即激发幼儿的求知欲，又存在情感上的诱导，即激发幼儿的好奇心，那么幼儿对当下开展的体育游戏不感兴趣就成为必然。为了避免出现这个问题，教师可以考虑选择造型简单的笑脸小贴画或者小太阳、小星星小贴画等。同时，为了激发孩子的荣誉感，教师还可将物质奖励与精神奖励结合使用，如结合使用鼓励性语言"动作真标准，做得真棒"等精神表扬的方式。当然，最重要的是，教师在使用奖励措施时，要做到公平公正，不可对某个孩子过度表扬或者对所有孩子滥用表扬，避免让孩子产生以自我为中心的心理或出现奖励失效的现象。

2. 以规则为准绳，以人格为底线，谨慎使用惩罚措施

对于使用惩罚措施，教师一定要谨慎。首先，教师应考虑，幼儿的行为是在故意破坏规则，还是因为幼儿认知以及能力的不足出现的行为不当？如果是后者，非但不能惩罚，还需要教师帮助和鼓励幼儿，如果是前者，教师可以使用适当的惩罚，比如暂时剥夺活动权利，但是教师必须考虑到惩罚本身是指向已经发生的事情，而目的是避免出现类似的行为，进而养成良好的规范行为。2021年7月，银川某幼儿园教师虐待儿童，视频上显示该教师在课堂上因为幼儿不听话，老师追着幼儿跑并揪住其耳朵拖着走，另一个幼儿也被老师直接打脸。活动规则是约束活动行为的标准，具有一定范围内的行为约束力。同时，行为人应有敬畏规则的意识和心理，即认为规则不可触犯。在幼儿园教育活动中，一般都会有活动规则，教师在活动前和活动中也常提示幼儿要遵守活动规则。那么，对于不遵守活动规则的幼儿，尤其是故意破坏规则的幼儿，教师不仅会批评警告，还会使用一定的惩罚措施，比如暂时剥夺活动权利等。

因此，教师要带着发展的眼光，关注受惩罚孩子的跟进行为，并积极给予鼓励和支持。同时，教师在使用惩罚措施时，一定不能突破幼儿人格可能被践踏的底线，禁止对孩子进行身体惩罚和精神惩罚（如冷落、轻视等），如上述案例所示，教师的扇耳光行为，不仅是失当的惩罚行为，更是对幼儿人身以及人格尊严的践踏，因此，教师本人应受到法律的严惩和道德的谴责。

（二）关注差异，正确评价幼儿在活动中的发展

教育活动评价的重点和中心是对幼儿发展的评价。近几年来，随着教育观念的不断更新，评价的功用也从侧重甄别到侧重发展。因此，过程性评价和主体性评价也成为评价的发展趋势。新的评价理念认为，凡是具有教育价值的结果，无论是否与预定目标相符，都应该得到支持和肯定。因此，教师在对教育活动中的幼儿发展进行评价时，不能过分关注预设目标的完成，还要关注幼儿究竟是如何在活动中表现和参与的，关注到他们的个性化的表现形式和表现结果。《指导纲要》指出，要承认和关注幼儿的个体差异，避免用划一的标准评价不同的幼儿，在幼儿面前慎用横向的比较。

恰当认知和评价幼儿作品

这天的美术活动是让孩子们学习用粉红色和绿色给荷花与荷叶涂色，可是，仍然会有个别孩子使用其他颜色来涂，包括有小朋友使用黑色或者几种颜色来涂一朵花的情况。王老师在活动评价环节对这些情况进行指导和纠正，并引导小朋友在涂色前要认真观察和思考，之后，王老师将孩子们的作品——张贴在教室的展示墙上，以便孩子们相互欣赏，并使家长及时了解孩子的发展。

没想到的是，下午孩子离园时，刘正浩的妈妈把王老师叫到一边，说："王老师，我给您提一个建议，您看可行不？以后你再张贴孩子的绘画作品时，能不能有所筛选，那些不好的画或者起不到示范作用的画就不要张贴了，免得孩子会受到不良影响。因为刚才我看见佳佳奶奶因为佳佳把荷花涂成黑色就把她训得哇哇哭。"

听到这里，王老师不禁思考：她一直认为每个孩子的作品都有其独特之处，要鼓励并支持孩子创作符合内心需求的作品，并且引导小朋友发现自己作品和其他小朋友作品中的优点，所以孩子的每幅作品老师都当作宝贝一样精心张贴出来。可没料到，原来孩子的作品展示还会出现这样的问题。

想到这里，王老师走到展示墙边，认真地观察孩子们的画，尤其是佳佳的那幅黑色荷花，越看越好看，黑色和绿色巧妙地搭配，真的很独特。可是，转念一想，如果老师是一个家长，又会怎么看这幅作品？能够这样欣赏吗？既然这样，老师是否应该引导家长正确看待孩子的作品？比如是否应该对每幅画进行一些简单的说明和评价，比如在黑色荷花旁边写上："我是一个黑美人，你喜欢吗？"在多种颜色的荷花边上写"我是一朵五彩缤纷的荷花"等，以引导家长正确看待这幅作品中的积极方面。想到这里，王老师把展示墙上的作品——取下，并对每幅作品进行了标注和说明。第二天，孩子入园时，王老师特别引导佳佳奶奶观察佳佳的那幅作品，奶奶很惊奇地说："哦，仔细看来，这画是挺漂亮的啊。"听到这里，王老师才稍稍安心。

评析：

教师在评价幼儿时，要关注幼儿在活动中的个性化表现，比如独特的操作方式、不一样的理解和认识、违反常规的表现和创造，甚至是荒诞离奇的解释和说明。从这些不同的真实的表现中评价幼儿的发展状况。同时，教师对幼儿在活动中完成的作品，比如绘画作品、手工作品、科技作品等物化的活动成果，要在活动过程中进行现场评价和总结，在活动结束后进行分析和整理，作为幼儿重要的活动资料进行保存或展览。同时，教师有责任和义务引导幼儿家长一起对这些作品进行恰当的认识和评价。

第三节　幼儿园教育活动中教师职业道德素质的提升

我国古代伟大的教育家孔子说过："德之不修，学之不讲，闻义不能徙，不善不能改，是我忧也。"幼儿教师作为人类灵魂的工程师，对孩子的影响作用非常大，在思想品德、理想情操、学识才能、言谈举止、生活行为等方面时时处处都要成为幼儿的楷模和榜样。而幼儿园教育活动作为一种有目的、有计划、以教师直接指导为主的活动形式，其无论对于幼儿的发展，还是对于教师的成长，都是一个重要的发展平台。借助这一发展平台，进一步提升教师的职业道德素质，也将是教师个人重要的和必要的专业发展任务。

一、关注现实，发挥幼儿生活价值

生活是幼儿赖以成长的环境资源，是幼儿生命不断成长的环境保障，作为幼儿教师，应将眼光放在幼儿的身上，放在幼儿的实际发展上，同时，教师要跳出幼儿在课堂上的小环境，将眼光投射到自然状态下生活的幼儿身上，在没有教育压力和教育任务的生活情境中，观察幼儿的所为，分析幼儿的所思所想，研究幼儿的行为方式和学习特点，为组织相适宜的教育活动提供参考。同时，教师要善于发现幼儿真实生活对于幼儿发展的教育价值，幼儿在当下的生活中接受教育，并在教育的影响下为未来的生活做准备。生活就是孩子发展的生命点和促发点，教学要关注生活对于幼儿生命成长的意义。为此，幼儿教师在教育活动中，要将幼儿的生活融进教育过程，让幼儿用自己的眼睛去观察，用手去触摸大自然中的花草虫鱼，发展幼儿的认知、观察、分析、探索能力，发展幼儿积极的情感和态度。只有在真实的、自然的生活中，幼儿才能获得和谐的发展。也唯有如此，教师才能在幼儿发展的同时获得自身生命的成长和职业素养的提升。

二、着眼未来，树立长期目标意识

《指导纲要》明确指出，"幼儿园教育是基础教育的重要组成部分，是我国学校教育和终身教育的奠基阶段"，要为"幼儿的一生发展打好基础"，因此，幼儿园教育活动也应为幼儿的长远发展服务，要为幼儿的可持续发展提供基石。教师应将眼光放得更远，着眼于幼儿终身受用的优良品质的培养，在教育活动目标的制定上，不仅应关注知识的获得，更应关注情感和态度的培养，诸如独立、自制、专注、秩序、合作等这些主体意识的塑造。独立的价值在于自信和自主，自制的价值在于目标明确的自觉行为，专注的价值在于热情和投入，秩序的价值在于规则和效率，合作的价值在于能与人共处。而这些正是一生为人处世、求学做事得以成功的保障。作为教育者，我们有必要从情感和态度入手，培养这些终身受用的品质，并将这些品质作为长期目标有意识地在教育活动中加以贯彻和执行。

三、尊重天性，挖掘游戏教育功用

天性是幼儿生来的禀赋，这些天性不仅是孩子探索世界的重要方式，也是成人改造世界的科学的源泉。如幼儿先天的好奇心、丰富的想象力、亲近自然的情感和活泼好动的特点，正是我们倍加珍视的优良品质。因此，我们应该尊重幼儿的天性，并用心关注和精心呵护这些天性。喜欢游戏是幼儿的天性之一，因其对幼儿认知、情感等的全面发展功用而被用作重要的教育方式，《指导纲要》也明确指出，幼儿园教育要"以游戏为基本活动"。作为幼儿教师，在教育活动中，要充分挖掘游戏的教育功用，从游戏的类别、形式、目的等方面分析其对于幼儿发展的价值，并在充分尊重幼儿主体性和自觉性的基础上，在幼儿充分自主探索的活动中，在幼儿已有经验的运用中发挥其在幼儿园教育活动中的功用。

四、恪尽职守，营造安全教育环境

《专业标准》提出，教师要"关爱幼儿，重视幼儿身心健康，将保护幼儿生命安全放在首位"。安全的教育环境对于教育活动中的幼儿来说，不仅意味着有安全的心理状态，更给予幼儿发挥自主意识、积极主动探索环境以巨大的动力作用。在安全的氛围中，幼儿可以更加自如地操作、尝试、感受，并进一步通过创造性的行动改变环境。因此，教师在教育活动中，要恪尽职守，随时关心、关注教育情境中的各个要素，保障幼儿在活动中不受突发事件的影响，不受意外事故的伤害，不遭遇冷漠和忽视，以及在消极的等待和无助的盼望中丢失兴趣。同时，教师在教育活动中应该持有积极的态度和优良的管理方式，这些态度和方式"应有助于形成安全、温馨的心理环境"。

五、以身示范，发挥榜样示范作用

《指导纲要》明确提出：教师的"言行举止应成为幼儿学习的良好榜样"。《专业标准》也提出，教师要"重视自身日常态度言行对幼儿发展的重要影响与作用"。作为幼儿园教育活动中的教育者，幼儿教师的一言一行都对幼儿意味着学习，他们在对幼儿教师的无限仰慕中习得了教师的诸多个人行为习惯，并进一步受到教师的态度和心理倾向的影响。因此，教师在教育活动中，必须规范自己的言行举止，以自己的"言"为幼儿之师，"行"为幼儿之范，言传身教，让自身成为促进幼儿发展的最有力资源。同时，幼儿教师必须做到品德高尚、举止文明，以身立教，发挥其在教育活动中的感染和引领作用。

六、公平公正，正确评价幼儿发展

在教育活动中，评价幼儿的发展是为了幼儿更好地发展，因此，教师应严格遵循幼儿成长的规律和特点，对幼儿在活动中的表现进行全面客观的评价，并对幼儿的发展状况进行深入分析，为提出教育活动的改进策略提供依据，同时，教师在评价幼儿时要做到公平和公正，不对个别幼儿搞特殊化，如对某个幼儿过度表扬或者对所有的幼儿滥用表扬，不歧视、打骂和忽视孩子，做到尊重幼儿的人格尊严。在对待存在发展差异的幼儿时，能够结合每个幼儿的独特特点，以发展的眼光看待幼儿在活动中的表现和活动效果，支持和鼓励幼儿在自我现有水平上得到进一步的能力提升与发展。

📝 **思考与练习**

1. 教师职业道德在幼儿园教育活动中的动力作用是什么？
2. 教师职业道德在幼儿园教育活动设计中的践行体现在哪些方面？
3. 如何提升幼儿园教育活动中教师职业道德素质？

✏️ **课证融通**

1.《中小学教师职业道德规范》6个方面内容是指爱国守法、(　　　　　)、关爱学生、(　　　)、为人师表、终身学习。

2.中小学教师必须养成的职业道德习惯有8个:一是热情主动;二是端庄大方;三是规范得体;四是(　　　　);五是沟通合作;六是双赢思维;七是关注细节;八是(　　　)。

第五章

幼儿园生活活动中的教师职业道德

★ 本章导读

　　幼儿园生活活动，是指学前教育机构满足儿童基本生活需要的活动，主要包括餐饮活动、睡眠活动、盥洗活动、如厕活动、整理活动、散步、自由活动等。这种活动因其自在性、习惯性和情感性 3 个特点从而使幼儿获得自由、习惯和情感。《幼儿园教师专业标准（试行）》（以下简称《专业标准》）明确提出：要"重视生活对幼儿健康成长的重要价值，积极创造条件，让幼儿拥有快乐的幼儿园生活"。作为教育者，幼儿教师应关注幼儿的生活活动，并积极利用生活活动对幼儿的身心发展服务。然而，教师在幼儿园生活活动的教育观念和教育行为受其职业道德素养的影响，从而进一步对幼儿身心发展产生作用。如教师的"教育爱"通过教师在生活活动中公平公正地对待每个孩子、科学合理地安排幼儿园生活常规、关注幼儿的个性化表现、尊重幼儿的人格和权利等，对幼儿生活习惯的养成、身心健康的发展、良好个性的塑造等产生积极的影响。同时，教师的职业道德素质还对教师自身的工作质量和职业生活产生不可低估的作用。

◎ 思政小课堂

　　幼儿教师在幼儿园生活活动中，要坚守职业道德规范，约束自身不良的教育行为，养成良好的职业行为习惯，认真完成"育人"的重要教育职责。幼儿教师需要做到坚守道德和法律底线，提升道德素质和法律意识；尊重幼儿人格权利，关爱幼儿身心发展；坚持"保教结合、保中有教"的"育人"理念；尊重家长需要，热情为家长服务，养成善于反思的习惯，培养终身学习理念；坚守职业岗位、享受职业幸福等进一步提升其职业道德素质。

第一节　教师职业道德在幼儿园生活活动中的作用

　　在幼儿园一日生活活动中，教师的职业道德不仅对幼儿身心健康的发展、良好行为习惯的养成、个性社会性的发展起到重要的影响作用，还对教师自身保教工作质量的提高、形成良好的职业关系等也产生积极的影响。

一、教师职业道德在幼儿园生活活动中对幼儿的影响作用

　　在幼儿园一日生活活动中，教师的职业道德无时无刻不反映在教师的教育思想和教育行为中，通过施加一定的教育影响对幼儿的身心健康、习惯养成、社会性发展等方面产生明显的作用，从而达到"育人"的功效。

（一）教师职业道德对幼儿身心健康发展的影响

　　《专业标准》专门提出：教师要"关爱幼儿，重视幼儿身心健康，将保护幼儿生命安全放在首位"，关爱幼儿是教师最重要的职责，这不仅是教师个人人道主义精神的体现，也是教师必须履行的法律义务，更是教师对幼儿高度的责任感、对教育事业无限忠诚的体现，因此，这样

的一种自觉而深厚的爱可以给予幼儿身心健康发展更多的保护、关注和支持。对幼儿生命安全的保护是摆在幼儿教师面前的首要职责，教师应提供良好的物质环境和精神环境，为幼儿的生命安全做好重要保障。《幼儿园教育指导纲要（试行）》（以下简称《指导纲要》）强调"幼儿园教育应尊重幼儿的人格和权利"，《专业标准》同样指出"不讽刺、挖苦、歧视幼儿，不体罚或变相体罚幼儿"，这是幼儿教师的职业道德底线，是不可违背的基本行为准则。"讽刺、挖苦、歧视"是对幼儿人格的漠视，"体罚和变相体罚"更是对幼儿人身权益的直接侵犯，都会对幼儿的身心健康造成不可弥补的伤害。

（二）教师职业道德对幼儿行为习惯养成的影响

陶行知先生说："教育就是培养习惯。"习惯的养成是一个习得行为规范，然后使行为规范变得自动化和习惯化的过程。而教师的"以身作则、行为示范"正是在幼儿生活习惯养成过程中重要的影响因素。叶圣陶曾说："教育工作者的全部工作就是为人师表。"这就是说教师在工作中，必须规范自己的言行举止，以自己的"言"为学生之师，"行"为学生之范，言传身教，动之以情，晓之以理，导之以行，做名副其实的人类灵魂工程师。德国著名教育家第斯多惠也强调，教师本人是学校里最重要的师表，是最直观、最有效益的模范，是学生最活生生的榜样。幼儿教师自身的行为习惯正是促成幼儿学习良好行为习惯的榜样示范和强大动力。同时，一个关爱幼儿、关注幼儿生活价值的教师会非常用心地在一日生活中帮助幼儿养成良好的作息习惯、饮食习惯以及卫生习惯等，并耐心帮助幼儿纠正偏食、挑食、多食、少动等不良饮食和生活习惯。

（三）教师职业道德对幼儿个性、社会性发展的影响

幼儿是具有发展差异性的人，作为幼儿社会性发展的重要影响因素，幼儿教师对待幼儿的认识和态度很大程度上影响着幼儿个性、社会性的发展。正如俄国著名教育家乌申斯基所说："没有教育者个人对受教育者的直接影响，就不可能有深入性格的真正教育。只有个性才能影响个性的发展和定型，只有性格才能养成性格。"因此，教师的职业道德修养通过教师个性化的表现对幼儿施加教育影响，从而影响到幼儿个性社会性的发展，如自信的教师培养乐观的幼儿，自卑的教师促成悲观的幼儿。教师对幼儿个性、社会性发展的独特性和差异性的尊重与接受，不仅可以促成幼儿个性社会性的良好发展，还可以避免在日常生活中产生对个别孩子的偏爱；教师对待幼儿的公平和公正，可以使教师按照每个幼儿不同的兴趣、能力、气质和性格等个体差异因材施教，使每个幼儿的个性心理品质得到良好的发展；同时，幼儿教师对幼儿的评价作为重要的评价依据，很大程度上影响幼儿的自我评价，进而影响幼儿自我意识的发展。

二、教师职业道德在幼儿园生活活动中对教师自身的影响作用

幼儿教师职业道德素质通过生活活动可以对教师自身的保教工作产生积极的影响，进一步提高其保教工作质量。同时，教师对幼儿的关爱、对职业的追求、对专业发展的执着和终身学习的理念，可以帮助教师形成良好的师幼关系、同事关系和与家长的合作关系。

（一）教师职业道德素质帮助教师提高保教工作质量

《专业标准》中"对幼儿保育和教育的态度与行为"领域是从保教观的角度对一个合格的幼儿教师所应具备的专业理念和师德进行的规定。幼儿教师对保教活动的原则、内容、方式、效果等整个过程的认识与理解，直接决定着其保教活动的实践形态。《指导纲要》明确规定，幼儿园教育应尊重幼儿身心发展的规律和学习特点，充分关注幼儿的经验，引导幼儿在生活活动中生动、活泼、主动地学习。考虑到学前期的幼儿在保护自身生命安全的能力、身体活动能力、自我照料和独立生活能力，以及识别危险物品和防御能力等方面都较差，因此，教师应关注幼儿的日常生活，关注幼儿在日常生活中的每个发展历程，为幼儿提供良好的生活环境。教师科学的保教观念可以帮助教师深刻理解保教工作的任务和意义，合理安排幼儿一日生活，做好幼儿的疾病预防和膳食营养，培养幼儿良好的生活卫生习惯和良好的道德品质，帮助幼儿积累各方面的经验，发展幼儿各方面的能力。同时，教师良好的个性品质、健康的心理状态、终身的学习理念，也是教师提高自身保教工作质量的重要职业道德素质条件。

（二）教师职业道德素质帮助教师形成良好的职业关系

教师职业道德可以帮助教师形成良好的师幼关系、同事关系和与家长之间的合作关系。教师对幼儿的理解和关爱是幼儿教师职业道德规范之一，幼儿教师在工作中要尊重幼儿人格和权利、尊重幼儿的个别差异性、尊重幼儿的发展需要，教师通过在生活活动中坚持这些职业道德要求，在提高保教工作质量的同时还能进一步建立良好的师幼关系。同时，教师对职业的追求、对专业发展的执着和终身学习的理念，也是形成良好师幼关系的重要职业道德素质。同样，教师的团结协作、专业信念和职业理想，可以通过影响教师的职业意识进一步帮助教师在工作中与同事形成相互促进、共同发展、合作共赢的工作关系。在家长工作中，尊重家长、服务家长是教师职业道德的重要准绳。职业道德素质优良的幼儿教师会在尊重幼儿家长，热情为家长服务中使幼儿园教育和家庭教育形成合力，共同促进幼儿的健康成长。

第二节　教师职业道德在幼儿园生活活动中的践行体现

《指导纲要》明确提出：幼儿园应为幼儿提供健康丰富的生活和活动环境，满足他们多方面发展的需要，使他们在快乐的童年生活中获得有益于身心健康发展的经验。作为一日生活中的重要活动之一，幼儿园生活活动对幼儿的身心发展有着重要的影响作用。对于幼儿教师来讲，每天都会遇到诸多细小而又重要的生活活动问题，比如早晨到幼儿园开窗通气；组织幼儿放小椅子，整理幼儿晨间活动的材料，组织幼儿晨间活动；组织幼儿从哪边的楼梯上楼或下楼；如何组织幼儿自收自整活动玩具；活动材料如何分类摆放更恰当；课间怎么安排幼儿的活动，怎样导护而不至于拥挤，如何面对来自幼儿的报告；离园时教师的位置怎样才可以恰到好处地看到所有的幼儿；午餐后的幼儿是不是统统看动画片还是组织一些其他活动，还要保证教师有足够的精力；幼儿午睡怎样有序进行；下午先到园的幼儿该干什么；下午的副餐时间怎样让幼儿安静地进餐；幼儿日常生活所用的毛巾、杯子等的辨认和摆放；下午离园时怎样与家长沟通又不至于影响到组织幼儿的离园……如何处理这些问题，使生活活动成为幼儿发展的重要教育环境和条件，这是一名幼儿教师专业素质的体现，同时也是考验幼儿教师职业道德素养的重要标准。本节内容以幼儿园生活活动的案例为载体，深入分析幼儿教师职业道德素质在生活活动中的表现，并从教师职业道德规范角度分析教师的教育行为，以为教师提高自身的教师职业道德素质提供参考。

一、幼儿园生活活动常规中的教师职业道德

幼儿园的生活活动包括入园、离园、饮食、睡眠、盥洗、如厕、散步等基本生活内容，这些活动在时间安排上要有秩序、在规则制定上要合理、在环节设计上要科学，以使幼儿的生活是安全、规律和有意义的。而在幼儿一日生活常规中如何做到科学、合理、安全、有序，这和教师的职业道德素质有着密不可分的关系。

（一）教师要注重幼儿一日生活的价值

陶行知先生说，"生活即教育"，"好的生活就是好的教育，坏的生活就是坏的教育"，那么，我们给孩子提供的生活活动，如果是生动的、丰满的，孩子可以与之互动的，那么这种生活就是好的生活，就是好的教育。因此，教师要注重幼儿生活在幼儿成长中的发展价值，要关注幼儿园一日生活的各个环节的教育功用，并合理地设置和安排一日生活活动。

（二）教师要尊重幼儿的权利和地位

《儿童权利公约》明确规定了儿童的生存权、发展权、受保护权和参与权，而《指导纲要》也同样强调"幼儿园教育应尊重幼儿的人格和权利"。幼儿有参与和自身生活相关的一切活动的权利。著名教育家陈鹤琴曾说："凡是儿童能够自己做的，应当让他自己做。"因此，教师应给予幼儿参与幼儿园生活活动的权利，理解、尊重并保障幼儿参与这些活动并发表自己的意见。

 案例评析

合理规划幼儿园活动

"点心时间到了。"陈老师说，"我看哪一组小朋友坐得好！哪组小朋友做得就请哪组先去洗手，拿杯子！"孩子们陆续坐好，老师逐一点名，请大家按小组去洗手……之后，孩子们拿着自己的水杯又坐到了原来的位置，开始等保育员和老师一个一个地倒豆浆、发饼干。还没有发到后面的孩子，班上已经开始有点乱了。一个孩子忽然叫起来："老师，我发现柜子底下有积塑片，我去拿出来。"不等陈老师回答，他就跑过去趴到地上伸手拿。其他小朋友也趁机跑过去趴下。陈老师忙说："谁让你们离位了？快回来。"没喝完豆浆的几个孩子也端着杯子、伸着头往这边看。"老师，她的豆浆洒在我身上了。"告状的声音又响起来……

这样的情况其他班也经常发生，弄得老师们经常心烦意乱。这究竟是为什么？想来想去，陈老师认为是"吃点心"的方式安排得有问题，让小朋友坐在那里等老师倒豆浆、发点心，结果是吃的吃、看的看，前面的吃完了，后面的还没有拿到。幼儿是活泼好动的，

怎么可能安安静静地坐在那里等着呢？

在园内业务学习时，陈老师提出了这个问题，得到老师们的认同。大家七嘴八舌地讨论了半天，认为要改一改原来整齐划一的时间安排和由教师"服务到底"的点心发放方式，"应该给孩子一个自我服务的机会"。园长采纳了老师们的意见，买来了带水龙头的保温桶、小托盘。于是，各班都有了一个小小的"自助点心店"。小朋友们也很高兴。

评析：

本案例中，在加餐环节，教师习惯性地以"服务到底"的方式给孩子们发放点心，却没有考虑到其实这一环节对于孩子们来讲也是重要的实践和学习机会，是可以挖掘其中的教育价值并为孩子们所用的教育契机。因此，教师要用心思考、精心安排幼儿园一日活动，使活动的各个环节充分发挥其"生活即教育"的价值。

《指导纲要》明确指出：尽量减少不必要的集体行动和过渡环节，减少和消除消极等待现象。案例中教师给孩子分发点心的方式，造成了很多孩子在无意义地等待，因此，难免会出现"结果是吃的吃，看的看，前面的吃完了，后面的还没有拿到"以及冲突、告状等消极行为。之后，教师对这一活动安排做了改进处理，由教师"服务到底"到孩子"自主取物"，孩子通过有序地选取点心，不仅锻炼了孩子的自我服务能力和规则意识，同时这也是幼儿的自主权利和幼儿在生活活动中的主体地位的体现。

二、幼儿园自由活动中的教师职业道德

对于幼儿园生活活动中的自由活动，如餐前的谈话活动，以及一些非常规性的生活活动，如生日庆祝会等，教师如何安排和组织，自由活动中的教育价值如何体现，教师的职业道德又是如何通过教师的教育观念和教育行为对幼儿产生影响，都属于职业道德范畴。

作为幼儿的"养护者"或者"照料者"，幼儿教师的角色至关重要，教师不仅要保护幼儿生命安全、照料幼儿生活，更要对幼儿情绪情感状态、人格个性品质、社会性行为等多方面心理发展进行关注。因此，教师对幼儿的关爱是带有教育意义的关爱，是对幼儿身心全面发展的综合考虑和长远打算。

 案例评析

注重幼儿园中的随机教育

在一次幼教交流活动中，有一位老师讲《礼仪》中的《接待客人》，教师设计了好多情景表演，环环相扣地演示接待客人时应注意的问题。活动进行到一半时，有几位迟到的参观者推门而入。这时，讲课的教师灵机一动，问孩子们："小朋友们，我们班来了几位漂亮的老师，她们都是我们的客人，我们该怎样接待她们？"然后，讲课的教师示意刚进门的老师配合孩子们的活动。这时，孩子们七嘴八舌地说了起来："先向客人问好，然后……"接下来，老师找孩子进行演示。在幼儿演示完毕后，老师又进行了最直接的随机教育，她把幼儿分成若干组，去向所有参观的老师开展接待活动。这样一来，既摒弃了传统的活动模式，又让孩子们活跃了起来。通过这种随机教育，加深了幼儿对活动的印象，让整个教

学活动显得十分生动，也超出了预期的活动目标。

有一次，孩子们户外活动时，老师发现地上有一张废纸，于是弯腰捡了起来，这时一个孩子看到了问我："老师，你为什么把纸捡起来啊？"老师大声说："因为垃圾会影响幼儿园的美观啊！如果不把废纸捡起来的话，幼儿园多脏啊！小朋友要爱护自己的幼儿园呀！也要爱护环境！""那如果小朋友看到有垃圾也应该把它捡起来，对吗？""那在马路上也要把地上的垃圾扔到垃圾箱里去！"几天后，老师发现孩子们有了更多主动弯腰捡垃圾的行为，并对此及时给予了表扬。孩子在平时一点一滴的观察中学会了维持和爱护周围的环境，促进了自身社会性的发展，可见随机教育对孩子成长的重要作用。

评析：

在幼儿园一日活动的过程中，在重视对幼儿进行有方案的系统教育的同时，也应注重对幼儿的随机教育。教师在对幼儿进行随机教育时，所抓住的事例往往是一日活动中那些很小、很容易被无视的小事，但教师如果抓住了这一教育的正确契机，那么所发挥的教育作用可能会很好。

在幼儿园的一日生活中，教师开展适时有效的随机教育是十分必要的。我们必须把随机教育和有目的、有方案的教育结合起来，不断总结，更有效地发挥随机教育的作用。

三、幼儿园午睡活动中的教师职业道德

午睡是幼儿一日生活中的重要环节，学前儿童卫生学和学前儿童心理学知识告诉我们：学前儿童大脑神经细胞很容易兴奋，也很容易疲劳。因此，要保障幼儿足够的休息时间。午休环节是幼儿园生活活动中的一项重要活动，其活动质量的高低也很大程度地影响着孩子参与其他活动的质量。

（一）教师要保障幼儿生存和安全的基本权利

幼儿作为独立的"人"，拥有自己的基本权利。《儿童权利公约》里明确提到儿童的生存权和受保护权，因此，教师要保障幼儿在生活活动中的基本生活权利，比如休息、饮食、如厕等生存权以及受保护的权利，并最大限度保障幼儿的这些权利。午休是孩子在幼儿园的一项重要的生活活动。《3—6岁儿童学习与发展指南》明确规定："要保证幼儿每天睡11—12小时，其中午睡一般应达到2小时左右。午睡时间可根据幼儿的年龄、季节的变化和个体差异适当减少。"为此，教师应营造良好的休息环境，比如安静的、舒适的、安全的休息环境，对于环境中的意外刺激如雷声或者突发事件，教师要以保障幼儿安全为第一原则机智地处理，从而为幼儿营造相对安全和安静的休息环境。

（二）教师要尊重幼儿身心发展中的个别差异

每个幼儿都是一个独特的个体，都有着自己不同的气质特点、行为方式和兴趣选择，对于不同的幼儿，要有针对性地施加教育影响。因此，在生活活动中，教师要尊重个体差异，主动了解和满足有益于幼儿身心发展的不同需求，在指导生活活动时要有区别地对待不同的幼儿。

案例评析

尊重幼儿的个别差异

陆锦程是班里比较内向的孩子，自理能力稍弱，平时就默默无闻，多数只与固定几个幼儿交流。在教育活动中，更难见到他举手发言，有时被点到名字后，就一副害羞的样子，站着不说话。平时教师也力图不断地引导他大胆回答，却大多是以失败告终。

区域游戏时间到了，小朋友都表现得很兴奋，各自选择了喜欢的区域开始游戏。教师观察了一会儿，发现陆锦程小朋友漫无目的地在美工区"游荡"，每种游戏材料似乎都看了一遍但却不知道选择什么，显得有些沮丧。这时候教师来到他的身边，问他："你今天选的美工区，肯定是想做手工或者画画对吗？"他点了点头。教师接着问他："那你想玩什么呢？做手工好吗？"这时候陆锦程小朋友对教师说："为什么要做手工？不做手工好不好？"教师说："你为什么不喜欢做手工？"他说："我做不好，太难了。""那我们今天画画吧，你看你想画什么？"这个孩子便选择了京剧脸谱，看来他是想装饰京剧脸谱。

在教师的引导下，陆锦程尝试根据教师提供的步骤图和模板进行了绘画、涂色，但教师提供的其他装饰脸谱的材料，他并没有去使用，教师也没有要求他一定要使用，而是鼓励他用自己喜欢的方式去完成。

评析：

教师要注意幼儿的个别差异，尊重幼儿的个性特征。教育像陆锦程这样的孩子不能心急，要循序渐进地引导，不能要求太高，对于游戏材料的使用，可以慢慢引导他从简单的开始尝试，使他发现用这些材料会让脸谱变得更漂亮，不能做强制性的要求，这样会使孩子产生抵触情绪。教师要多提供一些"平民化"材料，满足能力弱的孩子的需求。

四、幼儿入园适应工作中的教师职业道德

每年入园时常常可见到哭泣不止的幼儿，每当看到这些场面，很多人心里都难以平静。最担心的是幼儿会不会不喜欢这个幼儿园或者不适应这个幼儿园的生活，或者这种不适应会不会一直影响他们今后很长一段时间的生活。

（一）教师要尊重幼儿成长发展中的自然规律

从儿童心理学角度分析，小班幼儿因为亲子分离和陌生环境的出现，从而产生一定的分离焦虑或者陌生人焦虑，具体表现为抗拒幼儿园活动、哭泣、逃离等。这是小班幼儿一种普遍的现象，也是幼儿成长发展中的一种自然规律。适度的入园焦虑是一种正常的现象，随着慢慢地适应环境，这种焦虑会得到缓解和消除，但是如果幼儿焦虑度高，情绪反应激烈，并且表现出明显的不适应现象，那么此类焦虑问题应值得关注。作为小班的教师，要正确看待和对待这一现象，尊重这一发展规律。一方面教师要严肃对待小班幼儿的入园适应问题，把幼儿的入园适应问题当作重要的教育任务来处理，认真观察幼儿表现，分析幼儿心理特点和影响因素，并细心地制定指导方案，和幼儿家长共同配合开展循序进行的适应性活动；另一方面教师要认真钻研、学习幼儿发展心理学和教育学知识，如幼儿亲子关系和同伴关系、幼儿的环境适应问题等，

在尊重儿童心理发展规律和教育规律的基础上开展各项适应性活动。

（二）教师要在和家长有效合作中开展生活活动

幼儿教育是一项家庭和幼儿园共同的事业，作为幼儿身心发展的重要环境，幼儿家庭环境和家庭状况应成为幼儿园教育的重要资源和教育前提。因此，幼儿教师在一日生活活动中，必须充分重视幼儿的家庭环境和家庭资源，以"幼儿发展"为目的，通过多种方式和幼儿家长建立良好而密切的联系，和他们共同协作完成幼儿的保教工作。同时，教师也有责任和义务对幼儿家长情况进行深入了解，以作为教育资源和教育环境开展幼儿园生活活动，并通过指导和改善家长的教育行为提高保教工作质量。

 案例评析

焦虑的妈妈

每天老师都会看见那个总是和妈妈撕心裂肺地分离的小男孩，听他们班老师说，这个孩子从入园第一天起，就是这样，每次和她妈妈分开就像生离死别似的。为了解决这名孩子的入园不适应问题，老师开展了家访，通过家访了解到其母亲的性格对幼儿的影响比较大，比如为了保障安全，母亲每天送孩子上幼儿园时，都要交代很多注意事项，比如"吃饭时一定要细嚼慢咽"、"去卫生间千万不能跑"、"体育活动时要左右看，不要被人撞了"、"睡觉时被子不要蒙头"等。同时老师通过观察发现，妈妈每次和孩子分开时，她的表情异样地紧张和担忧。由此，老师分析，孩子母亲的焦虑是导致孩子的焦虑的重要原因。要解决孩子的焦虑问题，首先要解决孩子母亲的焦虑问题。

因此，老师在和孩子母亲交流的过程中向其传递了 3 个信息：一是要对孩子放心，相信孩子有自己的自我服务能力；二是对幼儿园放心，相信幼儿园会把孩子的安全放在第一位；三是要改善教养行为，给孩子良好的心理环境，比如每天接送孩子时要尝试着微笑的样子，放松地和孩子分开，让孩子感受到积极的安全的情绪，并指导孩子积极地适应幼儿园生活，让孩子感受到幼儿园生活的自如和安全。孩子母亲很配合地做出了调整，经过一段时间的入园接送行为改善，孩子的入园焦虑问题得到了很大程度的解决，即便偶尔会哭泣，但时间不会很长，情绪也不会很激烈。

评析：

本案例中，教师从"如何使幼儿更好地适应幼儿园生活"出发，通过深入了解幼儿入园焦虑的影响因素和发生机制，经过和家长的合作，共同开展了一系列针对幼儿入园适应问题的指导策略，从而为解决幼儿的入园适应问题提供了良好的教育条件和环境保障。

五、家长工作中的教师职业道德

幼儿入园和离园活动环节，是教师和家长沟通的重要时机，沟通不仅可以让家长了解幼儿园生活并支持配合幼儿园生活，还可以使教师进一步了解幼儿家庭生活和家庭教养情况，从而使家庭和幼儿园一致对幼儿实施良好的教育。然而，有些教师因为其言行不当，或者因对家长缺乏足够了解等，造成沟通中出现诸多问题，甚至产生了明显的冲突，从而严重影响了家长工作质量和保教工作管理。

（一）教师要善于调整和控制自己的情绪

幼儿教师要有良好的情绪体验，善于调整和控制自己的情绪。当出现不良情绪时，能够克制自己，使自己的行动趋于理性化。同时，幼儿教师要提高自己理解他人情绪的能力，善于判断他人的情绪状态，并能适度抚慰他人的消极情绪。幼儿教师在与家长沟通时，不仅要学会理解、宽容他人、不与他人斤斤计较，还要做自己情绪的主人，合理控制和引导自己的情绪，从而心平气和地和家长沟通。

（二）教师要以"关爱幼儿"为处理家长工作的首要原则

关爱幼儿是教师职业道德的首要原则，教师在幼儿园生活活动中，要坚守"关爱幼儿"这一原则，在与家长沟通过程中，教师要以"一切都是为了孩子好"的沟通目的，有针对性地开展家长工作。在工作过程中，要时刻关注幼儿及其感受和体验。

（三）教师要尊重家长，热情为家长服务

教师和幼儿家长有着共同的目标和任务，教师要想完成教育幼儿的任务，必须与家长加强联系和沟通，联系和沟通的前提条件就是尊重家长。所以，尊重家长是教师职业道德的重要准绳。教师要在了解幼儿家长需要的基础上充分尊重家长的教育需求和对幼儿健康发展的期盼，在尊重幼儿发展规律的基础上，多问问"家长是怎么想的"、"家长是怎么做的"，进而从家长需求出发，为家长提供良好的教养指导建议。

六、幼儿园进餐活动中的教师职业道德

《3—6岁儿童学习与发展指南》明确指出，要帮助幼儿养成良好的饮食习惯。同时，要帮助幼儿了解食物的营养价值，引导他们不偏食不挑食、少吃或不吃不利于健康的食品等。对于幼儿在饮食中出现的不良习惯，教师要采取相应的策略帮助幼儿纠正并使幼儿逐步养成良好的饮食习惯。教师在进餐活动中，还要关注幼儿的个别需要，认真分析幼儿的个体需求，开展相适宜的生活习惯养成教育。

（一）教师要关注幼儿生活习惯的养成

合理营养是健康的物质基础，平衡膳食是合理营养的途径。孩子的身体发育迅速，需要吸取多种营养物质，因此，引导幼儿养成良好又健康的饮食习惯，是幼儿园健康教育的重要目标，也是幼儿园生活活动的重要组成部分。教师应在生活活动中关注幼儿生活习惯，并关注生活习惯养成过程中的幼儿纵向发展。

（二）教师要关注幼儿的生活情境和个体需求

"平等对待每个幼儿"是尊重幼儿的具体体现之一，幼儿教师在幼儿园生活活动中，要做到"尊重幼儿的个体差异并满足不同幼儿的需求"，多方面了解幼儿的生活和生长情境，并深

入了解幼儿的成长需求和发展态势，针对幼儿的特殊需要循序渐进地开展生活习惯养成教育。

 **案例评析**

营养早餐

为了保障孩子们的营养早餐，每周园里都会为孩子们准备一次至两次的豆粥（近似八宝粥），可是，班里的佳佳小朋友一见到是豆粥，就一口都不吃。无论老师如何引导都不能说动她。是不良习惯还是心理原因，抑或是家庭环境造成的？考虑到豆粥的营养价值，也为了帮助佳佳养成良好的饮食习惯，老师将这个问题和她家里人进行了深入的沟通。

得到的可能原因有以下几方面：一是他们家里从来没有吃过这样的早餐；二是她不喜欢吃很稠的早餐；三是这个孩子挑食。看来并非心理原因，因此老师更有信心解决这个问题了。于是，老师和家长商量，让家里面尝试做豆粥和吃豆粥，在家里营造丰富的早餐环境；同时，让家长配合幼儿园解决孩子的偏食问题。而老师针对这一问题，不仅在班里开展了专门的营养健康教育活动，还对佳佳采取了循序渐进式的引导和教育。

老师耐心地鼓励佳佳从先尝一口，到多吃几勺，再到后来慢慢地增加饭量，其间每取得一点进步，都给予她鼓励和支持。后来，有一天，佳佳竟然不需要老师帮助就自觉地把粥喝完了。

看到这一幕，老师的心里有一种说不出的喜悦和激动，所做的这一切都是值得的。

评析：

本案例中，教师正是因为关注幼儿的生活习惯，才会敏感于幼儿的小小的饮食习惯，并以纠正其不良饮食习惯、养成良好的饮食习惯为己任，认真调查、仔细分析、合理设计，系统全面地开展了一系列饮食习惯养成的活动。同时，教师能够耐心地看待幼儿生活习惯养成的过程，关注幼儿习惯养成过程中的一点一滴的进步。也正是教师的关注和关爱，使这个幼儿逐步养成了良好的饮食习惯。

本案例中的佳佳受家庭环境以及个人习惯和爱好等多种因素的影响，存在一定程度的不良饮食习惯，如偏食、挑食等，案例中的教师正是出于对幼儿生活情境和个体需求的关注，在生活中时刻敏感于幼儿的生活表现，同时，受强烈的责任心和对孩子饮食习惯养成的负责态度的驱动，教师不仅全面细致地分析了造成佳佳不良饮食习惯的影响因素，同时采取了循序渐进的改良措施，使佳佳逐步改变了偏食的不良习惯。

七、幼儿园散步活动中的教师职业道德

幼儿园的散步活动，不仅可以使幼儿做一些运动量不大的走路运动以帮助幼儿消化食物和锻炼身体，也可以让幼儿通过观察户外的自然景色和生活中的一些科学现象，从中发现知识的奥秘和科学的神奇。因此，通过散步活动，不仅可以使幼儿获得身心的愉悦，同时可以拓展幼儿的经验、提高幼儿的认知水平。作为幼儿教师，要深入认识散步活动的教育价值，充分关注幼儿在散步活动中的表现，并将幼儿的发现作为重要的教育契机和教育资源，从而在此基础上形成有意义的教育活动。

（一）教师要关注幼儿的关注——关注幼儿发展

《指导纲要》基于"以幼儿为本"的思想理念，提出幼儿教师要"以关怀、接纳、尊重的态度与幼儿交往"，成为幼儿心灵的倾听者和保护者。因此，教师要关注幼儿的关注、重视幼儿的好奇。用一双敏锐的眼睛观察幼儿在观察什么，用一颗敏感的心灵感受幼儿在感受什么。在散步活动中，幼儿经常可以边走边观察身边的事物，同时，幼儿常常会在散步活动中发现一些新奇的事物和现象，如一只小虫、一片树叶、一粒沙子等，教师应敏感于幼儿在关注什么、为什么关注、怎样关注等。

（二）教师要坚持自己的坚持——注重保教结合

教师要坚持"保教结合"的重要教育原则并在生活活动中将这一原则很好地贯彻和实施。保教结合的主要内涵是指：幼儿园的保育工作和教育工作有着同等重要的地位；而且，保育和教育必须互相结合、互相联系、互相渗透。因为幼儿身心发展特点的特殊性，教师的工作任务不仅需要在生活上给予幼儿精心照料和安全保护，也需要对幼儿进行必要的知识启蒙和能力培养。因此，对于幼儿园生活活动，教师不仅应充分关注其生活价值，还应关注其教育价值，并将幼儿园生活活动的重要资源作为教育活动资源，有针对性地开展有目的、有计划的教育活动，使生活活动和教育活动互相结合、互相渗透，共同促成幼儿身心健康的发展。

📚 案例评析

西瓜虫的秘密

一天，老师带领幼儿到幼儿园中的草坪上散步，孩子们仿佛受春天气息的感染显得非常高兴，一路上叽叽喳喳，说个不停。老师也细心地观察、倾听孩子们的谈话。突然，齐志红跑过来告诉老师："老师，何天池和吴浩诺趴在地上看西瓜虫。"她一说完，立即引起几个孩子的兴趣，有的甚至也跑过去看。

这时候，何天池和吴浩诺已经把刚才在草丛中捉到的西瓜虫放在各自的手心上在看，于是全班孩子的注意力一下子都集中到西瓜虫身上。看到孩子对西瓜虫如此感兴趣，老师决定临时调整计划，积极支持孩子自发的探究活动。

于是，老师给孩子们提出了几个问题："同学们知道西瓜虫喜欢生活在什么地方吗？西瓜虫为什么叫西瓜虫？它们吃什么？是益虫还是害虫？"孩子们听着一下子呆住了，有的挠挠头说，可能它喜欢潮湿的地方，喜欢吃草；有的摇着头说不知道。老师接着引导："西瓜虫身上有很多秘密呢，不是简单地玩就能发现的，需要你们不断地动脑筋、想办法，不断试验才能发现。老师希望你们能够把西瓜虫的秘密尽快告诉大家，有信心吗？"孩子们都大声说："有！"看到孩子们这么有兴趣，老师又适时地提出要求："现在，你们仔细观察一下西瓜虫，看看西瓜虫到底什么样子？"听老师这么一说，孩子们更加来劲了，一会儿，就有孩子围上来告诉老师说："西瓜虫的头很小，肚子倒挺大的"、"西瓜虫的壳很硬，而身体很软"……

于是，老师鼓励孩子们把西瓜虫带回活动室继续观察、研究。回到活动室，大家为西瓜虫准备了一个家——一个空金鱼缸，并且在金鱼缸里放了一块石头，在上面加了个盖，最后放在了饲养角。孩子们围着金鱼缸热烈地议论着、主动地探究着……

评析：

本案例中的幼儿，在散步时发现了西瓜虫，幼儿对西瓜虫的兴趣和关注使案例中的教师敏锐地捕捉到了其中的教育契机，于是，教师将本来轻松自在的散步活动组织成一项积极探索发现的科学活动，幼儿认真地观看、比较，相互之间交流着彼此对西瓜虫的认识，带着对西瓜虫更多的关注和疑问，教师继续将这一探索过程延伸至活动室，同时也让幼儿把这种科学探索的精神运用在家庭活动中。因为教师对教育情境的敏感和对幼儿表现的关注，一次普通的散步活动变得充满了教育性和趣味性，进而突出了散步活动中"生活即教育"的内涵。

第三节　幼儿园生活活动中教师职业道德素质的提升

本节内容将从 6 个方面给幼儿教师职业道德素质的提升提供建议——坚守道德和法律底线，提升道德素质和法律意识；尊重幼儿人格权利，关爱幼儿身心发展；坚持"保教结合、保中有教"的"育人"理念；尊重家长需要，热情为家长服务；养成善于反思的习惯，培养终身学习理念；坚守职业岗位、享受职业幸福等。

一、坚守道德和法律底线，提升道德素质和法律意识

约束人心有两大法宝：一是道德，二是法律。道德使人扬其善而避其恶，法律使人规其善而惩其恶。作为幼儿教师，在幼儿园生活活动中，首先要做到坚守道德底线，做一个善良的、温暖的、富有爱心的人，在幼儿园一日生活活动中，不仅要关爱幼儿，还要关爱一起工作的同事和共同教养幼儿的家长，了解并关注他们的即时需求，以善念识人，以善行助人，并养成"乐善好施"的行事做人习惯。同时，幼儿教师要坚守法律底线，严格依照宪法和法律规范自己的言行，自觉学习和遵守《宪法》《教育法》《教师法》《未成年人保护法》等法律法规，严格遵守各级教育行政部门和所在幼儿园的各项规章制度，做到知法、守法，并在生活活动中认真贯彻和执行各项法律法规，做到依法执教。

二、尊重幼儿人格权利，关注幼儿身心发展

《儿童权利公约》强调儿童应该与成人平等共享相同的价值，平等共享相同的权利。同样，《指导纲要》强调"幼儿园教育应尊重幼儿的人格和权利"。幼儿教师应当认识到，教育是帮助幼儿最终成长为成熟的、有责任感的、能正确行使自己权利的合格社会公民，而不是把他们变成成人的奴隶或附属品。为此，幼儿教师应充分尊重幼儿的生存权、发展权、受保护权和参与权，并在幼儿园生活活动中坚持贯彻和执行。同时，幼儿教师要做到"尊重幼儿人格"，即将幼儿视为平等的人格主体予以尊重。幼儿不仅是被保护和教育的对象，而且是具有积极性和主动性的"权利主体"。教师应当热爱幼儿，尊重幼儿人格，理解、尊重并保障幼儿参与

和自身有关的一切活动并发表自己意见的权利，让每个幼儿都能愉快地、有尊严地度过童年生活。

幼儿教师要关注幼儿身心健康发展，做到在幼儿园生活活动中严格执行幼儿园一日生活作息制度，保证幼儿休息和户外活动的时间与质量，保证幼儿膳食结构合理，帮助幼儿纠正偏食、挑食、多食、少动等不良饮食和生活习惯等。同时，充分考虑到幼儿的心理特点，注重幼儿的心理感受，关注到幼儿的心理需求，并及时和幼儿家长沟通联系，一起帮助幼儿解决心理问题，维护幼儿心理健康。

三、坚持"保教结合、保中有教"的"育人"理念

"保教并重"是幼儿园教育的基本原则，对于幼儿园教育来说，它必须把促进幼儿的身体健康与促使幼儿养成良好的生活卫生习惯，以及自理能力放在与幼儿的知识技能学习和智力发展同等重要的位置。无论是《幼儿园工作规程》，还是《指导纲要》和《国务院关于当前发展学前教育的若干意见》，都明文规定幼儿园必须坚持"保教并重"的基本原则。对于幼儿教师来讲，在幼儿园生活活动中，要坚持做到：首先，要真正理解保教结合的含义，深刻理解保教结合就是要保护幼儿安全，安排好幼儿一日生活，做好幼儿的疾病预防和膳食营养，培养幼儿良好的生活卫生习惯和良好的道德品质，帮助幼儿积累各方面的经验，发展幼儿各方面的能力；其次，幼儿教师需要精心设计和安排幼儿的生活活动，将保教结合具体落实到日常生活活动之中，真正做到保教结合，相互渗透；再次，教师应充分发挥"生活即教育"的理念，充分挖掘幼儿园生活活动的教育价值，做到"保中有教"；最后，幼儿教师还应该注意和保育员以及幼儿家长的协调、配合，才能更好地将保教结合原则贯穿幼儿园教育的方方面面。

四、尊重家长需要，热情为家长服务

《专业标准》提出：重视幼儿园、家庭和社区的合作，综合利用各种资源。作为幼儿教师，在幼儿园生活活动中，要做到尊重幼儿家长，热情为家长服务，使幼儿园教育和家庭教育形成合力，共同促进幼儿的健康成长。教师要在充分关注和了解幼儿家长的基础上，做到尊重每位幼儿家长，对所有家长一视同仁。不可因为幼儿的发展水平和独特表现，戴着有色眼镜对待幼儿家长，对于家长不适当的教养行为，应以教育和引导为主，不可以训斥、指责的口吻和家长沟通。教师应主动了解家长的教育需要和对幼儿发展的认识，以多种方式与家长联系沟通，采取发放宣传册、家长会、微信、电话告知等方式积极宣传健康科学的生活与教育理念，争取家长对幼儿园生活活动安排的支持与配合。在幼儿园生活活动中，教师还应认真听取家长对于幼儿园保教工作的意见和建议，并帮助家长形成正确的教养观念。做到在一日生活中强化服务意识，时时处处设身处地为家长着想，并真心为家长解除后顾之忧。

五、养成善于反思的习惯，树立终身学习理念

"反思最重要的作用是能够促进教师的思考，使之更自觉地把理论和实践相结合，更理性地认识自己的教育实践。"教师应在幼儿园生活活动中养成善于反思的习惯，回顾和反思教育实践，是深入思考的过程，是发现问题的过程，是总结经验的过程，也是自我成长、修养身心

的过程。养成善于反思的习惯可以帮助幼儿教师更好地开展生活活动，提升保教工作水平和专业化水平。

教师要树立终身学习的理念，《专业标准》的基本理念之一即终身学习，要求教师要"学习先进学前教育理论，了解国内外学前教育改革与发展的经验和做法；优化知识结构，提高文化素养；具有终身学习与持续发展的意识和能力，做终身学习的典范"。幼儿教师在一日生活活动中，做到不仅要向书本学习，养成良好的读书习惯，提高自身的教育观和儿童观，同时还要积极向同行学习，通过同行间的相互学习，可以帮助解决生活活动中遇到的突出问题，更好地积累个人的工作经验。同样重要的是，教师还要向幼儿学习。有人说幼儿是哲学家、艺术家和科学家，他们探索世界的专著和热情，丝毫不比我们差；他们对艺术的敏感和领悟，比我们更自由和解放，他们的淳朴和善良，足可以让我们内心感动，心内开花。因此教师在生活活动中要向幼儿学习，做一个专注的、热情的、坦荡的、美妙的、有规则的人。

六、坚守职业岗位、享受职业幸福

坚守职业岗位是指要做到爱岗敬业，这是一种奉献精神，是一种平凡之中的伟大。一名爱岗敬业的教师在生活活动中首先要有责任感，全身心投入幼儿的一日生活活动中，真正做到关爱每位幼儿。发自内心的做人准则和道德标准，会自觉约束教师的不端行为并促成其积极行为。同时，教师要有一种职业敬畏感，一个从内心对自己的工作产生敬畏的人，面对幼儿园生活活动中要做的事情，会以积极的态度和满怀的热情去对待。幼儿教师还需要具有强烈的敬业精神，并对自己的职业有目标、理想和规划，这是幼儿教师做好教育工作的思想助推器，会让幼儿教师产生不受营利性动机驱使的奉献精神。同时，幼儿教师还要有一种职业荣誉感和自豪感，以自身职业为荣，充分享受职业带来的幸福感、满足感和一种生命的价值感，并最终将教师的敬业精神转化为自觉的专业意识，从内心深处将教师职业当作一种幸福和崇高的事业。

 思考与练习

1. 思考教师职业道德在幼儿园生活活动中的作用。
2. 如何理解教师职业道德在幼儿园生活活动中对教师自身的影响作用？
3. 如何提升幼儿园生活活动中教师职业道德素质？

 课证融通

1. 幼儿园应当建立幼儿（   ）制度，不得将晚离幼儿园的幼儿交与无关人员。
2. 幼儿没有离园前，幼儿园应当有（   ）值班、巡查。

第六章

幼儿园游戏活动中的教师职业道德

⭐ **本章导读**

　　陶行知先生说过："学高为师，德高为范。"说的是为师者不但要有广博的知识，更要有高尚的师德。良好的师德、高尚的师风是做好教育的灵魂。一定职业群体的道德修养只有通过其职业实践场景中的具体行为才可得到最充分的展示。作为幼儿园教育教学实践的基本途径或活动形式，游戏活动的组织与指导是幼儿教师履行其教育职责的基本工作内容，自然与幼儿在园内生活活动的指导、集体教学活动的开展一样，同是作为教师践行其职业道德与专业规范的重要实践场景与依托。

◎ **思政小课堂**

　　教师的世界观、人生观、价值观，甚至一言一行，都会对幼儿产生潜移默化的深远的影响。因游戏活动对于幼儿发展的特殊意义以及在师幼互动方式上的特定要求，特别是对于教师组织与指导行为上的科学化与专业性要求，幼儿园游戏活动的过程与现场势必承载着对于教师职业道德的特殊诉求和具体行为规范。通过言传身教，在传授知识的同时渗透为人的道理，帮助幼儿塑造健康人格，为他们今后美满人生铸造坚实的基石。

第一节　幼儿园游戏活动的特点和意义

　　游戏活动作为幼儿园教育的一种基本活动形式，是确保和促进幼儿园教育适宜于幼儿发展特点与需求的重要实践环节，并构成为幼儿教师职业道德的价值实现及其行为规范践行的重要场景。

一、幼儿园游戏活动的特点

（一）游戏是幼儿的基本活动

　　游戏作为幼儿的一种活动，既表现为有表情、言语、动作，乃至角色表演、玩具操作等外在而直观的行为表现，又同时伴随有自主、满足、幻想、兴趣等特定内在主观体验的心理过程。

　　一般而言，幼儿游戏具有如下一般特点：①游戏是自主自愿的活动，受幼儿自我需要和内部动机的驱动。因此，幼儿在游戏中不必为外部的要求或奖赏而担忧。②游戏是在假想的情景中反映周围的生活，并常表现为假装或扮演的形式再现儿童关于生活的印象和经验。③游戏是手段重于结果的活动。幼儿参与游戏注重的是对于游戏过程的体验，而不会在意于游戏结果的好坏。在这个意义上，游戏活动具有超功利性的特点。④游戏伴随着愉悦和满足的情绪情感体验，幼儿游戏时也因此时常表现出身心投入的积极状态。一般认为，在游戏活动所能表现出的多种特点中，最能集中地反映出幼儿在游戏活动中的实际身心状态的是游戏的自主自愿性。

对于游戏与幼儿的关系而言，游戏是幼儿的基本活动。对此，可从两个方面去理解：其一，游戏是幼儿在一日生活中除满足基本生存需要的活动（饮食、睡眠等）外，在自然发生的频率上和持续时间上最多的活动；其二，游戏是对幼儿身心发展具有重要而深刻影响的活动。游戏既适合幼儿身心发展的水平与特点，又实际促进着幼儿身体、认知、情感、社会性等身心各方面全面而和谐发展。

游戏对于幼儿身心发展的促进作用是自然而全面的，并主要表现有如下4个方面。

第一，游戏促进幼儿体能的增强。幼儿在游戏中因其有身体运动的参与和具体动作的操作，而获得大肌肉活动和眼手协调活动的机会，有助于幼儿运动能力、动作技能的发展，促进幼儿生理能量的新陈代谢和机体的生长发育。幼儿在游戏中也因接触外界自然如阳光、空气、水等因素的充分，而有助于环境适应能力和免疫能力的提高。

第二，游戏促进幼儿智能的发展。游戏中对玩具等各种材料的探究与操作，丰富着幼儿对周围环境和客观事物的认识；游戏中的语言表达也自然促进着幼儿语言的表达与交流能力的发展；游戏中的材料建构和角色表演为幼儿想象力的释放提供了开阔的空间，并对幼儿思维的发散性和创造性品质形成具有促进作用；游戏中对问题的探究与困难的解决，也为幼儿提供着集中注意力、积极思维等认知能力运用和锻炼的机会。

第三，游戏促进幼儿社会性品质的形成。幼儿在游戏中与同伴结成真实的玩伴关系和虚拟的角色关系并彼此交叠，为幼儿的社会认知、情感与行为的发展提供了良好的人际关系和社会背景。如幼儿在游戏中因玩具和角色的分配或轮换，易于形成合作、协商、分享等社交的技巧；因对游戏规则的约定与遵守，而形成对公平思维和秩序意识的早期觉醒与萌芽；也会因多样角色扮演的体验而逐渐在去自我中心化的过程中，学会理解他人或站在他人的立场看问题；等等。

第四，游戏丰富着幼儿的情感。游戏中不同角色的喜怒哀乐可以让幼儿拥有充分的机会去体验不同的情绪和情感；游戏表演对角色的逼真模拟和玩具形象的观察与欣赏，以及搭建组合不同玩具材料的操作，促进幼儿审美情感的表达与体验；游戏中既有积极情绪情感的展现，也有消极情绪的宣泄与释放。

（二）游戏活动是幼儿园教育活动的基本形式

基于游戏是幼儿的基本活动，特别是游戏对幼儿身心特点的适宜性和对幼儿发展的重要意义，游戏活动便应成为幼儿园教育活动的基本形式。《幼儿园工作规程》规定："幼儿园应当将游戏作为对幼儿进行全面发展教育的重要形式。幼儿园应当因地制宜创设游戏条件，提供丰富、适宜的游戏材料，保证充足的游戏时间，开展多种游戏。"《3—6岁儿童学习与发展指南》也提出：要"珍视幼儿生活和游戏的独特价值，充分尊重和保护其好奇心和学习兴趣，创设丰富的教育环境，合理安排一日生活，最大限度地支持和满足幼儿通过直接感知、实际操作和亲身体验获取经验的需要"。

游戏活动一经进入有组织、有计划的幼儿园教育实践体系，便不再是纯粹的自然的游戏活动。可以说，幼儿园游戏活动是幼儿园教育实践的一项基本任务与活动形式。它是由幼儿教师根据幼儿年龄特点和一定的教育目标，通过创设和提供包括时间、空间和材料等适宜的活动条件，并对于活动过程予以适当指导等，以促进幼儿身心全面而和谐地发展而组织和开展的各项游戏活动的总和。幼儿园游戏活动是幼儿园教育把游戏作为幼儿学习与发展的基本途径与方式，贯彻和落实以游戏为基本活动的原则，充分发挥和实现游戏对幼儿身心发展独特价值的一项重要工作与任务。

按照幼儿园不同游戏活动基本特性的差异，幼儿园游戏活动可以分为创造性游戏和有规则游戏两种。其中，创造性游戏有角色游戏、结构游戏和表演游戏等，这一类游戏具有较突出的想象性特征和发挥创造性的较大空间；而有规则游戏具备明确的规则要求，往往需要有同伴共同参与并带有竞赛性质，按照教育作用的不同，又包括智力游戏、体育游戏、音乐游戏等形式。

幼儿园游戏活动按照组织形式的不同，还可分为教学游戏与自选游戏两种不同的形式。教学游戏是指在常规集体教学活动中作为教学手段或工具的游戏。这种游戏是为了完成和实现具体的教学目标或特定的教学任务，往往由教师预先设定或编制并在游戏过程中予以较高的控制。如在复习或巩固 "10 以内加减运算" 能力的大班教学中，将幼儿进行分组而开展的抢答竞赛游戏。自选游戏主要是指在幼儿自由自主的活动环节中由幼儿根据自己的愿望和需要而自发参与和开展的各种游戏活动。实际上，自选游戏可以发生在幼儿在园内可以自由支配的任何时间和空间里。自选游戏是尊重幼儿的经验与愿望，满足幼儿自主体验和个性发展的需要，确保幼儿在园内可以获得快乐而健康的成长体验的游戏活动形式。

在一定意义上，作为集体教学手段的教学游戏，实际上是属于教学活动的范畴，而自选游戏才是真正属于幼儿自己的游戏。因在本书第五章中，关于集体教学活动中的幼儿教师职业道德已有专门论述，本章中关于幼儿园游戏活动中教师职业道德的探讨，主要是指自选游戏活动中的教师职业道德。

二、幼儿园游戏活动作为教师职业道德践行场景的意义

幼儿园游戏活动是幼儿教师履行其职业道德的重要实践场景。游戏活动作为一种不同于生活活动与教学活动的幼儿园教育活动形式，因其特殊的活动性质与结构，以及与幼儿生活和发展的密切关联，乃至在幼儿园教育整个实践体系中的特殊地位，对幼儿教师践履其职业道德及具体行为规范具有特殊而重要的意义。

（一）游戏活动中平等的人际关系与规则遵守，强化着幼儿教师职业道德追求民主平等的价值内涵

游戏活动中，参与者之间的关系是合作而平等的玩伴关系。特别是幼儿园自选游戏的活动场景中，面对一个具体的游戏活动，幼儿是否参与，贯穿着自主自愿的原则。即便一经参与，所有游戏的参与者，都没有允许违反游戏秩序与具体规则的例外，否则便会被排斥或游离于游戏活动的实际过程之外。幼儿教师对于游戏活动进行合理而适宜的组织与指导，无论是作为旁观者的指点，还是作为游戏者或者作为其中一个游戏角色而发挥自身的影响，都需以维护游戏中幼儿的兴趣、自主意识，以及其中人际关系的平等局面和具体活动秩序与游戏规则的遵守状态为前提，并身体力行地表现出对游戏中的幼儿最大限度的顺应与尊重。由此，幼儿教师在组织与指导游戏的活动过程中践行着的教育职责及其道德规范便被赋予民主、平等的价值内涵。

（二）游戏活动中幼儿的自主发展和快乐学习，赋予幼儿教师职业道德的履行以寓教于乐的教育职责

游戏是幼儿表现自我力量和实现自主愿望的基本活动表现，并由此构成为幼儿快乐体验和自主学习的基本方式。幼儿教师需为游戏活动中幼儿能充分而自由地参与并投入做设计，要将教育的意图自然地融入活动条件的创设，如空间的巧妙布置、自主时间的合理安排、有效材料的精心提供、活动常规的制订与执行等；同时在幼儿参与游戏的活动过程中，幼儿教师应表现出对于幼儿情绪情感表现的足够接纳、肯定与支持，最大限度地让幼儿的兴趣感、成就感、自主感、愉悦感得到充分的释放与表达，使幼儿学习与发展的任务以一种生动而有趣的游戏形式得以完成。幼儿教师践行其职业道德与专业规范的过程，体现在游戏活动的组织与指导过程中，就是以自身实际的行动与态度，确保幼儿在园一日生活中拥有快乐与健康的体验，追求在寓教于乐的教育形式中，实现幼儿生动活泼的学习与全面而和谐的发展。

（三）游戏活动以其对于幼儿学习与发展的适宜性，赋予幼儿教师职业道德的践行以强烈的专业性特质

游戏作为幼儿的基本活动，是最适宜幼儿年龄特点的发展途径与学习方式，并满足和支持着幼儿通过感知、操作和体验而获得经验的学习需求。幼儿园游戏活动的组织与开展，最集中地反映出学前教育尊重儿童发展规律和适宜于儿童学习特点的实践要求，并蕴含着幼儿园教育的专业性发展的方向性要求，从而有助于推动幼儿园保教工作的科学开展与质量提升。在幼儿园游戏活动的教育实践中，教师秉守并履行其职业道德的过程，必然同步于贯彻和落实顺应幼儿年龄特点及其独特学习方式的过程，体现学前教育"在玩中学"、"在行动中学"、"在操作中学"、"在交往中学"、"在情境中学"的科学性原则与专业化要求，从而让幼儿教师的职业道德承载着浓郁而厚重的专业性特质。正是在这个意义上，幼儿教师职业道德的内核，其实就是一种专业的道德，并在具体内容上表现为一套特定的专业规范体系。

（四）游戏活动是对于儿童游戏权益的保障与实现，让幼儿教师职业道德的践行承担着捍卫儿童权益的现代使命

关于游戏是幼儿的基本活动，并在其发展中产生着重要的价值，已被现代科学研究所一再证明。基于游戏与幼儿生存、幼儿发展的这种密切关系，承认儿童具有游戏权，已经成为现代科学的儿童观的基本立场。1989 年第 44 届联合国大会通过的《儿童权利公约》规定："儿童有权享有休息和闲暇，从事与儿童年龄相宜的游戏和娱乐活动"，由此明确提出儿童的游戏权。现代文明背景下的儿童权益观包含对儿童游戏权利的充分尊重。履行教师的职业道德，行使教师的专业规范，科学开展幼儿园游戏活动的实践，是保障和实现儿童游戏权利的行动体现，让幼儿园教育成为捍卫童年价值与保障儿童权益的实践阵地。

（五）游戏活动作为纠治幼儿教育弊病的实践策略，让幼儿教师职业道德的践行成为对于科学保教信念的坚守

基于幼儿教育现实中存在的诸多非专业性的不足与误区，幼儿教师在教育活动中应打破那种单纯依赖集体灌输而忽略自主探索、过分倚重学科识记而缺少内部情趣关注的褊狭与片面。

在幼儿园游戏活动中，教师职业道德的实践就在于尊重幼儿游戏的天性冲动和情感意愿，贯彻幼儿活动与学习的自主性、情境性、体验性与童趣化的原则，追求幼儿全面、和谐而健康的身心发展，这必将有助于克服与消除早期幼儿教育教学中的"小学化"、"成人化"等诸多弊端。可以说，幼儿园游戏活动中教师职业规范与道德要求的践行，就是完成对学前教育的专业立场与科学信念的秉守与坚持。

第二节 幼儿园游戏活动对教师职业道德的基本诉求

幼儿园游戏活动的教育实践蕴含着对幼儿教师职业道德的特定诉求。这种诉求必然有针对性地聚焦于对幼儿园游戏活动这一特定教育实践的专业化开展。可以说，游戏活动对幼儿教师职业道德的基本诉求，一方面，表现为幼儿教师需要树立并坚定关于游戏及游戏教育的基本职业观念；另一方面，就是游戏活动科学而合理的教育实施及其教师行为的专业化要求。

一、幼儿园游戏活动对教师职业道德的观念诉求

游戏活动的幼儿园教育实践需要教师在其职业的道德信念上，树立幼儿在游戏活动中的主体地位观、现代化的幼儿游戏权益观和游戏对学前教育教学的独特价值观。

（一）游戏主体观：幼儿是游戏活动的自由主体

幼儿教师的工作对象是处于生命之初成长中而身心各方面均尚未成熟的幼儿，同时每个具体的幼儿又是独立的生命个体，有着丰富的情感诉求与心灵世界。幼儿教师必须要富有爱心、关怀幼儿、呵护童心、尊重儿童人格。关爱儿童与尊重儿童，可以说是对幼儿教师所从事幼儿教育事业所必须具备的最基本的道德素养与要求。

在幼儿园游戏活动的实践场景中，教师对幼儿的关爱与尊重，就是对幼儿在游戏活动中作为游戏主体的自觉意识与充分尊重。教师对幼儿在游戏中主体地位的维护与尊重，是确保自身对游戏活动的组织与指导的合理性与适宜性的基础与前提。树立并坚守幼儿在游戏活动中的主体观念，把幼儿视为游戏活动的主人，充分尊重幼儿在活动中的需要与兴趣，给予幼儿充分施展想象与表达情绪情感的空间与机会，是教师在幼儿园游戏活动中应具备的基本职业立场与道德信念。

幼儿教师树立科学的游戏主体观，就是充分认识到幼儿游戏的主动性、独立性与创造性。

（1）游戏是幼儿主动的活动。游戏是幼儿主动的而非被动的活动。游戏活动的动机来自幼儿本身，而非来自外部的命令或要求。因此，游戏中的幼儿，身心总是处于主动积极的状态。

（2）游戏是幼儿独立活动的基本形式。幼儿在游戏活动中，按照自己的主体地位，决定对活动材料、伙伴、内容的选择，决定对待和使用活动材料的方式方法，自己决定玩什么、和谁玩以及怎么玩。

（3）游戏是幼儿的创造性活动。游戏中，幼儿拥有考虑手段与目的联结的多种可能性的自由，幼儿可以按照自己的愿望与想法来使用游戏材料，再现与回味自己关于生活的印象与经历，发挥自己个体独特的想象与创造。

幼儿教师只有秉持幼儿是游戏主体的基本立场与观念，才会在游戏活动的组织与开展中，自觉维护并支持幼儿活动时的独立、自主与创造，充分肯定幼儿的兴趣、需要与能力，从而切实展现并履行关爱儿童心灵世界、尊重儿童独立人格、顺应儿童能力差异的职业态度与道德修养。

幼儿教师的专业化发展与职业素养的提升，必须贯彻着以幼儿为本的基本理念。正如我国《幼儿园教师专业标准（试行）》（以下简称《专业标准》）所指出的"以幼儿为主体，充分调动和发挥幼儿的主动性"。可见，确立并坚持游戏主体观念，既是游戏活动本身及其活动属性的客观要求，也是教师职业道德修养的专业化要求。《专业标准》在关于教师"专业理念与师德"的规定中，具体提出：幼儿教师应当"信任幼儿，尊重个体差异，主动了解和满足有益于幼儿身心发展的不同需求"。把幼儿视为游戏活动的主体，就是对幼儿游戏中的自主学习与个体差异的充分信任与尊重，并追求对幼儿游戏需求的多样化满足。

（二）游戏权利观：游戏是现代儿童的基本权益

当今人类社会，诸多的事实表明，儿童的游戏权正在为人们所关注。《儿童权利公约》第31条规定："缔约国确认儿童有权享有休息和闲暇，从事和儿童年龄相宜的游戏和娱乐活动，以及自由参加文化和艺术活动。"这个对儿童游戏权予以确认的规定，即直接源于现代人们越来越重视儿童游戏权利的意识趋向，特别是国际社会为推动这种权利的保障所进行的长期努力和呼吁。如早在1959年的《儿童权利宣言》，就已明确地提出：儿童应有游戏和娱乐的充分机会，社会和公众事务当局应尽力设法使儿童得享此种权利。其后，国际儿童游戏权利协会（International Play Association，IPA）于1961年在丹麦成立，以便为推动和促进各成员国保障儿童游戏权利的工作开展提供交流的国际平台。1979年该协会发布《儿童游戏权利宣言》，专门就保护儿童游戏权利的事宜向国际社会发出宣告，并就政府当局为保障本国儿童的游戏权利在相关社会工作和公共服务所应当履行的职责，联合各成员国家或地区共同作出明确的承诺。现代社会从人权层面和法理精神上对儿童游戏权的确认，当属人类文明自有人类诞生以来极具突破性的一个开创。它彻底颠覆了传统文化中曾一直禁锢着人们头脑的游戏罪恶论和游戏无益论，并喻示或象征着人类在追求自身解放道路上迈出了坚定的一步。

倡导并保护儿童的游戏权利，其对于社会文化发展的意义或价值就在于：其一，它是现代社会文化体系和谐构建的需要。儿童自由参加游戏以及娱乐、休闲、艺术等活动的过程，不仅是对儿童文化的充分享受与体验，更是对儿童文化的表达和自主创造，并借此成为人类整体文化中的有机组成，而且是充满着勃勃生机和未来象征意味的组成。恰如有人所断言的，"文化一旦离开了游戏，必将陷入衰败的危险境地"。保障儿童的游戏权，势必有助于构建一种和谐的文化体系，并导引一种健康的生活方式及氛围。在现代技术理性文明背景下，倡导儿童的游戏权更是具有一种历史的紧迫性。伴随现代科学与技术力量的迅速发展与扩张，现代人越发被推向一个快节奏、高竞争的生活轨道，当对效率与功利、实用与便捷的追求成为一种生存的常态，带有浪漫主义色彩和丰富想象力发挥的童年游戏及文化，似乎也越发沦为一种落伍的奢侈并遭遇被边缘化。

其二，它是保障儿童拥有童年生活权利的需要。保护儿童的游戏权，就是保护儿童的精神及文化，以免遭成人社会及其现代技术理性和功利化的宰制与挤压，从而确保儿童在一种和谐的文化体系和社会背景中，安全地享有真正的童年生活和快乐成长的体验。从这个意义上说，儿童的游戏权利在多大程度上被人们关注，既意味着一定社会文明及其文化的发展所达到的水准，也标志着人类自我追求自由与解放的实现程度。儿童的解放应当是人类解放事业的应有之义和重要组成。

幼儿教育工作，是儿童发展与儿童文化事业的重要组成部分。尊重幼儿的权益是幼儿教师职业道德要求中的基本内容。幼儿教师应当是倡导和保障儿童游戏权益的先知先觉者和实践者，应当将幼儿的游戏权，与幼儿的生存权、发展权、受教育权看成同样重要的一项权益。在幼儿园游戏活动的教育实践中，幼儿教师对儿童权益的尊重，最主要的就是承认儿童具有游戏权，将游戏作为幼儿的基本活动予以对待，并为幼儿游戏活动的开展创设和提供有利的条件，以切实保障幼儿游戏权益的实现。可以说，树立儿童的游戏权利观，是游戏活动教育实践对教师职业理念与师德素养的基本要求。

幼儿教师树立起坚定的儿童游戏权利观，不仅在于游戏对幼儿发展与教育教学作用的专业性认知，更缘于儿童游戏权益的实现对社会发展与文化进步的深刻意义。幼儿教师的职业道德因其对儿童游戏权利的观念要求，表明或体现了幼儿教师这一职业及其道德职责对社会文明的进步与发展担当着超越教育教学之外的公共职责。

（三）游戏教育观：游戏的发展价值与教育价值

我国《专业标准》提出，幼儿教师应"重视环境和游戏对幼儿发展的独特作用，创设富有教育意义的环境氛围，将游戏作为幼儿的主要活动"。这是对幼儿教师职业道德在"幼儿保育和教育的态度与行为"上的具体要求之一，反映的是幼儿园游戏活动对于教师所应持有的专业立场和职业道德的基本诉求，即树立正确的游戏教育观。在幼儿园游戏活动的教育实践中，教师以什么样的思路与方式来进行组织与指导，履行其教育者的职责，其背后的根本观念就具有什么样的游戏教育观。树立科学的游戏教育观，既是对幼儿教师职业道德的观念诉求，更是确保幼儿园科学开展游戏教育活动的观念前提。

所谓游戏教育观，是指人们基于游戏对儿童身心发展影响的认知，进而对游戏在教育实践中的价值与地位所持有的态度与认识。它一方面包括游戏与儿童及其身心发展的关系认知，即游戏的发展价值观，也包括游戏与儿童教育教学的关系认知，即游戏的教育价值观。

作为幼儿教师职业道德有机构成的现代游戏教育观，应当包括如下两个基本方面。

其一，游戏是幼儿和谐而健康发展的需要。越来越多的心理科学研究已一再证实，游戏不仅在主观上为幼儿所需要，更客观地在幼儿体能、认知、情感、社会性等诸方面身心素质发展中发挥巨大作用，而与教育促进个体发展的目的相统一。游戏对于成人也许是意味着工作之外的一种休闲和消遣，并可达到协调身心的效用；而对于儿童，特别是幼儿，游戏就是一种"工作"，就是一项基本的活动，是幼儿成长过程中不可或缺的一种生活必需的经历或经验。幼儿游戏的需要在多大程度上得以满足和实现，意味着幼儿的发展在多大程度上是和谐的，而不是残缺的；是健康的，而不是异化的。

其二，游戏是现代幼儿教育的人本化发展的需要。游戏是幼儿的天性，是幼儿自主表达和需要获得满足的活动内容与方式。学前教育的人本化程度实现于教育对幼儿的天性、自由与愿望的关注和尊重。因此，尊重与保障儿童的游戏权，以游戏为基本活动应当是现代幼儿教育的基本职责。游戏的自主自发以及幼儿自我愿望的表达和释放，也正可弥补和矫治现代科学主义影响下的教育的弊端：过分功利化地关注幼儿对外在影响与信息的接纳量的多与少，而漠视甚至排斥幼儿自己内心愿望的表达和真实体验的过程。关注幼儿游戏的兴趣与需要，将游戏作为幼儿园一日生活中的基本活动，为幼儿游戏的行动参与和心理体验提供机会以及切实的时空条件，让游戏与教学彼此融合，势必有助于现代儿童教育摆脱与克服成人本位和社会本位的功利化弊端，并回归童年的诗意与灵性。

可以说，正确树立游戏的发展价值观和教育价值观，充分认识游戏对儿童身心和谐而健康发展，以及现代儿童教育实践和发展的意义，表达着教师职业道德对游戏童年所应坚守的敬畏、尊重与顺应，也承载着教师职业道德对教育以人为本、以儿童为本的伦理态度与取向。

二、幼儿园游戏活动对教师职业道德的行为诉求

在幼儿园游戏活动的教育场景中，教师职业道德的履行必然同步并贯穿教师对幼儿游戏活动予以组织与指导的各项任务中。幼儿园游戏活动的教育实践，首先为幼儿创设开展游戏的良好环境和条件；其次，做好游戏开展的各项组织工作，拟订开展游戏的计划；最后，适当地进入幼儿的游戏活动过程，在尊重幼儿愿望与兴趣的基础上，予以合理的引导与启发，以促进幼儿游戏活动向着正确的方向发展，实现学习与发展的适宜性目标。同时，既是为了能够了解幼儿的发展与经验，也是为了有针对性地教育指导，还要做好对幼儿游戏的观察与评价。

幼儿园游戏活动教育具体实施的基本环节和任务，既是作为幼儿教师履行其职业道德的实践依托，也是游戏教育实践对于幼儿教师职业道德的行动要求。幼儿教师对待教育职业及其具体工作的敬业态度与负责精神，指向对幼儿及其身心发展的尊重立场与关爱之情，乃至针对幼儿活动行为的支持、鼓励与帮助的职能履行，以及诸多实践环节中所需要的耐心、细心、严谨、认真的专业意识等，均体现于游戏活动教育实施的整个行动过程中。

（一）精心创设幼儿园游戏的环境与条件

在幼儿园创设良好的环境及条件是科学、全面地开展幼儿游戏活动的前提和基础。《专业标准》指出，教师应"提供符合幼儿兴趣需要、年龄特点和发展目标的游戏条件"。创设和提供游戏的环境及条件，实质上是教育者将教育意图客体化于环境中，以潜在影响和间接方式引导幼儿的行为和活动。教师应将游戏环境及条件的提供和创设作为有效促进游戏的开展、影响幼儿的游戏行为、促进其身心发展的重要途径与手段。

创设学前游戏的环境和条件应主要包括以下几个方面。

1. 创设安全有效的游戏场地

游戏场地的创设包括室内游戏场地和室外游戏场地的创设。

为了满足和鼓励幼儿经常开展游戏特别是自选游戏，可在室内设较稳定的游戏区、游戏角或兴趣中心，如娃娃家、建构区、阅读区、角色区、美工区等。各游戏区有各种各样的适合婴幼儿身心发展的游戏材料、玩具和其他设备并注意在一定时期里进行变更，使幼儿感到新鲜有趣，以丰富游戏的内容，提高幼儿游戏的兴趣。

室外游戏场地是幼儿运动量较大的活动得以开展的主要场所。所以，一般而言，面积宜开

阔，玩具设施安置疏密合理，以不妨碍幼儿奔跑活动为原则。场地上设置的设备、材料、用具等能促进幼儿大小肌肉、身体各部位机能的全面和协调发展。室外场地上除有体操区及一般运动区外，还可设有沙水区、种植区、饲养区等。无论是室内还是室外，游戏场地环境和一切设施以及游戏过程都要排除任何危险的存在。安全的游戏场地是使幼儿免受社会环境中一切危险因素影响的地方。

2. 选择和提供适宜的玩具及游戏材料

游戏是幼儿最正当的行为，玩具是幼儿的天使。玩具和游戏材料是游戏活动的重要物质条件，具有促进幼儿身心发展的教育价值。幼儿园应当为幼儿提供适宜的玩具和操作材料，以支持幼儿在游戏活动中的自主选择和充分操作。

一般而言，玩具和游戏材料的选择和提供应符合这些标准：具有促进幼儿发展的教育性；具有符合幼儿年龄特点的适宜性；具有符合审美要求的艺术性；具有符合保健要求的安全性；具有功能多样的操作性；具有简易耐用的经济适用性。

幼儿教师要充分利用现有的环境素材和资源，为幼儿提供可以通过感知、操作和体验而获得有益经验的条件，以保证幼儿游戏的顺利开展，发挥玩具及活动操作材料的教育作用。《专业标准》提出："合理利用资源，为幼儿提供和制作适合的玩教具与学习材料，引发和支持幼儿的主动活动。"

不同年龄阶段的幼儿对游戏材料的需求，如表6-1所示。

表6-1　不同年龄阶段的幼儿对游戏材料的需求

年龄/岁	身心发展水平	游戏材料
0—3	感觉器官迅速发展的重要时期	提供发展感觉运动的游戏材料，如彩带、拨浪鼓、音乐盒、软球等
3—4	形象思维能力形成与发展时期	提供丰富的形象游戏材料，如娃娃玩具、动物玩具、医院玩具等
4—5	运动能力显著发展	提供秋千、滑梯、转椅等适合幼儿运动的材料
5—6	抽象思维能力发展时期	提供智力活动成分较多的游戏材料，如拼图、镶嵌板、大型图片接龙等

3. 营造温和、安全、愉快的心理氛围

健康、活泼生动的游戏活动的开展，有赖于良好心理氛围的营造。幼儿只有在轻松、愉快的精神状态下，才能够积极、主动地参与到游戏中去，全身心投入游戏中的想象和创造中。为此，必须为幼儿创建和谐、民主、平等、合作的良好人际关系，让幼儿具有温和、安全、信任的心理体验，并享受到在集体中友爱、互助、合作的快乐和满足。

为创建游戏的良好心理氛围，必须建立和谐的师生关系和幼儿与幼儿之间的伙伴关系。教师要在教育过程中，热爱幼儿，关心、体贴、爱护每个幼儿，让幼儿感到教师的温和，产生安全感。教师对幼儿的要求要适度，不要让幼儿感受到压力，让幼儿获得选择和充分自由体验的机会。

（二）合理安排游戏的活动制度，确保幼儿游戏的时间与机会

以游戏为基本活动，把游戏作为实施幼儿园教育的重要途径，是幼儿园教育工作的一项重要原则。在幼儿园教育工作计划的拟订中，要使游戏落实到每天的教育活动里。要从整体观念出发，与集体教学活动和其他活动统一安排，确定自选游戏与教学游戏，特别是自选游戏，在整个教育日程中的位置，分配一定的时间。

在幼儿园里一日生活作息制度的安排上，上午和下午都可相对固定地各安排一段较长的自选游戏和自由活动的时间，并在制度上加以保证。教师要认真执行作息制度，保证较长的、较为集中的自选游戏时间，使游戏能够很好地开展，充分满足幼儿的游戏愿望。一日生活的其他环节及零散时间，也应尽可能地利用起来开展各种游戏，从而使游戏真正成为幼儿园的基本活动。

幼儿园一日活动作息，如表6-2所示。

表6-2 幼儿园一日活动作息

时间		活动内容
上午	07:30—08:00	入园
	08:00—08:20	早操
	08:20—08:50	早餐
	08:50—09:30	语言游戏：香香花
	09:30—10:30	户外游戏：开汽车
	10:30—11:30	自主区域游戏
中午	11:30—12:00	午餐
	12:00—12:30	餐后散步
	12:30—14:30	午休
下午	14:30—15:00	点心
	15:00—15:40	美术游戏：小雪花
	15:40—16:40	户外自由活动
	16:40—17:00	离园准备
	17:00	离园

幼儿教师合理安排并执行游戏的活动制度，还包括对幼儿游戏常规的制定与执行。游戏常规是指在幼儿班级中开展游戏活动时，对幼儿不适宜行为予以禁止和对适宜行为允以许可及支持的经常性规定。它主要包括使用玩具和同伴交往的常规以及对其他游戏行为的规定。游戏常规的建立，目的在于培养幼儿良好的游戏行为习惯，形成规范，从而保证幼儿在群体中的游戏开展得以顺利进行，让班级中的每个幼儿都能在安全、和谐的游戏氛围中，充分发挥各自的主体性，积极主动地投入游戏中的创造性活动中去。游戏常规的建立和遵守，应不以损害幼儿游戏的主动性和积极性为原则。

（三）适当介入游戏活动的过程，予以适宜的支持与引导

在一定的环境和条件中，在教师对游戏的有效组织下，伴随幼儿游戏兴趣和愿望的产生，幼儿的游戏就成为教育实践中现实的活动行为。在幼儿游戏的活动过程中，教师要合理地对幼儿施加一定的影响或干预，即指导，以保证游戏发展价值和教育作用的切实实现。《专业标准》提出，教师要"鼓励幼儿自主选择游戏内容、伙伴和材料，支持幼儿主动地、创造性地开展游戏，充分体验游戏的快乐和满足。引导幼儿在游戏活动中获得身体、认知、语言和社会性等多方面的发展"。这是对教师在幼儿游戏活动及具体的活动过程中如何发挥指导作用而提出的基本要求。

幼儿教师介入并指导幼儿游戏活动的过程中，需要追求 3 个方面的职能实现。

（1）支持幼儿游戏的态度功能。教师参与的行为本身就表达了教师对待幼儿游戏的态度，它可以影响幼儿对于自己游戏活动的看法，影响幼儿游戏的兴趣、游戏持续的时间以及游戏的水平与质量。

（2）密切师生关系的情感功能。教师参与游戏如同教师蹲下身来与幼儿说话一样，具有密切师生情感、建立民主平等的师生关系的功能，可以使幼儿体验到教师的亲切与关注，把教师看作一个可以亲近的人而不是"高高在上"的人。

（3）促进幼儿发展的教育功能。教师参与游戏，是教师与幼儿互动的过程，也是教师向幼儿施加影响的过程。教师作为成人所具有的丰富知识经验和作为教育者的教育意图在游戏中可以潜移默化地传递给幼儿，幼儿也在游戏轻松的气氛中能接受这种教育的影响。

教师在幼儿游戏中的作用或作为应以平等合作的师生关系和尊重幼儿主体性为前提。教师必须恰当处理自身作为"教"的主体的作用以及幼儿作为学习和游戏主体的作用，才能保证教师在幼儿游戏中正确合理地发挥作用。对于幼儿教师来说，在游戏过程中的指导是一个开放性的与幼儿互动的过程。这种互动过程要求教师应掌握一定的技巧或策略，并具有较强的随机应变的能力，在实践中能够灵活机动地运用。幼儿教师指导游戏活动的关键是激发幼儿的自主性，同时教师又不能放弃通过其直接的指导，通过一系列具体的影响方式，以发挥游戏促进幼儿身心发展的作用。可以说，幼儿教师在游戏过程中的指导，既要注重自身作为教育者的主导作用的发挥程度，又要强调教师对幼儿游戏主体地位的尊重，追求指导的合理性、艺术性与适宜性。

（四）深入观察幼儿的游戏，评估幼儿发展的实际

游戏是幼儿全身心积极投入的活动参与过程，也是幼儿身心状态最自然和最真实的反映。观察幼儿的游戏活动，不仅是构成对于幼儿游戏进行切实指导的前提，更是走进并解读幼儿内心世界的有效途径。在幼儿自选游戏的活动过程中，教师可以采用多种方式进行观察。一般而言，基于班级区域的游戏活动现场，幼儿教师对于幼儿游戏行为的观察，可有以下 3 种基本方式。

（1）环视式扫描观察。这种观察是以环顾四周、全局扫描的方式，面向幼儿参与活动所选择的所有区域和参与区域活动的所有幼儿而进行的整体观察。一般在区域活动的一开始或结束时采用，其目的在于了解和把握班级全体幼儿区域活动的进展与整体状况。

（2）定点蹲守式观察。教师可以固定于某一个区域进行蹲守式观察。凡是选择并进入被确定为观察区域的幼儿，都被纳入被观察对象的范围，而一旦离开了本区域活动的幼儿，则不在

被观察的范围，即所谓定点不定人。这种观察适合有针对性地了解一个区域或一个内容主题幼儿活动的状况，可以获得幼儿活动更加具体的动态过程。

（3）重点跟踪式观察。重点跟踪观察即定人不定点观察。教师可以根据班级个别教育的实际需要，事先确定一两个幼儿作为观察的对象，全程观察他们在区域活动中探索、操作与交往等全部行为状况。在合适的时间范围内，被确定为观察对象的幼儿走到哪里，观察就追随到哪里。这种观察适合于了解个别幼儿在区域活动全过程中的情况，有助于把握个别幼儿活动的兴趣与需要，以及相关的经验与活动发展的水平。重点跟踪式观察是教师对于个别幼儿的具体游戏行为予以指导的前提和基础，也是开展班级个别教育的需要。

教师对幼儿游戏活动的观察，可以获得对幼儿游戏活动状况及游戏行为水平的评判。一个具体游戏活动是否成功，或者幼儿的游戏行为是否积极，往往要根据具体游戏的内容与形式，并结合幼儿发展的实际水平而做出判断。一般而言，一个成功而有益的游戏活动及过程具有如下特点：①幼儿按自己的意愿做游戏，在游戏中感到轻松、愉快，发挥了创造性；②幼儿游戏的态度认真，能克服困难、遵守游戏的规则，游戏有较强的组织性和独立性；③幼儿能够正确使用并能尝试创造性地使用玩具且能够爱护玩具；④在游戏中对同伴友爱、谦让，能与同伴合作并不妨碍他人游戏的进行；⑤游戏内容丰富、积极向上，有益于幼儿身心健康。

当然，幼儿教师对于游戏活动的观察，最终是为了获得对于幼儿身心发展特点及其活动经验状况的了解，掌握班级幼儿在发展水平和个性特点上的个体差异，为平时的教育教学提供依据与素材。《专业标准》提出：幼儿教师需要"了解幼儿在发展水平、速度与优势领域等方面的个体差异，掌握对应的策略与方法"。对于幼儿游戏活动的观察和评估，是寻求对幼儿进行有针对性教育策略的前提与基础。

第三节 幼儿园游戏活动中教师职业道德的一般行为规范

游戏适应于幼儿身心特点及发展规律，并对幼儿身心发展至关重要，使之成为幼儿园教育实践的基本途径，是对以游戏为基本活动的教育原则的贯彻与落实。在幼儿园游戏活动的教育过程中，幼儿教师职业道德的具体行为规范直接表现为教师在组织和指导游戏活动具体操作行为上的基本准则与方法。

教师指导幼儿游戏的基本准则与方法，集中体现为如何恰当协调和处理好游戏中教师有意识的"教"与幼儿自主的"玩"的关系，并从中追求幼儿快乐学习和全面发展的最适宜途径与方法，以及教师也获得自身专业完善的行动要求；同时也是以具体行动的要求表现出幼儿教师应当适应幼儿的需要与兴趣、尊重幼儿自主与体验、呵护幼儿健康与成长的职业立场和道德取向。

游戏活动中，既是作为幼儿教师职业道德的一般行为规范，也是组织和指导幼儿游戏的基本准则与方法，主要包括以下几个方面。

一、给予幼儿选择的机会与权利

幼儿是游戏活动的主体。幼儿这种主体地位与价值在游戏活动中的实现，首先是幼儿拥有选择游戏活动的机会与权利，这既是由游戏活动自主自愿的特性所决定的，也是幼儿教师确保和维护幼儿作为学习与发展主体的职业道德所需要的。在幼儿园游戏活动中，幼儿教师必须给予幼儿以选择的机会与权利，并主要表现为如下 3 点。

（一）尊重幼儿活动的兴趣与意愿

在游戏活动的具体发起上，幼儿教师需充分考虑并激发幼儿参与的兴趣与意愿，而不应以自己预先的设定给予幼儿以命题作业的形式，要求幼儿玩什么或不玩什么。这一点在幼儿园自选游戏的活动组织与开展中尤为重要。在幼儿游戏的活动过程中，同样也需要教师以支持与鼓励的姿态，给予幼儿以愿望表达和兴趣满足的开阔空间及充分条件。

（二）保障幼儿自己确定活动方式的权利

在游戏活动中，幼儿有权确定自己活动的方式。从规则的约定与遵守，游戏角色的扮演与分配，乃至动作操作的顺序与方法，在根本上都是幼儿自主确定与选择的结果。即便是一个新的游戏或玩法的学习，需要幼儿教师的介入与干预，教师也应该在与幼儿商定的基础上进行。

（三）允许幼儿自行选择活动的对象（材料与同伴）

在自选游戏活动中，只要在一定的常规活动范围内，幼儿教师就要允许幼儿可以自行确定活动的区域，并根据自己的游戏需要和意愿，选择和操作活动材料，可以自由选择和组合一起合作游戏的同伴。

二、始终贯彻在自主行动中学习的原则

游戏活动的重要发展价值就在于为幼儿提供了可以自主学习、自主探究的途径与平台。幼儿教师需把握最好的"教"就是"不教"的策略意识，鼓励和支持幼儿在游戏中的自主操作和自由交往。

（一）鼓励幼儿的自主操作

教师应允许幼儿以自己的方式和进程与游戏环境和操作材料实现充分的互动，让幼儿在自主的观察、感知与操作中，不断累积和丰富关于周围事物的感性经验。

（二）支持幼儿的自由交往

教师要善于利用幼儿与幼儿互动的同伴关系，提供给幼儿同伴之间进行交流与合作的交往机会，从而让幼儿在游戏过程中自然而真实地获得和增强交往的自信与技能。

📚 案例评析

吃糖豆

大班幼儿自由活动时，教师在一张桌面上摆出了几盘彩色糖豆和几把小勺子，勺柄都被绑上了长长的小棍，顶端处还涂有红色标记。几个孩子见状立刻围了上来，十分好奇。原来，这是教师新设计的"吃糖豆"游戏。

游戏的玩法和规则是：用勺从盘子里取到糖豆再送到嘴巴里；糖豆不能直接用手拿取，只能用勺取；用勺时须抓住勺柄的端头（红色标记处）。

接着，教师请出6个幼儿，每两人一组，让三组幼儿尝试按规则进行探索性操作。一开始，每个幼儿都各顾各地去取糖豆并尝试着探腰伸脖，可勺柄太长，嘴巴怎么也够不到勺头，每组幼儿都没能按照规则吃到糖豆。大概是糖豆的诱惑实在太大，几个幼儿忍不住直接抓取糖豆送到嘴巴里，他们的"越轨"举动引得其他幼儿大叫起来。

此时，教师倒是不慌不忙，微笑着让幼儿停下游戏，说："我们都看到了，刚才有的小朋友太想吃到糖豆了，一着急就用手了。我们想一想，有没有什么好的办法既不违反规则又能吃到糖豆呢？"此时，教师稍做停顿，看着孩子们若有所思的样子，进而启发道："吃糖豆的时候是两个人一组的，是不是可以相互帮助呢？"教师再作停顿。"哦，老师，我知道。"一两个孩子像是突然发现新大陆般兴奋。很快又有几声附和："我也知道了，就是你给我吃，我给你吃。"教师微笑着请这几名幼儿给大家演示。看到这几组幼儿两两合作地吃到糖豆，其他幼儿十分向往："老师，我也想玩。""老师，我也要吃。"

此后，操作区里便多了几把长柄的小勺和一两只盘子，盘子里每天都有不断更新的好东西。在很长一段时间里，这是幼儿快乐生活的一个亮点。

评析：

吃糖豆是教师精心设计的一个游戏活动。诱惑的糖豆、长长的勺柄，明确的规则，两人成一组，足见游戏设计的用心。其中，对材料及规则的巧妙利用，蕴含着教师试图通过幼儿切实的操作体验合作的重要性的教学意图。

三、不以预设的目的介入活动的过程

游戏活动，特别是幼儿园的自选游戏活动，与一般常规教学活动最大的不同，就在于游戏更侧重于学习目标的隐蔽化，而集体教学是有明确的预设性目标的。教师对幼儿游戏的介入与指导，带有很强的情境性与随机性。进一步地，游戏活动是以无目的的方式，实现的幼儿更为自然的学习与发展，是更为开放的"大目的"。教师的指导应当善于放弃预设的具体目标，关注幼儿在游戏过程中的体验与效益。

（一）以服从与跟随的姿态"走"在幼儿的后面

在幼儿自由游戏活动中，教师的作用不是引领，而是跟随，要最大限度地避免对幼儿意愿和想法的压制或干扰。当幼儿遇到困难或问题时，或者幼儿向教师发出求助时，教师才可以合理地予以帮助和支持。

 案例评析

做头饰

老师让幼儿做头饰，做好了以后可以戴到头上玩。班里有个小女孩，是全班最小的。她按照纸带上现成的印子粘好头饰后，戴到头上，发现头饰太大了，一下子滑到了脖子上。

这时，她看着孩子已戴着头饰玩起来了，显得很着急；她用眼睛看着老师，希望得到老师的帮助。

但是老师没有走过来，只是远远地看着她，对她笑着点点头。老师的动作和表情使女孩明白老师不会过来帮她做，老师希望她自己解决。女孩低下头继续摆弄头饰，她不时地抬头看一眼老师，老师每次都报以微笑。老师的关注使女孩坚持探索。她尝试着用各种办法来使头饰适合自己，摆弄了许久，还是没有找到解决问题的办法，小脸憋得通红。她求助般地看老师。这时，老师在远处用手对她做了一个"折叠"的动作，小姑娘马上明白了，她把头饰的带子折叠了一小段，使带子短了，而后她高兴地把头饰戴在了头上。老师在远处朝小女孩笑着点点头。

评析：

教师在幼儿游戏过程中，需尽可能地给予幼儿以自主操作和尝试的足够空间。"做头饰"活动中，教师没有在幼儿遇到困难时，就直接去告诉幼儿解决问题的方法，而是先鼓励幼儿自己去解决。在幼儿确实经过自己的努力而仍不能解决的情况下，教师也只是做了个动作的示范，而不是代替孩子完成。这种表面看似"低效"的帮助，对于孩子的发展却是一种更有效的帮助。幼儿只有靠自己的尝试和努力来解决问题才是对问题的真正解决。其背后，是教师对幼儿自己意愿和兴趣的尊重。

（二）不刻意寻求幼儿"玩"的结果或"有效"

"玩即目的"，游戏的价值存在于游戏过程中的身心体验，而不在游戏活动之外。对游戏之外奖惩的期望或担忧会改变活动的游戏性质。幼儿在活动中是否寻求或担忧外部奖惩，与教师干预幼儿游戏的策略有关。如果教师经常使用外部奖惩手段来刺激或"鼓励"幼儿游戏，久而久之，就会造成幼儿对外部奖惩手段的依赖，缺乏活动的内在积极性与主动性，同时也会造成心理气氛的紧张。

四、让儿童获得胜任与满足的体验

在游戏中，幼儿可以自由选择、自行决定游戏的进程。可以通过尝试错误、反复选择找到适合自己能力与兴趣的活动内容和方式方法，不必担心失败或结果的不圆满。一般而言，幼儿在自己的游戏中常常可以获得胜任和满足的体验，这是游戏给予幼儿的自然奖赏，也是幼儿为什么喜欢游戏的原因之一。《专业标准》指出教师要"支持幼儿主动地、创造性地开展游戏，充分体验游戏的快乐和满足"。可见，让幼儿获得胜任与满足的体验，应该是幼儿教师组织和开展游戏活动的基本行为准则。

（一）激励、支持与接纳每个幼儿的每个行为

在班级自由活动过程中，时常会有幼儿游离于游戏氛围之外，表现出心不在焉的表情和无所事事的发呆行为。幼儿教师应当在观察并了解幼儿的基础上，主动而自然地接近幼儿，以激发和引导幼儿游戏兴趣和愿望的产生，并参与到游戏中来。教师应当关注每个幼儿，并以游戏过程中的成功感和满足感，使幼儿全身心的投入。

（二）不求技巧与高难度，注重过程中的快乐与体验

在幼儿出现违反活动常规或者其他明显不当行为的情况下，幼儿教师应当予以出面干预或制止。但不应以角色表演的逼真或不逼真、动作的熟练或不熟练、任务完成的圆满或不圆满等诸如此类的表面效果的好坏，进行人为的干预或指导。教师应当以追求幼儿在游戏过程中能否获得愿望的满足和快乐的体验，作为是否介入或以什么方式介入幼儿游戏的判断依据。

五、力求最大限度地避免"教"的干扰

幼儿园游戏活动，特别是幼儿的自选游戏，体现着寓教于乐、寓教于玩的教育原则。教师对幼儿游戏过程中的指导，应避免成为对幼儿自主探究与尝试的干扰，常常应以隐含和间接的方式而进行，做到对幼儿游戏的自由氛围、自主过程最大限度地呵护与维系。

（一）无为而为，"沉默"常常是最好的"教"

在游戏活动中，教师跑前忙后、指指点点地尽职尽责，常常是教师指导游戏的误区。在幼儿专注于自己或小组的游戏活动时，在没有出现人际纠纷、安全隐患，或其他违反活动常规的情况下，幼儿教师的旁观和沉默行为常常也不失为一种适宜的指导。

（二）以"玩"的节奏而确定"教"的节奏

幼儿教师的指导实现在"教"与"玩"的互动中。恰如一个成人在前面跑而孩子在后面追的游戏，成人的速度是否恰当应以孩子的速度为参照的标尺，教师"教"的节奏应以幼儿的节奏为依据。教师要以平和而自然的心态，学会等待幼儿，提供适宜的条件，给予幼儿充分的时间和机会去感知、想象、探索、思考，允许幼儿在游戏中走弯路甚至犯错误。游戏自主学习的过程，是一个循序渐进的过程。

📚 **案例评析**

丢沙包

冬天到了，幼儿园开展冬季锻炼活动，如丢沙包、跑步等。大班有一位教师认为在丢沙包活动中可以教幼儿学会测量。

于是她把幼儿带到户外。户外的地面是由一块块方形的水泥砖铺成的。她先让幼儿丢沙包，然后问幼儿："怎样才能知道扔得多远？"幼儿回答说："可以数地上的方块。""还可以用什么办法知道呢？"教师说道。

在教师的不断提问和要求下，幼儿举出了可以用棍子、跨步、绳、布条等不同的方法。教师很满意这样的结果，认为教学的目标达到了。然而，整个过程对于幼儿来说，却变得索然无味。

评析：

在丢沙包的游戏过程中，教师意识到测量的教学价值的存在，这是没有问题的。但试图通过这一次丢沙包而完成这个目标，就未免有些急于求成。教师指导的节奏失去以幼儿

游戏的节奏为参照的考虑，就难免会在指导中产生牵着孩子跑的问题。其实，丢沙包的游戏幼儿也不会只玩一次，完全可以循序渐进地、自然地去渗透教学的价值。譬如，第一次，可以在方砖铺就的场地上进行，幼儿回答出可以数地上的方砖而说明丢的远近，就已经足够了。

过些时日，可以在没有方砖铺就的场地上丢沙包时，再让幼儿想出其他的方法来测远近。在游戏指导中，教师需始终尊重和关注幼儿在游戏中自主体验的空间和机会。

六、努力消除可能的不安全因素

安全是游戏促进幼儿发展的基础与前提。自主游戏的活动过程，是幼儿全身心自然而充分的施展与解放，但也常常容易发生意外伤害的现象。幼儿园游戏活动的组织与开展应避免一切可能危及身心健康和安全的隐患存在，幼儿教师应当努力消除可能存在的不安全因素。

（一）在环境创设环节中确保幼儿的安全

幼儿教师应从环境布置与材料选择的组织工作中，确保游戏条件提供的安全性。室外游戏场地以及运动设备要进行定期的安全检查，给幼儿选购的玩具以及提供的各种活动材料也要确保安全与卫生。如游戏材料和玩具的涂色、原料及填充物应无毒无异味，容易洗晒；带声响的玩具，声音要和谐悦耳，避免噪声；带毛和口吹的玩具应卫生。玩具还应绝对保证儿童的安全，预防一切可能引起的伤害。带有硬的尖角和锋利边缘的粗糙玩具，不要提供给幼儿。另外，具有发射能力的枪炮、弓箭等玩具也暗含不安全因素。

（二）在活动常规的制定与执行中确保幼儿的安全

幼儿教师应制定与执行班级活动及游戏活动的一般常规，其中要有确保活动安全的内容和要求。如在运动性活动中，要求幼儿在一开始进行准备活动环节；在同伴合作游戏过程中，要禁止幼儿在出现纠纷时发生肢体冲突；在操作或移动有关用具或材料时（如剪刀），让幼儿掌握正确的操作和使用方法；制止幼儿私自携带有危险因素的玩具等。

幼儿活动及游戏安全常规的切实执行，需要幼儿教师对幼儿游戏活动及过程有敏锐的关注与觉察。如儿童口含铅笔学飞机奔跑；用捡来的真的旧注射器玩打针；把大积木塑堆得很高仍往上爬；推倒他人的搭建物，搞破坏；为争抢角色或玩具用语言或身体攻击其他幼儿；用有发射功能的玩具枪射向同伴等，出现这些情况，教师必须及时、有效地阻止和引导，而这就需要教师对游戏中的幼儿随时予以关注和观察。

（三）提升幼儿自我保护的意识与技能

确保幼儿在游戏活动中的安全，最根本的途径是幼儿园日常的安全教育。幼儿教师在日常的教育实践中，要切实培养和提升幼儿自我保护的意识和技能。幼儿具有自觉远离危险事物的安全意识，不做危险的动作和事情，并掌握活动过程中自我保护的技能与方法，就可以最大限度地降低和避免伤害发生的可能与概率。幼儿自我保护的意识与技能的培养，需要幼儿教师在可以掌握的范围内，精心设计并放手大胆地组织幼儿学习自我保护的锻炼活动，而不是过度保护和一味地限制幼儿活动的自由。

七、以观察获得自我专业成长的基点

游戏中的幼儿身心发展状况全面而自然地呈现，观察幼儿游戏是幼儿教师了解儿童、解读儿童的最佳途径之一。幼儿教师不仅把对幼儿的观察作为对游戏进行指导的前提，更应把对幼儿的观察作为自身专业成长的基本途径。

（一）在观察中了解和研究幼儿

幼儿教师应重视对幼儿游戏的观察工作，并在对幼儿游戏进行切实观察的过程中，获得对于特定年龄幼儿身心发展特点和规律的感性素材与第一手资料，同时也将获得不同幼儿个体的个性特点、经验水平，以及发展上的优势领域，掌握幼儿发展的个别差异。幼儿教师在观察中，也应善于发现幼儿发展中容易出现的问题以及个别幼儿身心发展的特殊需要。

（二）在观察中寻求教育机制与专业智慧

对于幼儿游戏的观察、了解和研究，是生成幼儿教师教育策略与方法的基础和根源。幼儿教师应学习从观察中发现幼儿发展中的问题及根源，并能够发现和寻求适宜的教育策略与方法，使观察成为增长自身教育机制和专业智慧的现实基础与有效途径。

 案例评析

"没有鸡腿"引发的思考

这一天，各个游戏区正有序地忙碌着。小卖场的赵春艳和戴金秋两个女孩子是今天的"营业员"。一开始，比较清闲，两个人正友好地相互帮助系好围裙，戴好头巾，满意地相视一笑。

刚收拾妥当，费须洋就急匆匆地从"娃娃家"拎个篮子跑来说："我要两个鸡腿，我们家来客人了要吃肯德基。"赵春艳说："好的，我拿给你。"结果找了半天没有找到，架子上只有整鸡，就是没有鸡腿。戴金秋还算机灵说："用鸡代替鸡腿行不行啊？""不，我一定要鸡腿。"费须洋说道。赵春艳急忙附和："整鸡很好的，它有两个鸡腿还有一对鸡翅呢。"可是费须洋不答应："我们家的客人说只要吃鸡腿，不要吃鸡翅。"两个"营业员"你看我，我看你，没办法了。

正当她们一筹莫展时，赵春燕突发灵感，跑到积木区很快拿了两个"鸡腿"跑来了："鸡腿来了！"原来她用圆形的积木插在长条形积木上，成了所谓的"鸡腿"。费须洋先是一愣，马上兴奋地说："好的，可以吃鸡腿了。"说完还笑呵呵地做出啃鸡腿的样子，终于满意而归了。

评析：

以往提供的游戏材料成品较多且具有明显特征，停留在形象逼真、外观美丽上，这在一定程度上限制了幼儿的发散性思维，创新意识缺乏。如逼真的电视机、电冰箱、娃娃床铺、桌椅，很自然地摆在一起，成了"娃娃家"。电视用来观看，冰箱在家用来放东西，床铺用来给娃娃睡觉，无形中老师的定式作用限制了幼儿的思维，幼儿只能玩单一枯燥的游戏，更谈不上趣味了。由于没有及时提供一些可操作的材料，在游戏中我们发现幼儿缺少以物代物的能力。

案例中的费须洋是个个性比较鲜明的幼儿，比较有自己的主见，他态度坚决地坚持主见："我就要鸡腿，不要整鸡。"他的执着给两个"营业员"制造了一个难题，这就考验了幼儿在游戏中想象、创造以及以物代物的能力。赵春艳为了满足"顾客"的需要，积极地附和戴全秋的提议拿整鸡代替鸡腿，但是"顾客"不答应。陷入困境的游戏马上就玩不下去了，赵春艳的突发灵感及时地解决了问题。从这点看来，她的游戏能力在孩子中间处于比较好的水平，具有较好的沟通能力，会提议、附和，想办法解决难题。在第一个办法不奏效的情况下，想到了以物代物的办法，终于让"顾客"满意而归。两个"营业员"在送走了费须洋之后流露出了愉快满足的表情。看得出，她们体会到了游戏的快乐、困难解决后的轻松。游戏的经验和水平在解决问题的过程中得到了提升。

我国《专业标准》提出：幼儿教师应当"掌握不同年龄幼儿身心发展特点、规律和促进幼儿全面发展的策略与方法；了解幼儿在发展水平、速度与优势领域等方面的个体差异，掌握对应的策略与方法；了解幼儿发展中容易出现的问题与适宜的对策"。可以说，幼儿教师对于幼儿游戏进行观察，是实现这种专业要求的基本途径和有效方法。

综上所述，从给予幼儿选择的机会与权利，贯彻幼儿的自主学习原则，到不以预设的具体目标介入指导，关注胜任与满足的体验，尽量避免"教"的干扰，到确保活动的安全，再到以观察寻求教师的专业成长等，这些游戏活动指导的实践要领和行动原则，所体现出的是幼儿教师在游戏活动教育实践中所应遵循的专业性要求和行为准则，同时也构成幼儿教师职业道德在幼儿游戏活动过程中的具体行为规范。在一定意义上，幼儿教师的职业道德其实就是一种专业道德。幼儿教师职业道德的旨向与水准就在于它对幼儿教育实践的专业理念和专业立场及信念的维护、支持及坚守。幼儿园游戏活动教育场景下，教师职业道德的价值实现其实就是对幼儿游戏教育的专业化理念与实践规范的秉持和践行。

📝 思考与练习

1. 游戏对于幼儿身心发展的促进作用表现在哪几个方面？
2. 游戏活动对于幼儿教师职业道德的基本诉求是什么？
3. 幼儿园游戏活动组织形式有哪些？

✏️ 课证融通

1. 某幼儿园正在开展游戏活动，教师王某活动前反复提醒小朋友注意安全，活动中也一直在旁边组织、观察、保护，但意外还是发生了，小明在跳跃时摔伤手臂，王某马上将小明送到医院检查，经医生诊断，小明右手臂骨折。应对小明所受伤害承担责任的主体是（　　）。（单选题）

A. 幼儿园

B. 教师王某

C. 小明的监护人

D. 幼儿园和小明的监护人

2. 当教师以"病人"身份进入小班"医院"时，有 6 位"小医生"同时上来询问病情，每个孩子都积极地为教师看病、打针，忙得不亦乐乎，结果，老师一共被打了 6 针。对小班幼儿这种游戏行为最恰当的理解是(　　)。(单选题)

A. 过于重视教师的身份

B. 角色游戏呈现合作游戏特点

C. 在游戏角色的定位上出现混乱

D. 角色游戏呈现平行游戏的特点

第七章

家园合作中
的幼儿教师
职业道德

★ 本章导读

　　家庭是儿童出生后的第一个生活环境，也是幼儿园重要的合作伙伴。家庭在儿童身心和谐发展中的独特作用，决定了幼儿教师应与幼儿家长密切配合，综合利用各种教育资源，共同为幼儿的全面发展创造良好的条件。2001年颁布的《幼儿园教育指导纲要（试行）》（以下简称《指导纲要》）中也明确提出，"家庭是幼儿园重要的合作伙伴，应本着尊重、平等、合作的原则，争取家长的理解、支持和主动参与，并积极支持、帮助家长提高教育能力"。由此可以看出，做好幼儿园和家庭的合作，是幼儿教师的一项基本工作，在此过程中，教师应遵循基本的职业道德原则，自我约束个人的相关行为，正确处理好家园合作中的各种关系，进而促进幼儿身心的健康发展。

◎ 思政小课堂

　　家庭对幼儿成长起着至关重要的作用，如果没有家长的密切配合、团结协作，幼儿园教育就难以达到理想的结果。家园合作就是以家长为主体的家庭与以教师为代表的幼儿园之间的相互作用关系。经验告诉我们，家庭与幼儿园之间的联系越紧密，关系越积极，越有利于幼儿的发展；相反，家庭与幼儿园之间缺乏必要的联系，或者相互之间背道而驰，则会对幼儿的发展产生消极的影响。因此，幼儿教师在面对家长和处理与家长的关系时应该严格地践行自己的职业道德要求和行为规范。

第一节　家园合作中幼儿教师的职业道德地位与原则

一、幼儿教师职业道德原则的内涵

　　在道德规范体系中，幼儿教师的职业道德原则是教师在幼儿教育劳动过程中，处理个人与国家幼儿教育事业、个人与幼儿园、个人与同事、个人与幼儿家长等各种关系中应遵循的最根本的行为准则。它是教师道德社会本质的集中体现，是社会对幼儿教师职业行为总的道德要求。作为指导幼儿教师职业道德生活的最高准则，幼儿教师的职业道德原则在职业规范体系中居于主动地位，"统率着教师的全部职业活动，为教师的道德修养和人格塑造指明总的方向和目标"。但它不是对幼儿教师每个职业行为做出的具体规定，而是对从事幼儿教育活动的教师具有广泛指导性和普遍约束力的指导性原则，是具体的师德规范和范畴的依据。

二、家园合作中幼儿教师职业道德原则的地位

　　幼儿教师职业道德原则是教师在幼儿教育的实践过程中认识和处理各种社会关系与道德关系的基本原则，它具有4个方面的核心特征：①本质性，教师职业道德原则是教师职业道德的社会本质最直接、最集中的反映，是教师职业道德区别于其他各种不同类型道德的最根本、最

显著的标志；②基准性，教师职业道德原则是教师在道德实践中进行道德教育、道德修养、道德选择和道德评价时必须遵循的基本准则，对教师的道德行为具有普遍的约束力；③稳定性，教师职业道德原则具有较强的抽象性和概括性，在较长的时间内会保持相对的稳定性；④独特性，幼儿教师的职业道德原则既不同于其他职业类型的道德原则，也在很大程度上不同于其他阶段教师的职业道德原则，拥有属于自身的独特特征。

幼儿教师职业道德原则集中反映了教师职业道德的本质，对幼儿教师的道德实践具有重要的指导意义。幼儿教师在开展家园合作的过程中，只有自觉地遵循基本的职业道德原则，才能顺利解决家园合作中的基础性问题和各种不可预料的矛盾，进而推动家园合作中各项工作的顺利开展。幼儿教师职业道德原则对幼儿教师的家园合作工作具有普遍的约束力，在家园合作活动中处于核心地位。

三、家园合作中幼儿教师的职业道德原则

（一）尊重家长，热情服务

家长作为独立的社会成员，他们拥有作为一般成人的尊严和权利。尽管在家园合作中，家长是作为幼儿园合作方的身份参与活动的，但作为一名幼儿教师，应充分尊重每位幼儿家长的合作需求、为人处世的方式、幼儿教育的理念与方法等，并注意倾听他们的真实想法，尊重他们的合作意愿，使每位家长意识到他们是家园合作中有价值、有能力、不可缺少的合作成员，从而激发他们乐意合作的兴趣和愿意为家园合作付出劳动的愿望。

1. 尊重家长的不同需要，热情对待家长的不同问题

每位幼儿都是独立发展的个体，都有不同于其他幼儿的身心发展的独特性。正是因为每个幼儿的需要、兴趣、性格、能力、学习方式等各有不同，因此，家长对幼儿的期望、对教师的要求、对家园合作的内容也常常表现出明显的差异性。作为一名幼儿教师，不能因家长的特殊需要或过多的要求而对家长产生不满或厌烦的情绪，更不能因此冷淡或逃避这些家长。应该热情、认真地听取家长的想法和意见，尊重每位家长的不同需求，从每个家庭的差异性特点出发，因家庭而异地进行有针对性的指导工作。

2. 尊重家长的话语权，耐心接受家长的合理建议

家长在家园合作中享有正当的话语权。但是在日常的幼儿园教育实践中，往往出现一边倒的现象，即教师是绝对的权威，家园合作中的众多事宜均由教师说了算，家长只处在被动地接受和配合的位置上。这不仅剥夺了幼儿家长在家园合作中的话语权，而且忽视了家长在幼儿教育中的作用和价值。

实际上，家长与幼儿朝夕相处，对幼儿的爱好、兴趣、性格、脾气等了如指掌，家长最能客观、真实地呈现幼儿在家中的自然表现，而教师也正是借助家长的语言描述来获取幼儿在园外的真实状态。因此，幼儿教师应尊重家长的话语权，并充分发挥家长的教育作用，让幼儿家长乐意、主动地参与到幼儿园家园合作的工作中来。比如，通过小型家长座谈会，让家长谈谈教育自己孩子的心得体会，让家长去教育家长；欢迎家长走进幼儿园的日常生活，全面了解幼儿在幼儿园内的一日生活状况；邀请家长参与幼儿园管理，成立家长委员会和家长伙食委员会，

积极为幼儿园教育献计献策，发挥广大幼儿家长的监督作用等。

3. 尊重家长的特殊需要，主动帮助家长解决问题

针对部分家长的特殊需求，幼儿园也应根据家长的实际情况，与家长充分沟通，拿出可行的方案，尽量满足家长的需求。如果家长的个别需求确实超出了幼儿教师的能力范围，则可以站在家长的角度，一起为家长出主意、想办法，让家长感受到教师的关心和尽力解决问题的诚意。

（二）平等合作，责任共担

家园合作要求幼儿教师要以平等的心态对待幼儿家长，不能以自己是专业教育工作者，比家长懂得更多的教育知识、具有更强的教育能力自居，更不能以居高临下的指挥者身份指挥家长，双方之间应是平等的、相互配合与合作的关系。这样的关系决定了幼儿教师应在家园合作中平等对待不同类型的幼儿家长。

首先，要平等对待自身条件不同的家长。不论家长从事什么样的职业，具有什么样的文化程度，也不论家长的社会地位如何，经济条件怎么样，都要一视同仁，不偏不倚。

其次，要注意尊重不同发展水平幼儿的家长。教师应关心每名幼儿，不仅是那些聪明的、听话的、活泼可爱的、漂亮的幼儿，也应关心那些行为异常、调皮捣蛋、自控能力差、学习能力不强、进步缓慢的幼儿，这既是教育公正对幼儿教师的内在要求，也是幼儿教师职业道德的基本原则。因此，教师应从思想上对所有幼儿家长一视同仁，不能因为喜欢或不喜欢、关心和不关心某些孩子而把情绪自然迁移到幼儿家长的身上，更不能以头脑中不客观形成的无形标签对某些家长过度热情、迁就，而对部分家长则毫不客气，甚至以指责和训斥的方式进行家园沟通。每位教师都应该清楚地认识到，每个幼儿都是独特的、与众不同的，教师不能因幼儿自身的差异而采用不同的方式对待他们的家长。特别是对于某些有身体残疾或者心理发展有障碍的幼儿家长，更需要给予更多的尊重和指导。

最后，要尊重持有不同意见的家长。有的家长喜欢提意见、反映问题，而有的家长则十分挑剔。尽管如此，教师在家园合作中都不能简单地敷衍了事，更不能置之不理地消极对待。无论对于何种类型的家长，幼儿教师都应平等、耐心地听取他们的想法，以宽厚的胸怀来接受家长的不同意见，以积极的态度和方法来改变家长的埋怨，然后做出相应的解释或处理。而对于正确的意见，则应虚心地接受。

（三）保护隐私，维护权利

幼儿教师作为幼儿在园生活中的重要他人，作为一日生活的直接组织者和实施者，对幼儿家庭的诸多情况都比他人了解得全面和广泛。但作为一名教师，应该拥有保护幼儿家庭隐私的意识，对诸如幼儿父母的工资收入、婚姻状况、家庭成员、电话号码等属于家庭内部的信息，不能不经家长的同意随意公开，也不能随意传播可能破坏幼儿原有生活秩序和家庭安宁的家庭隐私。在很多情况下，教师本人可能不是故意的，但由于其对于保护幼儿家庭隐私意识的缺乏，常常会给幼儿的健康成长及幼儿家庭的和谐带来无法避免的伤害。

第二节　家园合作中幼儿教师的职业道德规范

一、幼儿教师职业道德规范的内涵

幼儿教师职业道德规范是依据幼儿教师职业道德原则，协调和调整幼儿教育过程中的各种利益关系，判断幼儿教师行为是非善恶的具体职业道德标准。"它是教师职业道德原则的展开和具体化，比教师职业道德原则更直接、更具体地指导和评价教师的教育行为，是构成教师职业道德体系的基本因素。"相对于职业道德原则，职业道德规范是派生出来的，它从属于职业道德原则。

幼儿教师的职业道德规范不是简单的、个别教师职业道德行为和道德关系的反映，而是客观的社会要求和教师的主观意识相统一的产物。一方面，幼儿教师职业道德规范有客观的社会基础。幼儿教师作为一名社会成员，他需要按照一定的社会道德要求来处理自己同他人以及社会的关系，由此决定了教师职业道德规范在本质上是对一定社会关系的反映。同时，教师职业道德规范是通过对本质特殊利益和要求的概括来折射社会和阶级道德的影响的，是在特定的职业实践基础上形成的。所以，它是一定的社会经济关系和从教育职业活动的各种道德关系中产生出来的对教师道德的客观要求，其内容具有客观性。另一方面，幼儿教师职业道德规范具有教师个人的主观因素。幼儿教师职业道德规范作为一种自觉的行为准则，又是人们对客观存在的幼儿教师道德要求的认识，具有主观的形式。也就是说，幼儿教师的职业道德规范是在"广大教师的教育职业活动实践基础上产生的，通过一定的主观思维形式和社会途径又回到职业生活的社会实践中去指导教师职业活动的行为准则。因此，它是客观的社会要求和人们的主观意识的统一"。

二、家园合作中幼儿教师职业道德规范的指向范围

我国著名的幼儿教育家陈鹤琴先生曾指出："幼儿教育是一种很复杂的事情，不是家庭一方面可以单独胜任的，也不是幼儿园 方面可以单独胜任的，必须两方面结合方能达到允分的功效。"而国内外已有研究也表明，家园合作对于幼儿的健康成长起着重要作用：它可以使幼儿的来自两方（幼儿园、家庭）的学习经验更具一致性、连续性、互补性；可以使幼儿获得安全感，学习一种参与社会生活的积极态度；可以多方开发幼儿教育的资源；可以为教师和家长、家长与家长之间提供一个交流和经验共享的机会。家园合作的重要性，决定了幼儿教师在家园合作的过程中承担着多方面的工作。

（一）培养家长的合作意识

幼儿园要帮助家长树立正确的合作观念和合作意识，使家长认识到家园合作不是出于偶然的需要，更不是当孩子出现问题时才联系。家园合作是一项长期性、经常性的工作，幼儿教育并不仅是幼儿园的单方教育，而是家园双向的共同任务。在家园合作中，幼儿园方面应发挥更多的主动性、主导性，争取家长的理解和配合。同时，也可以通过发放宣传资料、创办宣传栏、开展家庭教育讲座、家长会等方式，向家长宣传科学育儿的知识及家长在幼儿发展中的

重要作用，帮助家长认识到家庭与幼儿园的合作伙伴关系，提高家长主动参与幼儿园教育的积极性。

（二）帮助家长树立正确的幼儿教育观念

家长的教育观念决定着家庭教育的内容、方法和教育的效果。许多家长因缺乏正确的教育理念而存在着不同程度的家庭教育误区：过于溺爱幼儿而忽视了孩子独立能力的发展；过于重视智力开发而忽视了非智力因素的培养；过于关注幼儿的学习结果而忽视了学习的过程……幼儿教师应主动用科学的育儿观念和方法去引导家长，改变家长不正确的教育理念和急功近利的教育方式，通过家长学校、家长论坛、家长专题辅导等多种形式，帮助家长树立正确的儿童观和教育观，使家长端正认识，了解幼儿的学习特点，掌握幼儿的发展规律，充分认识到幼儿教育的基础性和不可逆转性，既不能对幼儿放任自流，也不能娇惯溺爱、专制独裁，协助家长建立良好的亲子关系，创设民主平等的家庭教育环境。

（三）引导家长了解家庭教育的主要内容

幼儿园要借助家园合作的平台，向家长有目的地介绍有关家庭教育的主要内容，使家庭和幼儿园在教育内容上能够保持一致。比如，在幼儿的健康教育方面，教师可以引导幼儿家长注意培养幼儿良好的生活习惯，使幼儿能按时睡觉，自己整理床铺，饮食定时定量，养成不挑食不偏食的好习惯；在卫生习惯方面，养成饭前便后洗手，保持服装、环境干净整齐，学会正确的站、走、读、写等姿势；在自我保护方面，帮助幼儿了解必要的安全知识，不害怕打针吃药等；身体锻炼方面，鼓励幼儿参加户外活动，提高幼儿健康水平。

（四）指导家长掌握科学的教育方法

幼儿园要向家长传授保教幼儿的基本知识，帮助家长掌握幼儿保健、营养、心理教育的技能，学会运用正确的方法教养孩子。如在营养方面，可以通过"家长园地"的展示，向家长介绍食物搭配指南；在能力锻炼方面，可以通过"家长座谈会"或"经验交流会"，引导家长之间彼此学习好的教育方式，发展孩子多方面的能力；在日常生活方面，可以通过"家长讲座"的形式，引导家长改变对孩子事事包办的错误做法，放手让孩子学习整理自己的玩具、物品，注重独立性的培养。

三、家园合作中幼儿教师的职业道德标准

（一）对家长以诚相待，以礼相见，互敬互重

"幼儿园教职工要主动热情接待家长，耐心周到服务，及时做好家长工作，尊重家长，平等地对待每位家长；帮助家长树立正确的教育观、儿童观；虚心听取家长意见和建议，不以粗鲁言行对待家长"等，是较多幼儿园制定的教师行为规范中的明确要求。这些要求表明，幼儿教师在家园合作过程中应拥有强烈的服务意识，主动与家长联系，及时与家长沟通，主动发挥自身的主导性作用。

幼儿教师在家园合作中主导作用的发挥，首先，应建立在教师和家长人格完全平等的基

础之上，两者之间不存在尊卑、高低之别。特别是幼儿教师，不能自恃有较高的专业知识而轻看家长的意见和做法。这样做既违反了人际交往的平等原则，也不利于沟通、合作目标的顺利达成。其次，教师不能以民族、性别、地域、经济状况、职务、职业等原因偏袒或歧视幼儿家长。最后，在与家长交流的过程中，教师应营造和谐的互动氛围，态度要谦和，举止要礼貌，对幼儿的表扬要中肯，对家长提出建议时语气要委婉，可以使用诸如"这样做会不会好一些？""我们不妨这样试试看？"等家长易于接受的话语，而不是居高临下地指责："你是怎么教孩子的？""别人家的孩子都可以按照教师的要求来做，你们家的孩子为什么就不可以？"这样的语言只会增加教师与幼儿家长之间的距离，不利于在家园合作过程中形成教育的合力。

（二）虚心倾听家长意见，不挫伤家长的感情，不随意指责训斥家长

作为教师，不能随意训斥、指责幼儿家长，也不能使用侮辱性语言贬低幼儿家长的人格，更不能做伤害幼儿家长感情的事。否则不仅损害了幼儿教师的形象，还极易造成教师与家长之间的隔阂甚至对立，甚至可能引起幼儿对教师的不满和恐惧。任何教师，无论他具有多么广博的专业知识和丰富的实践经验，都不可能把多样化的幼儿教育工作做得完美而不出差错，而且随着家长学历和教育水平的不断提高，他们的许多见解和经验也值得教师借鉴和学习。因此，教师应放下"教育权威"的架子，在家园合作中，主动向家长征求意见，虚心听取他们的批评和建议。这样做，既能使家长感到教师可亲可信，从而真心诚意地支持和配合教师的工作，又能树立教师的威信，不断改进自己的家园工作。

（三）客观反映幼儿在园表现，不以个人偏见夸大对幼儿的评价

"金无足赤，人无完人"，发展中的幼儿更是如此。对幼儿在园的表现，教师应不掺杂个人的主观想象，采取报喜亦报忧的方式，客观反映幼儿在园的情况，切忌片面夸大对幼儿的评价。这种夸大会导致评价结果的失真，降低家长对教师的信任，甚至会质疑幼儿教师的专业性。一般来讲，教师在向家长汇报幼儿的发展状况时，可以采取先扬后抑的方式，即先肯定幼儿某些方面的进步再指出其存在的问题。比如，雯雯今天能独立吃完一份饭菜了，进步很大，但与其他小朋友交往时，偶尔会出现一些攻击性行为，我们希望能够与家长配合，共同帮助孩子改掉这个不良习惯，以便使孩子今后更加健康地发展。这种先扬后抑、为后续表达进行铺垫的方式较容易为家长接受，是家园合作中教师不可忽视的沟通技巧。

（四）不以任何理由向家长索要财物和额外的报酬，以教谋私

廉洁从教是幼儿教师应遵循的基本职业道德规范，也是教师正确处理好利益与事业之间关系的基本条件。但在幼儿教育的实践活动中，有极少数的教师喜欢利用职务之便，向家长索要额外的报酬，以教谋私。教师的此类行为容易带来家长的额外担忧：如果不送上这份所谓的"心意"，教师有可能对自己产生不满，还有可能为难和刁难孩子，于是，为避免麻烦的出现和对孩子的潜在影响，家长只得寻找各种借口和理由向教师进行"表示"，或不情愿地"自觉"送上所谓的"心意"，以希望获得教师对自己孩子的特殊关照。

然而，幼儿教师的职业道德规范明确要求：为师者应当以德为重，廉洁从教，廉洁自律。

家园合作是幼儿教师工作的一项基本内容，是教师分内之事，教师不能把它看成商品交换的过程，更不能把它作为一种交易而借职务之便变相向家长索要财物和报酬，而是应该自觉抵制某些社会不良风气的影响，遵循幼儿教师的职业道德原则，坚守基本的职业道德规范，以免因迷失方向而陷入不良道德发展的误区。

（五）不利用家长的地位和身份做教育之外的事情

日常生活中，人们经常会把教师比作"春蚕"、"红烛"，把教师看成太阳底下最光辉的人，但仍然有个别教师借助家园合作的名义，利用家长的地位和身份为自己"谋福利"、"捞实惠"。如某幼儿教师在即将结婚之际，利用幼儿家长房管局局长的身份，不仅购买到了某单位的内部购置房，而且希望家长为其找装修团队对房子进行装修。该家长为了能够得到教师对其孩子的一些特殊照顾，增加"感情分"，很不情愿地承担了从设计到装修材料，甚至家用电器的全部费用。该幼儿教师的行为不仅损害了幼儿教师的形象，而且严重违背了幼儿教师的职业道德。幼儿教师是幼儿成长过程中的关键人，是幼儿日常模仿的对象，这种利用家长权力谋取个人私利的行为，极大损害了幼儿教师在家长心目中的形象，对幼儿纯洁的心灵带来不良的潜在影响。

第三节　家园活动中的幼儿教师职业道德规范

家园活动是家园合作的具体体现，家园合作正是通过多种类型和多种方式的家园活动实现的。幼儿教师作为家园活动中的具体组织者和实施者，在家园活动中起着举足轻重的作用，而幼儿教师在家园活动中职业道德行为的规范，是家园活动顺利开展的重要保障。

一、家园活动的基本含义及类型

（一）家园活动的基本含义

家园活动是家园合作的具体体现方式，是幼儿园与幼儿家庭双方通过多种类型和多种方式的家园活动实现家园合作目标，有效促进幼儿身心健康发展的途径。广义上讲，家园活动指的是幼儿园和幼儿家庭通过多种形式和途径，在各种场合下进行的互动与交流活动。

（二）家园活动的基本类型

家园活动主要分为正式途径的家园活动和非正式途径的家园活动两种基本类型。

1. 正式途径的家园活动

正式途径的家园活动，是指由幼儿园整体有计划组织、由幼儿教师具体执行的比较正式的与幼儿教育相关的活动，这类家园活动具有一定的周期性，次数相对较少。家长开放日、亲子活动、家长联席会、育儿经验交流会、家庭访问等均属于正式的家园活动。

2. 非正式途径的家园活动

非正式途径的家园活动，是指幼儿教师与家长沟通互动中随机性地进行的家园活动。这类家园活动由幼儿教师或者幼儿家长发起均可，方式灵活多样。如入园离园时段的谈话、日常性的电话沟通、网络联系、家长园地等，均属于非正式的家园活动。

二、常见的家园活动方式

（一）家长座谈会

家长座谈会指的是以幼儿园名义召开的，以班级为集体的家园联席会议。从时间上分，主要包括开学前的家长会、学期中的家长会和学期末的家长会。开学前的家长会一般会在学期初召开，主要目的是向幼儿家长集中介绍幼儿园在本学期的工作计划和安排。对于新入园的幼儿家长主要介绍幼儿园的生活常规、幼儿入园后可能会出现的问题以及希望家长做好幼儿入园的相关准备工作等。学期中的家长会主要向家长通报开学以来幼儿园的教育工作、幼儿的发展情况、下半学期的工作重点和将要开展的主要活动等。学期末的家长会主要是在学期结束时向家长汇报整个学期幼儿园的工作、幼儿的整体发展状况及对家长工作的感谢等。

（二）家庭访问

家庭访问指的是幼儿教师对幼儿家庭个别进行的经常性的家园活动方式。该方式目的明确，针对性强，灵活多样且有效性较强。家访前，教师要对幼儿家长的职业、工作单位、文化程度等有所了解，事先确定好家访的主题，与家长约好时间，考虑好家访的方式，预防告状式、谴责式、浏览式的家访，并注意不要触及家长的隐私，以获取家长的信任。

（三）电子信息交流

电子信息交流主要指的是通过电话或计算机网络交流进行的信息化的家园活动方式。相比其他方式，电话与计算机网络交流更方便、快捷，是现代家园沟通的重要渠道。幼儿教师可以随时通过电话或微信方式告知家长幼儿在园的情况，幼儿园近期的活动安排以及需要家长参与的活动等，而家长也可以通过电话向教师了解幼儿的近期表现，咨询教育幼儿的相关问题。伴随着计算机网络的逐步普及，很多幼儿园也开始充分利用网络的功能，如微信、QQ、钉钉、腾讯会议、MSN、E-mail、微博、个人空间、班级空间等方式开展家园合作的活动。有的幼儿园还建立了自己的网站，把有关幼儿园的制度、幼儿教师个人情况、幼儿学习情况、幼儿园的工作动态等公布在网站上，方便家长随时了解幼儿园和幼儿的学习、生活。有的幼儿园网站上建立了家教论坛，不同幼儿家长通过在网络平台上的言语互动，达到与幼儿教师和其他家长共同交流经验的目的。多形式的交流方式可以拉近家长与幼儿园之间的距离，增强幼儿教师与家长的情感交流，建立友好的合作关系，从而使幼儿教师与家长为了幼儿的成长真正走到一起。

三、常见家园活动中的幼儿教师职业道德标准

家园活动的最终目的是通过幼儿园与幼儿家庭双方的交流与合作，更好地促进幼儿身心全面和谐发展。能否科学合理并且规范有效地开展家园活动，幼儿教师个人专业素养和道德修养的高低起着不可忽视的作用。然而，家园活动作为一种社会性的人际交往活动，必然要

求活动的双方必须遵循一定的道德行为规范，尤其是作为主要实施主体的幼儿教师，更应自觉遵守基本的职业道德规范，通过对相关活动中个人行为的自我约束，确保各项家园活动的顺利进行。

总的来讲，幼儿教师职业道德规范主要包括以下内容：一是要模范遵守宪法和其他各种法律法规，依法进行教育教学活动；公正执教，平等对待每个幼儿，坚守大义，发扬奉献精神，廉洁自律，自觉抵制各种非正当利益的诱惑，努力培养自律的自觉性，从小事做起，不取不义之财，持之以恒。二是要热爱幼儿，不断进取。三是要遵守公德，如举止文明、助人为乐、见义勇为、自尊和尊重他人、诚实守信、遵纪守法等。四是要尊重家长。五是要注重礼仪，即幼儿教师要注重个人仪容、举止文明、表情自然大方且热情诚恳、用语礼貌，另外服装服饰也应整洁得体。六是要以身作则，为人师表，模范遵守社会公德，语言规范健康，严于律己，作风正派，注重身教。归结起来，幼儿教师要有高尚的道德情操，即要求幼儿教师忠诚于人民的学前教育事业，具有爱岗敬业、无私奉献、勇于创新的精神和热爱幼儿、公正无私、追求真理的道德境界以及正直诚实、和蔼善良、勤奋坚毅的道德素质和宽容谦虚、克己自制、乐于合作的道德修养，有健全的人格，做到身体力行。

具体到不同的家园活动中，对幼儿教师职业道德行为规范要求的侧重点又有所不同。以下将依据不同活动的不同特点，分别具体介绍常见家园活动中幼儿教师应遵循的基本职业道德规范。

（一）家长座谈会中的幼儿教师职业道德规范

家长座谈会是较正式、有组织且规模相对较大的家园活动，具有集体性且持续时间较短的特点。家长座谈会一般是以一对多或者多对多的交流方式进行。在此类家园活动中，幼儿教师应遵循以下的职业道德规范。

1．认真负责，工作做到实处

认真负责、工作细致是爱岗敬业的体现，可以更为具体地体现在座谈活动的各个环节之中。比如，座谈会前的准备工作要充分，班级教师共同商讨，一起分析班级每名幼儿的基本情况，客观评估幼儿目前的发展情况，根据班级各项工作一起制定家长座谈会的方案与流程；按照家长座谈会方案，召开班级会议，做好工作分工，包括总责任人、物料准备负责人、接待家长的负责人等分工，要求责任到具体的人、具体的完成时间点、具体的标准要求等。通知家长参加座谈会应确保所有幼儿家长明确相关信息，可以通过短信或者电话方式通知到每位家长，也可在家长接幼儿时口头确认或者当面沟通。在座谈会后，按照方案中明确的措施和责任人，做好应有的改进工作，按时间节点完成；完成后，要及时填写工作记录并以文稿形式存档，以备后续沟通时使用；全部改进结束或主要问题改进结束后，通过约访或电访与家长沟通相应问题的解决方案，针对如何实施向家长进行讲解，以赢得家长的认同。

2．尊重家长，主动与家长沟通

苏霍姆林斯基曾指出："学校和家庭作为并肩工作的两个雕塑家，有着相同的理想信念，并朝着一个方向行动。要知道，在创造人的工作上，两个雕塑家没有相互对立的立场是极其重要的。"也就是说，尊重幼儿家长对于幼儿园教育的成功有着极其重要的意义。尊重幼儿家长一方面能够帮助其发挥教育潜能，能够较容易地在幼儿教育方面与其达成共识；另一方面有利于解决与幼儿家长之间的一些矛盾。另外，尊重是人的基本心理需求，只有教师和家长双方彼此之间相互尊重、真诚相待，才能使双方产生愉悦的情感体验，才会有和谐关系构建的基础。

比如，在通知家长参加座谈会时，使用的语言应简洁明确、礼貌诚恳："××家长，您好！本班定于××××年××月××日××点在××地方举行新学期家长座谈会，请您准时参加！谢谢您的配合！"座谈会会场的布置也应注意营造良好的交流氛围，如保证会场的整洁干净，播放舒缓的轻音乐，幼儿园门口竖立黑板，标有温馨提示的书写，幼儿教师在门口提前等待家长，并用温和的话语问候家长："家长，您好！欢迎您来参加家长会！请到这边签到。"引领家长落座时，可以礼貌引导："家长，您好！请到这边入座。"待座谈会结束后，教师还应主动与家长沟通，了解家长需求，听取家长建议，并做好相应的记录工作。

3.公平公正，廉洁自律

幼儿教师应做到平等对待所有幼儿家长，避免根据家长的职务、地位、经济收入等而区别对待。作为幼儿的家长，他们除承担幼儿父母这一角色外，还同时扮演着其他的社会角色，从而拥有不同的社会职责和社会关系。正因为如此，部分幼儿教师会出于私心，热情对待地位高或富有的家长而冷落地位相对较低或者较为清贫的家长；部分幼儿教师由于喜欢某个幼儿而对其家长和颜悦色，而对于调皮捣蛋、不服管教的幼儿的家长却疾言厉色；还有部分幼儿教师带着个人情感与自己喜欢的幼儿家长积极交流，而冷落年迈或者不善表达的幼儿家长；等等。这些都是违背幼儿教师职业道德规范的行为，应在家长座谈会的过程中尽量避免。

（二）家庭访问中的幼儿教师职业道德标准

家庭访问是家园活动中常见且有效的互动方式，也是要求相对较高的一对一的交流方式。其在幼儿教师职业道德行为规范方面的要求相对也更高。具体包括：尊重家长意愿，约定访问流程；恪尽职守，明确交流目的；注重礼仪，善用交流技巧等。

1.尊重家长意愿，约定访问流程

家庭访问相对其他方式的家园活动，有其特殊性，它是一对一、较深入、有针对性的家园合作活动。一般情况下，家庭访问活动的场所以在幼儿家中为宜，以便幼儿教师更全面地了解幼儿的家庭生活环境。家庭是私人的生活空间，而深入的一对一交流，更需要幼儿家长有足够的时间和各方面的提前准备，因此，家访活动的进行与否、进行时间、持续时间和活动的大致内容都应事先与幼儿家长充分沟通，充分征询幼儿家长并尊重其意愿，同时也要有一定的工作技巧便于家长接受。比如，电话预约时，应选择合适的时间，避开家长可能的工作和休息时间，还应简洁、清楚地自我介绍："家长您好！我是××幼儿园的教师（自报家门），请问您是×××的家长吗？新学期您的孩子即将入园，为了更好地对您的孩子提供个性化的照顾和教育，也为了让孩子在开园前熟悉教师，我们将对您的孩子进行家访（提出访问的内容）。请问，您在明天下午××点至××点有时间吗？（在对方同意的情况下定下具体的时间、地点，注意避开吃饭和休息时间）"如家长对家访有抵触情绪，就不要做硬性要求，可以改为邀请幼儿家长选择到园约访。如果是当面预约，则一定要用征求意见的方式与家长平等沟通："家长您好！为了让您更加全面地了解近阶段您孩子的发展情况，同时我们也可以深入了解孩子在家的一些情况，我们将对您的孩子进行家访，不知道您是否有时间？您何时更加方便？"

2. 恪尽职守，明确交流目的

恪尽职守是指教师应时刻谨记作为幼儿教师的本职工作，是为了孩子的一切，尽职尽责地做好家访中各个环节的工作。如家访前，应全面分析家访对象幼儿的特点及家长特点（是何职业、是否有禁忌或少数民族等），确定家访的重点内容，做到准备充分后，再进行家访，以确保家访的效率和质量。

明确交流目的是指家访活动不能盲目或者出于其他与幼儿教育无关的目的（如满足一己私利的目的）进行。幼儿教师应十分清楚进行家访的最终目的，即与幼儿家长友好协作，在合力中共同促进幼儿的健康发展。阶段性的目的则可以视具体情况而定。但无论开展何种形式的家访活动，都应注意紧紧围绕家访的目的进行，避免偏离主题、交流时间过长等现象的出现。

3. 注重礼仪，善用交流技巧

注重礼仪是家访活动顺利进行的保障，也是幼儿教师职业道德规范的要求之一。正式家访出发前，教师可再次电话确定，确保幼儿家长有较为充分的准备。到达幼儿家门口时，应注意按门铃（慢慢地按，隔一会儿再按）和敲门的礼仪。如敲门时，一般用食指敲门，力度适中，间隔有序，敲三下，等待回音。如无应声，隔一小会儿，可稍加力度，再敲三下。如有应声，再侧身立于房门开启一侧，待门开时再向前迈步进入。与家长沟通时，目光应注视对方，微笑致意，不可心不在焉、左顾右盼。如果家长是年长者，则应在家长入座后自己再坐。

家访是一对一、面对面的交流，因此，教师的交流技巧对家访目的的达成起着关键作用。比如，称呼要得体，得体的称呼会使家长感到亲切；语气要委婉，尽量避免用命令、警告、责备、提意见、训话的口吻与家长对话，这样容易使家长产生防御心理。教师应用热情、关心、委婉的语气和家长平等对话，如果能加上风趣幽默的语言，则更能使家访气氛融洽、和谐、轻松。另外，教师还应正确运用非语言技巧，主要包括面部表情、身体动作、手势、空间位置、穿着打扮等。面带微笑、手势恰当、握手有力、姿势大方端庄、穿着得体等非语言技巧的恰当运用，有助于家访工作的顺利开展。

幼儿教师在与家长沟通交流时还应该注意一些细节。比如，可以从幼儿在园的突出表现导入本次话题，分析幼儿年龄特征及性格变化，让家长感觉到教师是很用心地对待幼儿，对幼儿了解很全面，超出家长的期望，这会自然地拉近教师和家长之间的心理距离。教师在提及幼儿在园的生活时，应从幼儿生活的多角度进行分析，打消家长的顾虑，并尽量使用描述性的语言而非判断性的语言，避免使用很生僻的专业术语；深入沟通时，要让家长充分感觉到教师的专业与细心，赢得家长的信任；了解家长的想法时，注意与家长进行情感交流，突出对幼儿的关爱及重视，让家长切实感受到教师是站在家长的角度为孩子着想，进而主动向教师介绍幼儿在家的真实情况。

教师在开展家访工作时，宜多采用鼓励、赏识的方式进行，切忌采用告状式、指责式家访；家访的内容宜全面、多样，切忌片面、单一。家访活动是双向性的交流活动，教师应注意给家长留有充足的交流时间，并宜采用启发式的语言，切忌武断地妄下结论；宜平等尊重，忌居高临下，横加指责。家访过程中，教师应主要围绕幼儿的发展教育情况展开交流，重点询问有关幼儿的情况而不要过多谈论其他幼儿或者他们的父母，保守其他幼儿的家庭秘密。

（三）电子信息交流中的幼儿教师职业道德规范

随着电子和信息技术的飞速发展，我国开始进入信息化的网络时代。但网络社会虚拟、交互以及开放的特点，使现实社会中的职业道德规范在网络社会中逐步失去了其原本的强大约束力。而利用电子信息技术和终端设备与幼儿家长进行互动活动，借助网络工具开展家园合作活动已经成为家园合作的新方式，并呈现出越来越常态化的趋势。

电子信息资源丰富而多样，而电子信息产品也更是种类繁多、简单快捷。充分利用电子信息资源和电子信息产品开展家园合作的活动，一方面能拉近与幼儿家长的距离，促进相互之间更好地沟通交流与协作；另一方面能及时快捷地与幼儿家长直接沟通，从而保持双方信息交流的通畅性，促进幼儿教师与家长的共同协作。例如，幼儿因突发性的疾病无法来园，幼儿家长可以通过电话和微信及时告知情况，幼儿教师也可以通过电话或微信及时了解幼儿的真实情况，做出相应的回应与帮助。

电子信息技术和电子信息产品的使用具有明显的两面性，恰当地运用可以更好地促进家园活动的进行，而盲目不合理地使用却常常带来意想不到的不良后果。幼儿教师职业道德规范则借助内部力量，确保电子信息交流类型的家园活动能够有效顺利地开展。

1. 时刻保持公平公正之心和坚守大义的道德情操

电子信息技术和电子产品的使用，一方面便于教师和家长自由地了解与沟通，另一方面容易在交流活动中，不自觉地带入私人情感和个人情绪。如因个人好恶而对幼儿家长采用不同的对待方式；借用甚至滥用幼儿家长的职权为自己谋取私利等。为此，教师在开展电子信息交流活动中，应理性地坚持教师的道德底线，坚守教师的职业道德规范，时刻保持公平公正之心和坚守大义的道德情操，以获取家长的信任从而保证今后此类活动的顺利进行。

2. 尊重家长的隐私权

电子信息技术及其产品的使用，可以使幼儿教师掌握幼儿家长更多的私人信息和家庭资料。但幼儿教师应有警觉意识和道德约束力，避免有意或无意地把幼儿家长的信息透露给其他家长、个人或群体，给幼儿家长带来不便甚至不可挽回的损失。

3. 确保交流信息的及时性、准确性与真实性

电子信息的虚拟性容易造成真假善恶的无法辨别。在进行电子信息交流时，教师应尽量确保双方交流信息的及时性、准确性与真实性，做到表里如一、诚实守信。如幼儿在幼儿园或者在家里受到某种程度的损伤但却没有明显反应时，幼儿教师也应坦诚告知家长幼儿的实际情况，以免因不能及时关注或进一步诊断而导致幼儿受到潜在的更大伤害。

✎ **思考与练习**

1. 幼儿教师职业道德规范的内涵是什么？
2. 幼儿教师职业道德规范内容是什么？
3. 家园合作中幼儿教师的职业道德原则有哪些？

课证融通

1. 加强教师职业道德建设是（　　　　　）的根本。

2. 加强教师职业道德修养，必须以（　　　　　）教育为核心。

第八章

幼儿教师
职业伦理

★ **本章导读**

　　德国哲学家康德曾经说，"有两样东西，我们愈经常愈持久地加以思索，它们就愈使心灵充满日新月异、有加无已的景仰和敬畏：在我之上的星空和居我心中的道德法则"。幼儿教师职业道德规范，是幼儿教师进行职业活动时依据教师职业道德的基本原则和幼儿教育的本质特征，在调整幼儿教育过程中的各种利益关系时所应该遵循的共同行为准则，是评价幼儿教师行为是非善恶的具体标准，也是幼儿教师在专业领域内合理行使其专业权力以完成专业职责与使命的一整套伦理标准和规范，主要包括对幼儿教师职业的道德信念与责任，以及对儿童及与其有关的教养者的伦理责任。

◎ **思政小课堂**

　　道德是我们生活中普遍而又特殊的现象，而伦理学则以这一现象为研究对象，对人类自身的生活进行自觉省思和哲学思辨，体现了人类完善自我、完善他人和社会的道德愿望与理性思考。而我们对幼儿教师职业伦理的考察，就从什么是伦理开始。教育对象的特殊性对幼儿教师的职业道德提出特殊的要求。因而，幼儿教师职业道德规范既要遵循教师职业道德的基本原则，又要体现幼儿教育的本质。幼儿教师职业伦理是幼儿教师专业成熟的重要标志，也是推进幼儿教师专业化的一个重要维度。幼儿教师要勇于摒弃旧事物、接受新事物，要敏锐地了解新思想，认真地研究新理论，主动、迫切地学习新知识，开拓进取，更新观念，始终站在时代的潮头，才能"百尺竿头，更进一步"！

第一节　职业伦理与幼儿教师职业伦理

一、伦理的界定

　　在日常生活中，人们经常把"伦理"和"道德"作为可以相互代替的概念，或者往往把"伦理道德"联系在一起使用，从这个意义上来讲，"伦理"和"道德"的含义是相通的。在西方，源于古希腊文"ethos"的"伦理"和源于古希腊文"mores"的"道德"都有习惯、品格以及风格等含义。但是，在严格的意义上，这两个概念还是有所区别的。

　　"道德"一词既是指根本的行为准则，也是指人的品性和最高的精神境界。而"伦理"一词最早见于《礼记·乐记》："乐者，通伦理者也。"也就是说音乐对于陶冶品性、疏通人伦具有作用。单字来解，"伦"字"从人从仑"，即人的辈分关系、人伦秩序。"理"的本意是治玉，即雕琢玉石，"玉之未理者为璞，剖而治之，乃得其鳃理"。所以，"理"是指事物内在的道理。"伦理"则是指人们在处理相互关系时的规范、准则。孟子将基本的人伦关系概括为5种：君臣、父子、兄弟、夫妇和朋友。而处理和协调这5种关系的行为准则为："父子有亲，君臣有义，夫妇有别，长幼有序，朋友有信。"这"五伦"也成为此后中国两千多年传统道德的"伦常之理"和核心内容。伦理作为调节、处理人与人之间道德关系的道理，不仅反映着个人与群体、群体与群体之间的行为规范，而且是道德的理论形态和哲学思考。

关于伦理的分支有很多，包括职业伦理、政治伦理、商业伦理、科技伦理、经济伦理、医学伦理、网络伦理等，而在明晰了伦理的概念后，下面来探讨职业伦理。

二、职业伦理

法国社会学家涂尔干曾经说过，职业伦理与公民道德是结合在一起的，现在的职业伦理就是一种"公德"规范。职业伦理，简而言之，就是以辛勤工作为行为基础的一套价值，它是通过将普遍的道德理论与原则直接应用到具体的社会实践领域中去，从而形成与不同的职业之独特的任务相对应的特殊的责任、义务与行为规范。

一般来说，职业伦理是由职业伦理关系、职业规范、个人德行和职业伦理秩序4个要素组成的。具体来说，职业伦理包括职业理想、职业态度、职业责任、职业技能、职业纪律、职业良心、职业荣誉以及职业作风8个方面。

职业理想也称事业理想，是指人们对自己未来职业的选择和向往，以及在职业活动中所追求的事业成就和奋斗目标，是职业道德的灵魂。随着年龄的增长、社会阅历的增多、知识水平的提高，职业理想会由朦胧变得清晰、由波动变得稳定。

在生活中经常有这样一种误区，认为职业理想和日后的理想职业是画等号的，其实则不然。个人的能力、职业理想与职业岗位的最佳结合才是我们所说的职业理想，它对个人以后的职业生涯起着导向、调节和激励的作用。近年来，全国各地出现了持续不下的"考公务员热"，很多年轻人把公务员作为了自己的职业理想，认为工作就是"每天一张报纸一杯茶"。其实，人们应正确理性地看待公务员的工作。公务员职业与其他职业相比有其优势，但也并不意味着每天喝喝茶水、看看报纸就是其工作常态，与其他职业一样，也需要出差、值班这样的辛苦付出。无论是对待哪一种工作，树立正确的职业理想都是十分必要的。

职业态度是指个人对职业选择所持的观念和态度。其中，劳动价值观念、受教育的程度、文化专业技术水平、劳动能力、兴趣爱好等是影响职业态度的最主要的因素，而职业态度的养成也有赖于家庭教育、学校教育、社会教育以及自我教育的合力。

积极的职业态度是实现职业理想的必要条件。拥有良好职业态度的人一般具有以下特征：积极、主动、努力、毅力、乐观、细心、耐心、爱心、责任心。

职业责任是指人们在一定职业活动中所承担的特定的职责，它包括人们应该做的工作和应该承担的义务。从业人员要认识到自己所担负的责任，把它变成自己内心的道德情感和信念，并转化为良好的职业行为。

职业技能是指从业人员从事职业劳动和完成岗位工作应具有的知识文化水平、技术熟练程度和解决各种问题的能力。崇高的职业道德不仅表现为自觉履行职业责任、实现职业理想的愿望，还表现为高超的职业技能。

职业纪律是指为了维持职业活动的正常秩序，保证职业责任的履行，人们在从事职业活动时，必须遵守的规矩和准则。它常常表现为规章、制度等形式，如商业的"柜台纪律"、部队的"军人条例"、学校的"教师守则"等，都是职业纪律。

职业良心是指在履行职业义务的过程中，人们内心所形成的职业道德责任感和对自己职业道德行为的自我评价、自我调节能力，是一定的职业道德观念、职业道德情感、职业道德意志、职业道德信念在个人意识中的统一。职业良心是职业人员对职业责任的自觉意识，是一种"道德自律"。

职业荣誉是指对职业行为的社会价值所做出的公认的客观评价及正确的主观认识。如果职业劳动者认真履行职业义务并做出了贡献，会得到社会的肯定与褒奖；而社会的肯定和褒奖又会反过来强化这种行为，促使职业劳动者更加认真地履行职业义务，做出更大的贡献。

职业作风是指职业劳动者在其职业实践和职业生活中所表现的一贯态度。如果一个职业集体有了优良的职业作风，就能互相教育、互相影响、互为榜样、互相监督，使好的思想、好的行为品质得到发扬，使不良的思想、行为、品质得到坚决抵制。

对职业伦理有了初步的感知后，要阐释教师职业伦理中的幼儿教师职业伦理。

三、幼儿教师职业伦理

（一）幼儿教师职业伦理的内涵

由前文所述，伦理和道德相比较而言，它约束的对象是社会关系和在其中互动的人，更加强调的是社会关系和群体规范。因此，幼儿教师职业伦理是指幼儿教师在从事教育教学这一工作时应该遵循的基本伦理规范和行为准则，它以教育职业劳动的特殊性教育规律为出发点，以幼儿教师的道德意识、道德关系、道德规范和道德实践活动为研究对象。

1966年联合国教科文组织（UNESCO）和国际劳工组织（ILO）通过的《关于教师地位的建议》中，教师职业早就已经被认定为一种专业，并且在目前教师专业发展的趋势之下，教师"职业道德"逐渐要向"教师职业伦理"转变。

幼儿教师职业伦理具体来说，也包括职业理想、职业态度、职业责任、职业荣誉等几个方面。

其中，幼儿教师职业理想是指忠于幼教事业，努力做一名优秀的幼儿教师。这也要求幼儿教师必须做到热爱教育事业、热爱幼儿、献身幼儿教育事业，不断提高自身素质。

幼儿教师职业良心是指其在教育劳动中对教师责任的自觉意识，是教师在自觉履行教书育人的义务过程中所形成的道德责任感和自我评价能力；是教师道德观念、道德情感、道德意志和道德信念在教师意识中的有机统一，是教师的社会道德义务经过教师职业道德规范转化为教师内心准则和教师品德的结果。作为幼儿教师，职业良心最重要的要求是高度的责任心和真诚的爱心。

幼儿教师职业荣誉是指对其职业行为的社会价值做出的公认的客观评价和主观意向。它包括幼儿教师自我意识的荣誉和社会客观评价的荣誉两个方面。

幼儿教师职业幸福是指幼儿教师在教育工作实践中，以自己出色的劳动实现幼儿身心全面发展的目的和理想而得到的精神上的满足。

（二）幼儿教师职业伦理的必要性

幼儿教师职业伦理是幼儿教师专业化过程中至关重要的组成部分，"服务对象的特殊性"以及"职业角色的特殊性"决定了幼儿教师更需要职业伦理。幼儿教师职业伦理能够帮助教师不断反思，强化幼儿教师抗拒不道德的行为。对内规范幼儿教师的专业行为，对外保护受教育者的权益，并且提升社会对幼儿教师职业的认同度。

1. 服务对象的特殊性需要幼儿教师的职业伦理

美国儿童心理学家艾森伯格曾经说过，当一个工作团体对其服务对象的权威或影响力越大时，伦理就越重要。因此，当执行某职业行为对服务对象或专业人员的风险越大时，就越需要专业伦理的规范。

一般而言，服务的对象越弱小，工作人员对服务对象所具有的权力越大，就越需要内化的约束力，工作人员的职业伦理规范就越重要，以免形成权力的滥用。幼儿教师的主要服务对象是幼儿。幼儿教师对幼儿的影响力已不再局限于德、智、体、美、劳几方面，由于幼儿的"向师性"，教师的一言一行对幼儿都有着潜移默化的影响。当幼儿教师的行为欠妥或失当的时候，幼儿基本上无力改变或修正教师的行为，除非教师自身觉察到自己的不良或错误行为并及时改正。职业伦理规范可以帮助幼儿教师客观公正地看待自己的所作所为，积极地为幼儿的身心发展起到正确的引导作用。

幼儿教师的服务对象还包含同事、家长及所在的社区。每一个服务对象都有其特殊性，其需求也不尽相同，甚至有时还会互相抵触。比如，教师与部分幼儿家长在价值观、教育观等方面均有很大的差异，当教师与各服务对象的需求和利益相互冲突时，伦理规范的存在便能协助教师理清服务对象的重要次序，并以其中最重要的服务对象——幼儿的利益作为最优先考虑的因素，采取最适宜的解决问题的方法。

2. 职业角色的特殊性需要幼儿教师职业伦理

幼儿教师是非常辛苦的职业，而在生活中由于受到传统观念的影响，在不少人的心目中，幼儿园只是母亲、祖母或保姆照顾孩子职能的一种替代或延伸，对其教育价值缺乏充分的认可和重视。甚至有些即将走上工作岗位的学前教育专业的毕业生对自己的专业也并不认同，如果毕业能进小学就不想进幼儿园。由此可见，除家长以及周围人的看法外，部分学前教育专业的同学对自己专业的认同感也较低。而专业伦理规范有助于维护幼儿教师自身的专业认同感，最重要的是提升幼儿教师职业的社会认同度。

幼儿教师的工作对象是学前儿童，而学前阶段在人的一生发展中占据着重要的位置，因而相对于小学以及中学老师来说，幼儿教师需要承担更多的责任和全方位的工作，要有更多的耐心、爱心、细心。幼儿教师不仅要促进幼儿智力及能力的发展，同时也要担负着日常保育的责任。在此过程中，幼儿教师可能会不自觉地逾越角色界限，充当家长或代替家长，甚至干涉家长的施教方式，引发幼儿园和家庭之间的教育理念、方式冲突。加强幼儿教师职业伦理规范，有助于避免或者减少诸如此类冲突的发生，并可进一步明确幼儿教师的角色界限和职责范围。总之，教师职业伦理的构建有助于促进幼儿教师职业的专业化和整个幼儿教师队伍的建设。

第二节　幼儿教师职业伦理的专业性特征

　　幼儿教师职业伦理与幼儿教师专业伦理既有联系又有区别。幼儿教师专业伦理是幼儿教师在专业领域内与专业活动和行为有关的伦理规范，属于教师职业道德的范畴，是教师职业发展至特定阶段——成为一种专业之后才有的，是职业道德发展的高级阶段。幼儿教师的专业伦理偏重于专业层面，用于约束执行专业相关活动的教师团队，它强调成员对伦理条例的自觉遵守，不具有法律的强制性、义务性和制裁性，监督机制以专业团队的内部监督为主。

　　职业伦理是通过将普遍的道德理论与原则直接应用到具体的社会实践领域中去，从而形成与不同的职业之独特的任务相对应的特殊的责任、义务与行为规范，其内容一般而言都是明确的、稳定的，是与非、对与错，无可争议。幼儿教师职业伦理是指幼儿教师在从事教育教学时应该遵循的基本伦理规范和行为准则，它以教育职业劳动的特殊性教育规律为出发点，以幼儿教师的道德意识、道德关系、道德规范和道德实践活动为研究对象。很长一段时间以来，幼儿教育一直被认为与专业无缘，与之相应的幼儿教师的专业性也难以得到社会承认，他们常常被定位为"保姆"、"孩子王"的角色。随着幼儿教育事业的不断发展和学术研究的不断深入，对于幼儿教师这一职业而言，其专业道德发展由强调抽象、模糊、未分化的师德走向具体、明确和专业化的伦理规范是大势所趋。不难看出，幼儿教师的职业伦理必然具有一定的专业性特征。

一、尊重孩子，热爱孩子

　　"尊重孩子，热爱孩子"是从幼儿教师与幼儿的关系维度来表现幼儿教师职业伦理的专业性特征。师幼关系是教师与幼儿在教育过程中建立的一种伦常关系。它是幼儿教育过程中最主要的人际关系，是教师职业伦理规范中最基本、最重要的关系规范，如果两者的关系处理不当将会直接影响幼儿的身心健康。

　　幼儿教师应该尊重幼儿，发自内心地热爱幼儿，这不仅仅是构成有效师幼互动的基础，而且也能极大地促进幼儿的身心健康发展。幼儿教师的爱对幼儿的身心发展有着重要的影响。

 案例评析

何老师对幼儿的爱

　　在日常生活中，何老师常常注意观察孩子们的需要，碰到有困难的孩子就给予帮助，就像慈母一样，尤其是年龄越小的幼儿，越需要得到成人的关爱。

　　在学期初，由于孩子们刚离开家庭进入一个陌生的环境生活，免不了产生恐惧、不安的情绪，甚至会出现哭闹、不愿意上学的现象。于是，何老师就主动和孩子交朋友，和他们一起玩玩具，对个别哭闹的孩子不嫌弃，而是体谅他们的心情，耐心地哄他们，并组织有趣的活动吸引他们。

　　平时，何老师还喜欢摸摸孩子的头，拍拍孩子的肩，每天高高兴兴地对着孩子笑一笑，和他们说说话，在活动中和孩子们一起游戏，在交谈时低下身子和孩子一样高，尽量去除可能引起他们胆怯、恐慌的各种因素。

逐渐调整心理，使幼儿在何老师的微笑中体会爱，让何老师的爱去安抚童真的心灵。渐渐地，何老师发现幼儿总是甜甜地对着她笑，总是喜欢围在她的身边。

评析：

没有爱就没有正确的教育，只有爱孩子，才能真正地理解孩子，体谅孩子，更有效地教育孩子。爱建立在尊重的基础上，只有这样才能敲响"平等"的大门，形成和谐、平等的关系，创造孩子的一块自由"领土"，拉近彼此间的距离，使教师与孩子能成为真正的朋友。

当幼儿教师真正地以幼儿的视角，让幼儿参与、让幼儿自主探究，这样才达到了真正意义上的尊重幼儿。幼儿教师在与幼儿的接触过程中，要善于倾听与观察幼儿，认真分析与判断幼儿的行为，并且对其行为进行支持与引导。总之，只有幼儿教师积极调整自己的角色定位，尊重幼儿，才能营造轻松愉悦的心理互动氛围，幼儿在这样的环境下，才能获得最大程度的身心健康发展，这也是幼儿园教育最本真的目的所在。

二、严于律己，全面发展

"严于律己，全面发展"是从幼儿教师如何处理好与自身的关系维度来呈现幼儿教师职业伦理的专业性特征。教师处理好与自身的关系规范是顺利执行专业相关活动的基础。这就要求要做一个学习型的、有智慧的、充满幸福感的、专业的幼儿教师。

人道主义在教师与自身的关系领域的要求，是处理好"作为人的教师"和"作为教师的人"两者之间的关系。在中国的传统文化里，教师被奉为礼的化身、道的代表、德的典范，享有超出一般教育学意义的至高政治伦理地位，与"天、地、君、亲"一起，是要上厅堂的供奉之位的。在现代的文化观念里，教师还是人们的学习榜样，是模范，是师表，是"路标"，是"航标灯"。再加上幼儿本身所具有的"向师性"，很多幼儿教师成为幼儿首选的模仿对象，包括幼儿教师的穿着以及行为等各个方面。

然而在现实生活中，教师集体是由单个个体组成的，千差万别的个体自然就会有千差万别的教师形象，有优秀的幼儿教师，也一定会有平庸的幼儿教师，甚至是误人子弟的幼儿教师；有勤奋上进的幼儿教师，也一定有安于现状的幼儿教师，甚至是得过且过的幼儿教师。过于伦理化、理想化、一元化的教师形象弱化了教师作为道德主体以外的其他角色，只重社会责任、道德自律和理想人格，忽略了教师的自我价值、个性解放和生命自由。人道主义原则要求教师将作为"人"的一般性和作为"教师"的特殊性统一起来，成为更完善的个体。正如联合国教科文组织在《教育——财富蕴藏其中》中所述，假如把牺牲性的行为看成只对别人有意义而对自己毫无意义的行为，这恰恰意味着自己只不过是一件工具而不是一个显示着人的价值的人，如果一个人自身是无价值的，那么他所做的牺牲也就成为无道德价值的贡献。这就要求我们从另外一个新的角度去审视幼儿教师，去看待两者更好的结合；也就要求幼儿教师在严于律己的基础上，要成为一个有幸福感的幼儿教师，成为一个工作着、学习着、享受着的幼儿教师。

另外，幼儿教师与中、小学教师相比，有其自身的专业特殊性，对其专业素质的要求更加全面。根据《幼儿园教育指导纲要（试行）》（以下简称《指导纲要》）对幼儿教师专业素质的要求，考虑学生个体素质的多元化发展和自我完善，结合教师自身专业技能的性质特点，可以把学前教育专业学生的教师专业技能划分为一般教育技能、基本教育技能和复合教育技能 3 个层面。主要表现为做一名"八会"、"五能"的"六心"级幼儿教师。

首先，"八会"，即会说、会写、会画、会唱、会弹、会舞、会做、会用。会说：主要指能正确使用普通话，并积极指导幼儿说普通话；能用准确、规范的语言组织教育教学活动，做到语言清楚、生动、流畅；普通话达到二甲水平。会写：主要指能写规范、端正的铅笔字、钢笔字和粉笔字，提倡学写毛笔字；会写教育计划、教育笔记、观察记录和教育总结等；会创编简单的儿歌、故事等。会画：主要指掌握绘画技能，会教幼儿绘画并共同布置环境；会写美术字；会选择优秀的美术作品、适合幼儿欣赏的自然景物，陶冶幼儿的审美情操。会唱：主要指掌握基本的唱歌技能；会正确、有感情地教唱幼儿歌曲。会弹：主要指能认识简谱、五线谱；至少会用一种键盘乐器（钢琴、风琴、手风琴、电子琴），正确、熟练地演奏幼儿歌曲；能自弹自唱。会舞：会跳一定数量的幼儿舞蹈，会编排简单的幼儿舞蹈，能教授幼儿舞蹈的基本动作和节奏等。会做：能用各种材料（主要是废旧物品）制作教具和玩具。会用：能操作、使用现代化教育设备（录音机、投影仪、计算机、录像机等），会使用幼儿园的各种图书、资料及其他各种教育设施设备。

其次，"五能"，即观察、记录、分析幼儿活动的能力，制订教育、教学计划的能力，组织教育活动的能力，做好幼儿家长工作的能力，进行教育科学研究的能力。

观察、记录、分析幼儿的能力包括经常性地、有计划地对本班幼儿进行观察，了解幼儿的发展状况；及时做观察记录，并进行合理的分析评估。

制订教育、教学计划的能力包括根据幼儿园的总要求，结合本班特点和幼儿个性特点，制订班级教育计划（包括学期、周、日计划和教学计划等）；设立明确、具体，切合实际的教育目标，有利于幼儿发展；正确、恰当地选择教育内容，重点突出；紧扣目标制定切实可行的教育措施，取得较好的教育效果。

组织教育活动的能力包括善于组织教学活动，灵活运用各种教学手段，指导幼儿使用学具和操作材料，启发幼儿的创造思维，培养幼儿的动手能力；有效地指导游戏活动，充分利用一切条件合理安排游戏环境，保持幼儿愉快的情绪，促进幼儿身心健康发展；合理安排幼儿一日生活，坚持保教结合，培养幼儿良好的生活习惯和自理能力。

做好家长工作的能力包括会主持家长会，较全面、准确地向家长反映幼儿在园情况，听取家长意见；主动了解幼儿在家情况，宣传科学育儿知识，共商教育措施，做好教育工作。

进行教育科学研究的能力是指根据工作需要自行确定和设计简单的教研课题，改进教育方法，撰写教育论文和专题文章。

最后，"六心"，即爱心、耐心、热心、细心、童心和责任心。其中，爱心是幼儿教师职业道德的核心。耐心主要表现为当被孩子们问"为什么"时，要不厌其烦、耐心地引导孩子自己去发现。热心不仅表现为教师在幼儿园一日活动中对幼儿的关注，而且在日常与家长的接触中，要热情地与家长交流孩子在幼儿园中的具体表现，使家长更进一步地了解孩子。细心主要是幼儿教师在琐碎的一日生活中对幼儿进行各种教育时所流露出来的积极心态。童心主要指幼儿教师能够以孩子的心态去发现美，更好地从另一种角度去了解孩子，积极地与孩子进行沟通，进而成为孩子们的好朋友。责任心主要指的是幼儿教师的职业操守，只有具有高度的责任心，才能使儿童免受身体和心理上的伤害。责任心是一个优秀的幼儿教师不可或缺的重要品质。

三、团结同事，公平竞争

"团结同事，公平竞争"是从幼儿教师如何处理好自己与同事关系的维度来呈现幼儿教师职业伦理的专业性特征。教师与同事的关系，主要包括教师与教师、教师与领导及教师与教辅人员之间的关系。

幼儿教师在处理与同事的关系时最重要的是要具有团队精神。团队精神突出表现在教师处理与同事的关系时必须相互协作、共同发展，然而在具体工作实践中，这种协作道德的培养并非易事。"文人相轻"、"专业个人主义"使教师之间的合作较一般社会成员更为不易，教师不愿意观察和干预别人的工作，也不愿意被观察和被干预。尤其在幼儿园的教育教学活动中，甚至在本园以及与其他园组织的教育教学以及技能竞赛中，部分幼儿教师独立备课并且坚持独立成功的做法，对其他教师采取不干涉的态度，严重影响到幼儿教师整个团队的团结。

在幼儿园的实际工作中，教师之间的分歧也是一种必然存在的现象。例如，有的幼儿教师把幼儿园工作看作一个纯粹的谋生职业，而有的幼儿教师则认为幼儿教育的工作不仅是一个职业还是一项教书育人的崇高事业，可以从工作中得到快乐和幸福。由于看法的不同，大家在工作时，情绪上存在差异，对待孩子的态度也会存在差异，很容易产生分歧、矛盾等。此外，两个幼儿教师在一个班级合作，如果任由自己的性格行事，不顾他人的感受，也会产生分歧和矛盾。如果在教育观念上存在差异，也很容易导致教师之间产生分歧与矛盾。例如，有的教师认为对待孩子应把要求都提得清清楚楚，班级一定要形成良好的日常规范。但有的教师认为要给孩子自主与自由的空间。这样，一方觉得对方是没有爱心，另一方则觉得对方是放纵，双方之间容易出现分歧。有的教师教学能力较强，教学要求也相对较高，而有的教师教学水平相对较弱。当双方合作时，一方达不到另一方的要求，双方又缺乏有效的沟通，也很容易产生分歧和矛盾。此外，一起共事的教师很可能性格、气质不同，很容易产生教育教学方式上的差异。尤其是两个性格比较急躁的人，相比较而言似乎更容易产生分歧和矛盾。

面对这样或者那样的分歧，应该知道同事之间发生矛盾是一种中性的社会现象，它的结果很大程度上取决于我们如何看待和管理它。一个冲突如果管理得当，就可以促进幼儿教师间的相互理解，使教师之间学会更好地相处与合作，增强教师间的凝聚力；如果处理不当，就会产生相反的结果。而团队精神要求幼儿教师之间能够团结互助、互相激励、携手并进。日常教学和工作中同事之间的分歧和矛盾并不可怕，更重要的是如何积极采取措施化解矛盾。

首先，应该坚持原则，同时也需讲究技巧。在原则性问题上，正确立场就应该坚持，但必须讲究技巧。要避免和同事公开对立，激烈争辩并不可取。

其次，注重沟通，相互理解。沟通是门艺术，但沟通首先要学会选择适当的时机，不要在事情正在发生时与他人对峙，而要在双方都冷静下来后进行沟通，这样效果会更佳。

再次，要学会尊重别人，以平等的姿态与他人沟通，在沟通的过程中学会换位思考。

最后，要有豁达胸怀，忘记过去。同事之间的矛盾，往往都是一些鸡毛蒜皮的小事。所以，要学会忘记过去的不愉快，不要因为小事而耿耿于怀。

四、加强合作，实现双赢

"加强合作，实现双赢"是从幼儿教师如何处理好自己与家长关系的维度来呈现幼儿教师职业伦理的专业性特征。在我国的教育中，教师与家长的关系历来被人忽视，家长依赖教师就是一种典型的表现。他们将孩子发展、培养的责任完全交付给教师，认为教师足以挑起这一重任。在这种依赖心态下，家长通常认为只要把孩子交给教师，就意味着把孩子的发展与进步的责任转交给了教师，从品德发展到能力培养、从学习到生活，一切都是教师的责任。那么，依此类推，幼儿教师以及幼儿园的任何失误都会使家长感到失望，不但影响教育的效果，还影响着教师以及幼儿园的形象。

《指导纲要》指出："家庭是幼儿园重要的合作伙伴。应本着尊重、平等、合作的原则，争取家长的理解、支持和主动参与，并积极支持、帮助家长提高教育能力。"这赋予了现今家长工作的全新内涵——家园共育。与此同时，幼儿教师与幼儿家长和谐融洽的合作关系就成了一切工作开始的基础。

幼儿教师面对的不仅是千差万别的孩子，还有千差万别的幼儿家长。每个幼儿不仅有直接的家长"父母"，还有与之关系密切的其他"家长"，像爷爷、奶奶、姥姥、姥爷等，要与众多的幼儿家长相处融洽，确实是一件很重要也很艰难的事情。

幼儿教师在处理与幼儿家长的关系时，应主要做到以下几点。

第一，及时调整心理角色。在生活中，确实有很多教师反映与幼儿相处比较自然，而与家长相处时则常常感到有些为难。因为家长是生理、心理都比较成熟的成年人，而且具有丰富的人生经历和相当的社会经验。这就需要教师及时地调整好自己的心理角色，只有这样，才能更好地和家长一起对幼儿的教育问题进行沟通。

第二，掌握必要的家庭教育知识。这样不仅可以提升家长对教师的尊重与信任，而且还可以帮助教师加强与家长的合作。教师要放下架子，鼓励家长参与幼儿园教育；要多肯定家长好的教育方法，积极采纳家长的合理化建议。这样做不但可以帮助教师拓宽思路，而且可以调动家长的主动性、积极性，有利于形成教育合力，使幼儿园教育达到事半功倍的效果，促进家长与教师之间的合作，密切家园关系。

第三，发挥主动作用，增强彼此的信任感。事实上，很多家长是带着"顾虑"送孩子去幼儿园的，对教师心存很多"顾虑"，还有不少家长怕得罪老师，有意见也不敢提——毕竟孩子还要老师继续教，如果老师要报复家长，给孩子"穿小鞋"怎么办？诸如此类的顾虑很多。对此，教师要主动了解家长的顾虑，抓住需要沟通的问题，选择恰当的时机、方式，开诚布公地与家长交流看法，并以实际行动及时消除顾虑，取得家长的信任。

第四，抵制不良风气，保持高尚人格。例如，有的家长出于对孩子教育的重视或者受社会不正之风的影响，给幼儿教师"送礼"，当然也确有家长是为教师对孩子真诚的爱所感动，主动给教师送礼物以表示感谢。那么应该如何处理这些礼物，确实是值得每个教师认真思考的问题。可以肯定的是，幼儿教师不能利用职务之便谋取私利，要避免通过幼儿指挥家长，应遵守人际交往的道德规范；否则不但会降低教师在幼儿和家长心目中的威信，还会影响对幼儿问题的处理。教师要清醒地保持自己人格的高尚，在与家长交往的过程中要端正态度，不搞"权钱"交易，保持教师与家长关系的纯洁性，这是教师与家长进行沟通和交流的基本原则。同时，幼儿教师更不能因家长地位的高低而对幼儿有亲疏之分，要尊重幼儿的家长，凡事平等协商解决。这也就要求幼儿教师在与不同类型的家长沟通、合作时必须讲究方法，这也是幼儿教师职业伦理中一个重要的方面。

1. 针对放任随意型家长，应细致执着

有一些家长认为幼儿教育是"小儿科"，不需要重视，也不愿意在孩子身上多花时间。他们认为把孩子送到幼儿园后就应该由教师全权负责了，因而对孩子的情况不闻不问。家长的这种心态对孩子成长和园方教育都是不利的。面对这一类型的家长，幼儿教师应细致执着地处理问题。以下是一个比较成功的例子。

 案例评析

维维的"小情况"

老师发现维维近来频繁地上厕所，有一天还五次把小便解在裤子上。老师和保育员仔细观察他小便的情况，发现他小便量少且频繁，便马上与家长联系。

但是维维妈妈表现出一副无所谓的样子，说没关系，小孩子贪玩忘记小便是正常的。老师没有放弃，继续观察维维的小便情况和情绪反应，并记录下来交给家长。

老师提醒家长，孩子小便频繁可能是生理或心理上的疾病，并提出经常性的遗尿可能对孩子心理产生不良影响，建议家长带孩子去看医生。

在老师的劝说下，维维妈妈终于带孩子去了医院，医生的诊断是神经性遗尿，需要吃药调理。家长这才醒悟，表示多亏老师及时发现和提醒。

评析：

对于维维妈妈这样的家长，教师的工作更要做得细致，不能因为家长不重视就放弃。教师应锲而不舍地与家长交流孩子的问题，可利用家长开放日活动等让家长发现自己孩子和其他孩子的差距，从而引起家长对幼儿教育的关注。

2. 针对高傲严苛型家长，应自信从容

有一些家长文化层次较高，比较重视对孩子的教育，在教育方面也有独到的见解。这类家长不仅对自己孩子的要求颇高，而且对教师的工作也比较严苛，经常来指手画脚，显示自己很懂。面对这样的家长，幼儿教师首先要有自信，要相信自己作为教师的专业能力与素养，不能因为家长学历高就盲目地服从他们的意见。以下同样是一个比较成功的例子。

 案例评析

入园的淳淳

淳淳入园已经有一个月了，一天，淳淳奶奶突然给老师发来短信："今天淳淳说他在幼

儿园把饭全吃完了。作为幼儿教师，为什么忽视他的进步，不懂得对他进行及时的表扬？"淳淳奶奶这种诘问的态度，让老师难以接受。

但老师还是很诚恳地说："淳淳奶奶，感谢您给予我们的建议。淳淳这两天吃饭确实有了很大的进步，我们不仅在集体面前表扬了他，还奖励他'大拇指'贴纸，让他感受到老师对他进步的肯定。我们还告诉他，如果明天能把每样菜都吃完，我们会给他一个大大的拥抱。"短信内容既表达了对家长意见的尊重，又进一步表明了对孩子的期望和要求。

在之后的交往中，老师始终以自信从容的态度与淳淳的家长沟通，赢得了他们的尊重。淳淳爸爸最近发短信说："两位老师在促进孩子个性发展方面花费了很多心血，扎实的理论和有效的策略让我们很佩服。"

评析：

幼儿教师在交流前要做足准备，认真细致地观察孩子的表现，找寻相应的理论支持并思考指导策略，做到胸有成竹。对于家长提出的意见要有自己的判断，阐述观点时要有理有据，以自己的专业素养赢得家长的认同。

3. 针对支持响应型家长，应赞赏鼓励

赞赏是推进事物向良好目标发展的动力。当看到平时不好好吃饭的孩子某天吃得很棒时，就应在家长面前表扬他；当看到平时不合群的孩子某天能和伙伴玩在一起时，也应把他的进步向家长汇报……这些细微小事，一些积极响应教师的家长往往很重视，能够配合教师进一步激励孩子。

4. 针对依赖退避型家长，应主动引导

有的家长即使对幼儿园或教师有意见也会藏在心里，不敢与教师沟通，因为他们担心提了意见后教师会向孩子撒气。另一些家长认为孩子各方面的表现都没有太大问题，因而很少与教师沟通。事实上，家长不主动找教师，并不代表家长不想了解孩子在园的情况，他们只是由于时间关系或不愿给教师添麻烦等而压抑着自己。

📚 案例评析

不会咀嚼的可可

老师们发现可可不会咀嚼，任何食物都是硬吞下肚的，因此吃起饭来很痛苦。

可可妈妈每天来接送都是匆匆地来又匆匆地走，老师向她反映可可的情况，她总是露出一副不好意思的表情。

原来，一直以来她担心孩子不会咀嚼，就总是给孩子吃软食或流食，造成孩子越来越不会咀嚼。她不好意思地承认了这一情况，只希望老师能帮助孩子纠正。老师们的"主动出击"让可可妈妈变得积极起来。

老师们耐心地指导，家长全力地支持配合，经过一个学期，可可终于掌握了咀嚼的方法，其他各方面也有了显著的进步，家长对老师们充满了感激。

评析：

对于这样的家长，幼儿教师要主动与家长交流，积极引导，及时将孩子在园的点点滴滴向家长汇报，让家长感受到教师了解孩子，关注孩子。例如，每天离园时用一两句话向家长反映情况："今天××学会了自己系鞋带"，或"今天××吃了两碗饭"，等等。家长会报以会心的微笑，感受到孩子在教师心中占有很重要的位置，认为教师很细致能发现孩子的点滴进步，从而信任教师，愿意与教师交流。

5. 针对冲动直率型家长，应微笑倾听

一些冲动直率的家长遇到问题往往难以抑制自己的情绪，当他们认为孩子在幼儿园受到委屈时，往往不会理智地进行分析，有时会冲动地来兴师问罪。碰到这类气势汹汹的家长，教师如果稍做辩解，就会使情况更为恶化。遇到这种情况，首先要沉住气，面带微笑，诚恳地倾听。面对家长的指责，我们要克制自己，不要和家长争执，而是要用微笑倾听的态度对待家长，这样，家长就会认为自己受到了尊重，情绪也会有所缓和。等家长平静下来后我们再来解释说明，效果会更好。以下是我们经常应用的一种沟通思路。

案例评析

开学第一天

开学第一天，为为妈妈用挑剔的眼光扫视了一眼活动室，便一脸不满地说："老师，你们怎么不让孩子的椅子面向窗户啊？那样才能对着亮光，多好啊！"

教师微笑地对她说："您说得很有道理，那样摆放我们也考虑过，但是对着窗户，孩子的注意力很容易受干扰，这样对培养他们的注意力是不利的。"为为妈妈一听，难为情地笑了："哦，原来排个座位还有那么多学问啊！"

评析：

在与家长沟通时，教师应注意以下两点。

第一点，要把负面信息做成"夹心面包"。也就是说，一开始说一些正面、积极的信息，再说负面信息，最后以正面信息结尾。

第二点，要摆事实，不要空讲观点。和家长交流时，要拿出关于孩子的具体事例，而不要直接用一些形容词给孩子"贴标签"。任何时候都不要泛泛而谈，空下结论。最后，不要对家长发号施令。可为家长提供两三条他们可以在家实施的具体措施。注意不要让他们感到这是命令，而要让他们认识到这是在其他孩子身上起过作用的经验。其实，赢得一个家长就等于赢得一百个家长，放弃一个家长就等于放弃一百个家长。把家长工作做得扎实、到位，才能抢占幼儿教育的制高点，从而获得社会对我们工作的肯定、认同。良好的家园沟通更能让教师和家长相互理解、相互信任、相互支持。

在幼儿的成长过程中，幼儿教师、家长需要共同努力来开拓一个良好的共育途径，需要搭建起一座畅通无阻的桥梁，这样才能更好地促进幼儿健康成长。

第三节　幼儿教师职业伦理的表现

一、幼儿教师要以幼儿的最大利益为优先考虑

1989年11月20日，第44届联合国大会一致通过了《儿童权利公约》，并向成员国开放签署，1990年9月2日正式生效。1990年8月29日，我国签署了该公约。《儿童权利公约》第三条第一款规定："关于儿童的一切行动，不论是由公私社会福利机构、法院、行政当局或立法机构执行，均应以儿童的最大利益为首要考虑。"联合国儿童权利委员会副主席汉姆伯格概括出《儿童权利公约》的基本精神，其一原则就是儿童最佳利益原则。也就是说任何事情凡是涉及儿童，就必须以儿童利益为重。尤其是在目前幼儿教师的社会地位和职业声望仍然偏低的情况下，一些社会人士和家长总是向教师提出这样或那样的要求，如此也就经常使教师置于伦理两难的困境。教师在面对诸多利益主体造成的伦理困境或压力时，极有可能把幼儿的利益置之度外。因此，我们提倡幼儿教师无论何时何地都要以幼儿的最大利益为优先考虑，不能迫于外在的压力，或因为要执行某项方便有效的决策或手段，又或者要采取某些不会受到惩罚的私人行动，就把幼儿的利益置之度外。

以幼儿园游戏活动中的职业伦理为例，游戏作为儿童最喜爱的一种活动，对儿童的身心发展具有不可替代的重要价值。同样，游戏作为幼儿最喜欢的活动，它不仅满足了学前儿童在身心发展过程中的各种需要，而且对学前儿童身体、智力、社会性和情绪情感等各方面的发展具有积极而全面的促进作用。正因为游戏对于学前儿童发展的特殊价值，玩游戏成了所有儿童不可被剥夺的正当权利。国内外对此也出台了一系列的相关文件和法规来加以保障：1989年第44届联合国大会共同签署《儿童权利公约》，1990年联合国世界儿童问题首脑会议通过《儿童生存、保护和发展世界宣言》、《执行90年代儿童生存、保护和发展世界宣言行动计划》，我国先后颁布的《未成年人保护法》、《九十年代中国儿童发展规划纲要》、《幼儿园工作规程》、《幼儿园管理条例》等一系列文件和法规中都明确规定了幼儿游戏权利的问题。2001年7月教育部颁布的《指导纲要》第一部分总则中再次强调指出："幼儿园以游戏为基本活动。"因此，幼儿教师在指导幼儿游戏活动中的职业伦理尤其重要。

在游戏活动开始阶段，教师就要为游戏活动做好充足的准备，这是幼儿园游戏活动顺利开展的前提。在游戏活动进行中，教师要更多地关注孩子的需求，在其困惑时适当地点拨，这样的效果要远远大于只注重维持纪律的结果的。在游戏活动结束时，教师对游戏活动的重视也不单单表现在仅仅表扬哪个小朋友表现得好、哪个小朋友做得不好，而应在更高的层次上升华游戏活动的意义。或许在真正的游戏活动过程中，不是每个教师都能做到尽善尽美，但是能从行动上切实重视幼儿的游戏活动确是每个教师都能做到的。

只有教师在思想和行为上做到一致，充分重视幼儿园的游戏活动，不再因为教学活动或者应付上级检查随意缩减幼儿园游戏活动，才能为游戏活动的顺利开展奠定良好的精神和物质基础。

除此之外，幼儿教师掌握游戏活动的有效策略也是促使其顺利开展的关键因素。同时，幼

儿教师在游戏活动中的职业伦理还要求具备反思精神，教师能自觉主动地经常反思，形成习惯，这对游戏活动的顺利开展都是大有裨益的。

二、幼儿教师要充满善意地对待孩子

在幼儿教师职业伦理的范畴内，教师的善意是非常重要的。苏联作家高尔基曾经说过："谁爱孩子，孩子就爱他，只有爱孩子的人，他才可以教育孩子，孩子才会热爱他教的课，思考他提出的问题，愿意听从他的教导、模仿他的榜样、达到他的期望值。"教师的善意乃是发自内心深处的情感，是基于教育、基于发展的目的。这也就要求幼儿教师要真正坚持"一切为了孩子，为了孩子的一切，为了一切孩子"的教育理念。

美幼教协会（NAEYC）于2005年4月修订颁布的《伦理操守准则与承诺声明》里对幼儿伦理责任中的第一条就明确规定：无论如何，我们不能伤害幼儿。不能对幼儿做有精神损害、身体伤害、不尊重、危险的、剥削的、胁迫的事情。此外，还明确强调本条原则优先于《伦理操守准则与承诺声明》里其他所有原则。这也就说明，不管是出于什么动机，幼儿教师都不能做出任何有损于幼儿身心发展的事情。在实践中，我们总是会听到一些幼儿园教师的抱怨，面对幼儿的反抗或者面对领导与家长的指责时觉得委屈，她们总是会说："我们这么做都是为了孩子们好……"也许初衷是好的，也许理由看似合理，但是我们不应该以成人的认知观点来看待幼儿，而是应该深入幼儿的生命世界中，去了解幼儿真正需要的是什么，也只有这样我们才能保护幼儿免于遭受身体和心理的伤害。

而我们身边发生的事实却让我们对幼儿教师师德问题产生了深深的反思。近年来，幼儿教师虐童事件时有发生。

 案例评析

伤害儿童事件

2017年11月8日上午，上海某亲子中心教师伤害儿童事件引发广泛关注。

视频显示，亲子中心工作人员向多名幼童做出推搡、灌喂芥末等行为。据悉，该亲子园本为上海市总工会挂牌的12家"职工亲子工作室"试点项目之一，创办的目的是解决1岁半至3岁半的员工子女在上幼儿园之前家中无人带教的问题。

亲子中心发表声明称，涉事亲子园为委托杂志社下属"为了孩子学苑"管理，目前已与涉事人员解除合同，并做报警处理。

11月15日，上海市妇儿工委发布相关调查结果，称其为"严重伤害儿童的恶劣事件"，同日，警方发布通报称，警方于11月9日对亲子园的三名工作人员依法予以刑事拘留后，经过进一步调查取证，于11月13日以涉嫌虐待被监护、被看护人罪，对亲子园实际负责人依法予以刑事拘留。11月16日晚，亲子中心CEO做最终通报，两个人力资源副总裁被免职，并承诺全部退、赔员工支付的入托费。

评析：

上述案例，不得不说是教师师德缺失与异化的表现。我们可以不去要求幼儿教师的教学技能、技巧等，但他们连最基本的善待孩子都无法做到，这种师德的缺失和沦丧不禁让我们对现在的幼儿教育产生诸多思考；至于现今幼儿教师整体在家长心目中地位的下降，与这些毫无师德的教师不无关系。

虐待幼儿事件的发生，给我们的幼儿教育敲响了一记警钟，更是扯出了幼儿园遍地开花、管理无序，学前教育尚没有规范纳入基础教育体系的沉重话题。有关部门对幼儿教育管理粗放，监督缺位，开办幼儿园准入门槛较低，导致幼儿教育机构质量良莠不齐。教育设施、生活条件、师资水平较差的幼儿园也掺杂其中，有的幼儿教师甚至根本没有参加过系统的教育培训，根本不知道师德师风为何物。这或许也是虐待幼儿事件上演的重要原因。

三、幼儿教师要公平对待每位幼儿

苏霍姆林斯基曾经说过："所谓公正，就是尊重与严格要求相结合，在学校生活中，没有也不可能有什么抽象的公正。教育上的公正，意味着教师要有足够的精神力量去关心每一个儿童。"这也就要求，幼儿教师无论在教育教学活动中，还是游戏活动中，都应该重视每个鲜活的孩子。

（一）无条件地爱每个孩子

如果说了解幼儿是教育的前提，尊重幼儿是教育获得成功的基础，那么，公平地对待幼儿，才能真正建立良好的师幼关系，畅通教育的渠道。联合国儿童权利委员会副主席汉姆伯格先生曾提出，《儿童权利公约》的4项基本原则中，最重要的就是无歧视原则，即不管儿童来自何种社会文化背景，无论出身、贫富、性别、正常儿童还是残障儿童，都应当得到平等的对待，而不应当受到任何歧视或忽视。我们也一直强调幼儿教师要具有爱心，而这种爱心不是针对某些特殊群体而言的，幼儿教师的爱心必须是无条件的。一个富有爱心的幼儿教师对于那些不出众的幼儿也仍然会无条件地爱他们，而不只是爱那些可爱、懂事、乖巧的幼儿。教师所应具有的这种爱心可以看成一种广博的"教育爱"。教师在从教生涯中表现出来的正大光明、质朴公道的品质以及对待幼儿中的一视同仁、满腔热忱，都是教师公平公正对待幼儿的最好体现。

（二）公平解决幼儿之间的纠纷

在幼儿园中经常会出现幼儿之间的冲突无法解决而向教师求救或者告状的行为，他们希望借助老师解决冲突事件并且评判对错。这时，教师如果能够公正地评判，不仅可以促使幼儿形成遵守社会规范的意识，而且对幼儿道德认识、道德行为、道德规范的形成都会有一定的作用。所以，在幼儿园一日活动中，教师正确处理幼儿之间的纠纷是非常重要的。

在处理幼儿的纠纷事件时，对教师的公平公正提出了更高的要求：首先，充分了解幼儿是解决纠纷事件的最为重要的基础。幼儿教师只有平时非常了解幼儿的个性特点等，才能为有针对性地处理纠纷奠定良好的基础。其次，冷静对待、不武断下结论是教师解决幼儿纠纷事件的有效策略。这样做也是为了避免幼儿教师在没有充分了解事情原委的情况下就武断地做出某种结论。最后，引导幼儿自行评判才是解决幼儿纠纷事件的最佳办法。我们对幼儿进行教育的最终目的也在于此。

四、幼儿教师要对每个幼儿负起责任

教师的责任感是教师职业的最基本要求，主要是指教师对社会及群体给予教师职业角色期望的认同与承担，表现为关注每个幼儿的发展，努力开发幼儿潜能，尽力为幼儿做出榜样。

对于教师这个职业，在数不清的美誉的背后，恰恰是对教师责任感的要求。"责任感"与"爱"是分不开的，爱是责任的体现，而责任是爱的化身。所以，教师的特殊身份及其特有的职责使其对幼儿的影响尤为重要。教师作为幼儿成长道路上的重要他人，幼儿的成长发展负有重要责任。教师对每个幼儿应负的责任包括以下几方面。

（一）教师角色的伦理责任

教师角色的伦理责任要求教师对每个幼儿应该一视同仁。幼儿教师对不同性别、不同家庭背景的幼儿要不偏不倚、平等相待，不以幼儿家长与自己的关系是否密切分亲疏，不以幼儿听话与否、漂亮与否等定好恶。有教无类是每个幼儿教师都应有的境界和情怀。

幼儿教师面对的是幼小的儿童，同样需要启迪孩子的智慧、不断解决他们提出的一些奇怪问题，这就要求幼儿教师必须具有丰富的知识、技能。所以，幼儿教师的学习不应该只局限于职前阶段，而应该将其延伸到教师专业成长的整个生涯，坚持终身学习，这也是对幼儿负责任的表现。

（二）朋友角色的伦理责任

幼儿教师要真正地成为孩子的知心朋友，这就需要他们在一日活动的各个环节中，不仅要尊重幼儿的人格、个性和自尊心，不讽刺、挖苦幼儿，不体罚或变相体罚幼儿，还要促进幼儿身心得到更全面、健康的发展。只有让孩子从内心深处感觉到教师是可以信赖的大朋友，是他们中的一员，才会使孩子喜欢与教师沟通，能够更好地接受教育。

幼儿教师想要真正地对幼儿负起责任，必须使自己成为幼儿的朋友，时刻保持一颗童心。只有拥有一颗童心，才能更好地了解孩子，才能设身处地地体察孩子的内心奥秘，才能更好地和孩子沟通，最终成为孩子内心深处可信赖的朋友。因此，幼儿教师要时刻保持一颗童心，为孩子创设一个充满童趣的世界，使复杂的教育过程变得生动活泼。

（三）母亲角色的伦理责任

由于幼儿独特的身心发展规律，他们对教师有着较强的依恋性。对于幼儿来说，教师首先是妈妈的角色，其次才是教师的角色。作为妈妈，幼儿教师最基本的要求就是爱孩子，久而久之，体验到教师的爱的孩子也会喜欢老师，喜欢教师的孩子才会喜欢上幼儿园，才能开

心快乐地成长。

幼儿教师的母亲角色的伦理责任还包括以身作则、为人师表，这就要求幼儿教师在各方面都要成为幼儿的榜样。"所谓重要他人，是指对个体的社会化过程具有重要影响的具体人物。"基于此，北京师范大学庞丽娟教授 2001 年从教师与儿童发展的角度提出了幼儿教师作为儿童世界中"重要他人"的伦理责任。之所以强调这一伦理责任首先是由幼儿的特点决定的，因为模仿是幼儿的天性，教师的一言一行会无意识或有意识地对幼儿产生一定的影响。此外，教师劳动的特点也决定了以身作则的重要性，因为教师劳动本身具有显著的示范性。因为幼儿具有"向师性"的特点，在日常生活中喜欢模仿教师的一言一行，特别是教师在幼儿园中的教学活动，当幼儿在家庭中学着老师的语调训斥其他小朋友时，这不得不使广大的幼儿教师产生深刻的反思。这也对我们的幼儿教师提出了进一步的要求：在对幼儿实施教保的过程中，应该警惕不良言行对幼儿产生的消极影响，时刻都应以更严格的标准要求自己。

第四节　幼儿教师职业伦理的构建

近年来，幼儿教师职业伦理对幼儿教师提出了更高的要求，这种要求不再仅仅是对道德层面的要求，更上升到了幼儿教师作为专业人员所应具备的伦理素养。反观现在教师体罚、虐童现象仍时有发生，这不仅大大伤害了幼儿的身心健康，也严重损害了幼儿教师整个群体的职业声誉。因此，幼儿教师职业伦理的构建势在必行。

一、注重幼儿教师职业伦理教育

幼儿教师职业伦理教育最重要的是，把对幼儿教师职业伦理的基本准则和要求内化为教师的自身品质并外显到实际行动中。这一过程离不开幼儿教师职前教育、职后培训的推动，更离不开幼儿教师的教学反思。因此，应把伦理教育贯穿幼儿教师专业成长的整个过程中。

（一）加强幼儿教师职前阶段的职业伦理教育

幼儿教师职前教育主要包括培养幼儿的专业知识、专业能力、专业自主性、专业认同感、专业服务意识等，这些也是形成教师职业伦理的基础。而教师职业伦理的培养也应该成为职前教育的重要内容。因此，必须改革幼儿教师教育课程结构，确立以提高幼儿教师专业素养为中心的课程观。增设伦理修养课，使教师通过职业伦理课程的学习，理解职业伦理对其今后专业生存以及专业发展的意义和价值，掌握教师专业伦理的内涵、原则、规范及其相应的理论基础，并在其他课程中融合职业伦理教育的思想。这些职前教育在很大程度上可以帮助幼儿教师在日后面对伦理两难问题时能做出自己的判断。从一般意义上来说，幼儿教师在面对一般的伦理责任问题时通常很明确，即什么该做抑或什么不该做。只要是具有责任心的教师通常都会做出合理而正确的选择。但是伦理两难问题和一般的伦理问题不同，它是工作中遇到的两难抉择，无论做出哪一种选择可能都有其充分的伦理道德上的理由，需要在两个或几个相互抵触的选项中选出其中一个，而且做出其中任何一种选择都可能要付出一定的代价。幼儿教师由于其角色和服务对象的多元化，在教育教学实践中不可避免地会遇到这样或那样的伦理两难问题，很多时候需要他们马上做出决断，没有时间去求助其他教师。因此，只要教师熟悉职业伦理的内涵，才能在极短的时间内做出恰当的伦理决策。毋庸讳言，幼儿教师职业伦理能帮助幼儿教师弄清自己应承担的义务。澄清有冲突的价值观，或者可以帮助幼儿教师排列价值观的优先顺序，使他们最终做出最优化的选择。

（二）重视幼儿教师职后培训

新教师的入职教育对幼儿教师专业发展和职业伦理的养成至关重要。新教师应该在接受岗前培训后才能上岗，在培训的内容中加大力度对新教师进行职业伦理教育，进一步强调职业伦理的重要性，以全面掌握职业伦理的内涵，并能身体力行。

职后教育是幼儿教师职业伦理向高水平发展的阶段，幼儿园要经常开展职业伦理教育，提高幼儿教师伦理修养的自觉性。当他们处于伦理困境或受到其他职业诱惑时，职业伦理可以引导、支持其依照专业判断采取最有利于服务对象（幼儿）的行动方式。比如，到了户外活动的时间，可是外面下起了大雨，这时另一个幼儿教师拿来了一张动画盘片，这部动画片足可以使幼儿在教室里安静地待上一下午，这时作为幼儿教师会怎么办？是拒绝同事的好意按照备选活动方案组织幼儿进行室内游戏，还是为了省事直接接受同事的建议？面对诸如此类的情况，会发现做正确的事情并不是很容易，也不总是会受到别人的欢迎。所以，入职后幼儿教师职业伦理的价值之一就是，可以协助幼儿教师克服职业道德诱惑，凡事都把幼儿的利益放到第一位。

总之，幼儿教师在职后通过处理各种伦理冲突，最终做到在教育教学的自我反思中超越自我，从而养成幼儿教师职业伦理自律。

二、制定幼儿教师职业伦理规范

在生活中，几乎所有的职业都有其特定的伦理规范来指导专业成员的行为，如医生和律师等。如今，随着教师专业化的不断推进，世界各国纷纷制定了教师职业伦理规范，部分国家和地区也出台了幼儿教师职业伦理规范，如美国幼儿教育协会修订的《伦理规范和承诺声明》、澳大利亚幼儿教育会制定的《幼儿教育伦理规范》。以美国为例，幼儿教师职业伦理规范分为：对儿童的伦理、对儿童家长的伦理、对同事的道德责任（含对工作伙伴、对雇主、对下属等）以及对社区和社会的责任等。

针对我国的实际情况，在制定幼儿教师职业伦理规范时应注意以下几点：第一，要体现民主性原则。学者郭玉霞认为："专业伦理准则是专业人员透过专业组织所发展出来的。不是外行人或行外组织或机构强加其上的，但同时家长、相关单位都能有参与的管道。"由此看来，在制定幼儿教师职业伦理规范时，民主性原则也是需要恪守的，只有这样，才能保证职业伦理规范更加地客观和公正。第二，要凸显幼儿教师职业的"专业性"和"特殊性"，不能是一般职业伦理规范在幼儿教育领域的简单"复制"。第三，要凸显教育的"服务"理念。不仅要服务于广大的幼儿，还要服务于广大的家长。第四，现实性和前瞻性相结合，在制定幼儿教师职业伦理规范时，既要看到我们现在的职业伦理现实，又要体现其发展性。第五，强制性和主动性相结合。职业伦理规范必然会对幼儿教师的职业行为进行强制性的规定，对其专业发展具有保障和约束的作用。另外，幼儿教师自身要有主动的职业伦理追求，这样无论是对职业伦理规范的制定以及执行都具有事半功倍的效果。

三、建立幼儿教师职业伦理保障制度

幼儿教师职业伦理建设如果缺乏相应的保障制度，缺少对严守幼儿教师职业伦理规范者的激励机制和对不遵守伦理规范者的惩罚措施，那么幼儿教师职业伦理规范肯定达不到预期的效果。以美国为例，《教育专业伦理规范》的"导言"部分明确指出：教育工作者在教学过程中负有维护最高伦理职责的重大责任。美国国家教育协会及其分会规定："对于违反守则任一条款的惩处为开除会籍，而这项由国家教育协会及其分会所制定的条款应于任何形式下强制执行。"这样严厉的惩罚措施的目的是规范教师的行为。幼儿教师职业伦理建设的保障机制应是自律与他律相结合。要充分发挥职业伦理的激励作用，使幼儿教师具有加强自我修养的自觉性和良好的自律精神。幼儿园管理者要充分地信任每位教师，挖掘他们自身独特的个人魅力与特长，并且在充分信任每位教师的前提下，努力为他们提供各种交流与展示的平台，使其能够深刻体验到工作带来的幸福感与成就感，体会到自我价值的实现。在这一过程中，幼儿教师也能进一步深入理解和领会幼儿园教师职业伦理规范的要求与精神，形成自觉遵守规范的自律行为，主动参与和配合幼儿园管理活动，激发自身专业成长的内驱力与责任感，在充满人文关怀的管理环境中得到富有个性的成长。最后，应当发挥教师团体、教育行政督导机构的监督作用，加强对违规教师的惩罚力度，有效地防范违反专业伦理规范行为的发生。

 思考与练习

1. 幼儿教师在处理与幼儿家长的关系时，应该怎么做？
2. 幼儿教师职业伦理构建原因是什么？
3. 幼儿教师职业伦理表现在哪些方面？

课证融通

1. 目的论在目的指向上可分为利己主义和功利主义，其中功利主义的基本公式是（　　）。（单选题）

    A. 自由竞争原理

    B. 权力制衡原理

    C. 善良意志原理

    D. 最大幸福原理

2. 哪个伦理学流派的出现体现了伦理学反思从单纯的理论思辨、规范论证过渡到关注现实、实践应用这样一种历史性转变？（　　　）（单选题）

A. 制度伦理学

B. 信念伦理学

C. 应用伦理学

D. 规范伦理学

第九章

幼儿教师
职业素养

幼儿教师职业素养是指对幼儿教师职业内在的规范和要求，并且在幼儿园工作过程中表现出来的综合品质，比如职业道德、身心素质、专业知识、专业能力等。幼儿教师职业素养的提高，也有助于对课程乃至有效教学的全新的认识。好的幼儿园教育教学活动，不仅仅是让孩子体验到游戏的愉悦，也不仅仅体现在课堂热闹的氛围，最重要的是幼儿在游戏的氛围中得到了某种收获，并且能够快乐地成长。当幼儿的主体感受与课堂、与情境同呼吸时，这样的课堂就不仅仅是教师驾驭之下的课堂，这样幼儿的主体性才会得以更好的体现。

师德是教师职业素质的重要组成部分，它是教师在从事教育行业中必须遵守的道德规范和行为准则，以及与之相适应的道德观念、情操和品质。由于教师所从事的职业是塑造人的事业，因此，教师道德素质尤为重要。《幼儿园教师职业道德规范细则》，能让教师对自己从事的职业又有了新的认识和感悟。作为教师，各方面都要为人师表。用师德规范自己的行为，要有高尚的道德情操，才能成为一名合格的幼儿教师。

第一节　幼儿教师职业素养的意义

加强幼儿教师职业素养，有利于教师专业发展，有利于克服职业倦怠，有利于道德品质的完善，有利于做好教学工作，有利于弘扬社会主义新风尚。

一、加强幼儿教师职业素养有利于其专业发展

教师专业发展理论认为，教师作为教学专业人员要经历一个由不成熟到相对成熟的专业人员的发展过程。这是一个持续社会化和个性化的过程，具有多阶段性特征。幼儿教师的专业发展空间是无限的，成熟只是相对的，而发展是绝对的。我国学者叶澜等从"自我更新"取向角度对教师专业发展阶段进行了深入研究，把它分为以下 5 个阶段。

第一阶段为"非关注"阶段。在这一阶段，"专业发展"的主体是有从教意向者，但他们只是有从教的潜在可能，还根本谈不上专业发展，更谈不上专业发展的意识，因此把这一阶段称为"非关注"阶段。

第二阶段为"虚拟关注"阶段。该阶段专业发展主体的身份是学生，至多只是"准教师"，这使他们所接触的教育教学实际和教师生活带有某种虚拟性，会在虚拟的教学环境中获得某些经验，对教育理论及教师技能进行学习和训练，有了对自我专业发展反思的萌芽，从而为进入正式任职阶段打下良好的基础。

第三阶段为"生存关注"阶段。新任教师处于这一阶段，其表现为：在现实的冲击下，教师产生了强烈的自我专业发展的忧患意识，特别关注专业活动中的"生存"技能，专业发展集

中在专业态度和动机方面。这一时期是教师专业发展的一个关键期，不仅面临着由学生向正式教师角色的转换，而且是所学理论知识和具体教学实践的"磨合期"。

第四阶段为"任务关注"阶段。在度过了初任期以后，决定留任的教师逐渐步入此阶段，这是教师专业结构诸方面稳定、持续发展的时期。这一阶段的教师已经具备了一定的教育教学经验，技能和知识的建构已经达到一定程度，能够比较好地完成教育教学任务，所以，关注自身实践能力的提高成为"任务关注"阶段教师的重要目标。但是，这一阶段的教师在自我反思和有效发挥主观能动性与自主性等方面还是很欠缺的。

第五阶段为"自我更新关注"阶段。处于该阶段的老师，其专业发展的动力转移到了专业发展本身，而不再受外部评价或职业升迁的牵制，直接以专业发展为指向。同时教师已经可以自觉依照教师发展的一般路线和自己目前的发展条件，有意识地自我规划，以谋求最大程度的自我发展。

教师职业素养的提高更有利于教师的专业发展，尤其是教师的个人反思，有人把其称为教师专业成长的"第三条路径"，即指在没有外在行政命令和群体意识的前提下，来自教师个体的、内在的发展意识和动力，通过自我反思、自我设计，达到充实生活、丰富体验、拓宽加厚文化底蕴、实现自我专业发展和更新的目的。幼儿教师在教育事件、教学过程以及教学风格等方面的反思均有利于其专业发展。

二、加强幼儿教师职业素养有利于其道德品质的完善

道德品质，是指体现一定社会或阶级的道德原则和规范，并具有稳定性和一贯倾向性的个人道德意识和道德行为总体的根本属性。也可以说是人们在处理个人与他人、个人同社会利益关系时所表现出来的行为习惯和行为特征。首先，道德品质是道德行为的实践基础，离开了道德行为就不可能有道德品质，但并不是一两次的道德行为就能形成某种品质。道德品质是个体道德行为的稳定特征，是个体长期道德行为的积累。其次，道德品质是道德行为的内在依据。任何一个道德行为，都是道德主体在一定道德意识支配下自觉选择的结果，这种选择反映了道德主体的人生观和道德观。因此，我们总是可以从道德主体的道德行为中概括其道德品质，失去一定品质的指导，主体的道德行为就是盲目的，甚至道德行为根本就不会发生。最后，道德品质是行为整体的稳定特征。偶然的、个别的、短期的道德行为并不一定证明主体的品质特征，只有在长期的、不断的、一系列的道德行为中所表现出来的特征，才具有道德品质的意义。

教师道德品质是指以教师为职业的道德主体所特有的行为习惯和行为特征，是教师在处理个人与他人、个人与社会的利益关系时所表现出来的稳定倾向和一贯表现。教师道德品质是教师道德原则和规范在教师行为中的体现，它反映了一个教师的道德觉悟水平、道德认识能力和道德修养境界。教师道德品质不仅具有一般道德品质的特征，而且具有教师的职业特点。教师道德品质的构成主要有道德认识、道德情感、道德意志和道德行为4个方面。这4个方面不是彼此孤立的，它们之间有着内在的必然联系。道德认识是整个道德品质发展的前提，道德情感、道德意志、道德行为都是在一定的道德认识的指导下形成的。没有正确的认识，道德情感就无从产生；没有强烈的道德情感，道德意志就不能持久；没有坚定的道德意志，就无法形成正确的道德行为。

一般来说，幼儿教师良好的道德品质包括热爱幼儿、公平正义、严于律己等，良好的道德品质是做好教师的第一要素。而在当今幼儿园的工作中，幼儿教师还存在着些许不尽如人意之处。

 案例评析

实习见闻

景某被分配在幼儿园大班实习，班上有 30 多个孩子，都在 5—6 岁，而且都很聪明（景某个人认为），班里有两位教师、一位保育员，当然他们也是景某的指导老师。时间长了，在听课、上课和交往中她发现，幼儿教师这职业说起来容易，做起来却好难。之所以这样说是因为——她不知道该不该把所见所闻写在实习总结上，犹豫再三，还是写出来吧，这样她心里好受一点。事情是这样的，当她进园的第一天，指导老师就指着一个爱流鼻涕的小男孩说："这孩子是班里最脏、最恶心的，人人看见了都会不舒服。"

她怎么能这么说呢？这男孩年龄虽小，但他也有自尊心啊。随着时间的推移，景某对幼儿园老师和幼儿的情况了解得更多了，其一，这位老师所面对的孩子不一定都一样轻松愉悦、幸福快乐；其二，景某觉得指导老师说的和做的是两回事，虽然她们指导我们该怎样教学、怎样组织活动、怎样管理幼儿、怎样……但她们自己却没有做到，甚至缺乏起码的耐心和责任心，她们遇到一些事情首先是躲避或推卸责任，然后是责怪别人或幼儿。

有一天早餐后，那个爱流鼻涕的小男孩可能活动得太猛，将刚喝的牛奶吐了出来，指导老师看见了一直在责怪他："你看你恶心不恶心，看见你都倒胃口！"景某见状，赶紧来收拾并问那孩子有没有事。他没敢说一句话，只是流着鼻涕看着景某。景某告诉他："没关系，以后要注意，刚吃完饭是不能剧烈活动的，记住了吗？"他点了一下头转身去拿拖布。多么懂事的孩子呀！景某继续清理地面，老师看着景某继续说着："我真没有见过这么脏的小孩，他妈不知是咋生的？"景某心想，难道这孩子就这么令人讨厌吗？以后，景某越发关注起这孩子并尽可能多地给予他必要的呵护。然而，景某却给他带来更多的麻烦——有时景某会感到好伤心、好惭愧，总觉得是她害了这个小男孩。

当然，老师也有她喜欢的孩子。有一次，一位漂亮的小姑娘给她们（两位指导老师）带了两个苹果，她们高兴得又是笑又是抚摸，不知有多喜欢，还不停地说："真懂事！"景某看在眼里记在心里。平时她们对这小姑娘关爱有加，而且她在各种活动中参与和表现的机会也最多，即使是做错了事老师也会原谅她。这是不是一种误人子弟的表现呢？难道说孩子这样做就是懂事吗？景某不明白，也弄不懂。

有天中午午睡，景某值班，看看这些可爱的孩子，景某真不想离开他们，可过几天实习就要结束了——景某巡视到他（那个流鼻涕的小男孩）的床前，他还没有睡着，景某问他："喜不喜欢老师？""喜欢。""老师走了以后想不想？""我会给你打电话的……你能给我电话号码吗？""能啊。"他笑了，笑得那么天真、可爱。景某问他能不能亲他一下？他表现出不安和害怕，用疑惑的眼神盯着景某，景某在他脸颊上吻了一下，他还是那么紧张，景某告诉他："每天记着带块手帕或纸巾，把鼻子擦干净，这样老师就会喜欢你的。""嗯。"他乖巧地点点头。"好！你能不能亲一下老师呢？"他的小嘴嘟囔着并赶紧捂住嘴。景某知道，他不敢亲她，他害怕把鼻涕弄到她的脸上。景某掏出纸巾并对他说："把鼻子擦干净。"他擦得干干净净。"那亲老师一下。"他又擦了擦嘴和鼻子，这才在景某脸上小心翼翼地、轻轻地亲了一下，景某站起身对他说："睡吧！"不一会儿他就进入了梦乡。愿他做个好梦。这一天他显得非常快乐，因为他找到了被重视的感觉，也有人喜欢他，他不再自卑，不再……

评析：

上述案例是一个实习生在幼儿园里实习的片段，她看到个别幼儿教师完全在以自己的好恶去评价孩子，没有做到公正地对待孩子、爱孩子。绝大多数的幼儿教师是女性，是母亲或将要做母亲的人，有哪个母亲会嫌弃自己的孩子呢？或许教师需要做的，仅仅是站在母性的角度去看一看班上的孩子，看一看孩子们清纯的眼睛、稚气的脸庞，再看看孩子们嬉戏时的天真烂漫；想想他们每个人的可爱之处，再想想孩子遇到困难时那无助的、带有一丝慌乱的神情，还有什么不可谅解的呢？实习学生的做法或许能从另外的角度让部分幼儿教师产生深刻的反思。爱护每个孩子，是每个幼儿教师的责任和义务，也是最基本的道德品质。幼儿教师职业素养的提高，必然也会提升其自身的道德品质，完善其道德素养。

三、加强幼儿教师职业素养有利于做好教育教学工作

我们都知道，在幼儿园中，游戏活动占了很重要的位置，但教育教学工作也至关重要。幼儿教师职业素养的提高，不可避免地会改进教育教学工作，能够更好地实现有效教学。

（一）教师是幼儿学习活动的支持者、合作者、引导者

如今，在幼儿园教育教学活动中，教师不再只是向幼儿传授知识，而是要换一种思维，成为幼儿学习的引导者和促进者。这3种角色有着共同的基础和前提，那就是尊重幼儿、了解幼儿，而且它们是在教师与幼儿的互动中综合地动态地实现的。在教育过程中，作为支持者的教师在为幼儿的学习提供脚手架，为他们的成长创设良好的环境，支持他们在成长过程中进行各种尝试的同时，也进行着合作，即："教师和儿童一起工作——抓住儿童的皮球，再抛给儿童这种过程。"合作在支持过程中出现，它既是支持的方式和手段，也是支持本身。而支持和合作都体现着教育的意图，实现着教育对幼儿直接或间接的引导。此外，教师的不同角色都为着实现同一个目标——提高与幼儿互动的质量，让这些互动变得更加丰富、有趣、富有吸引力，从而有力地促进幼儿教育中的师生关系。

教师要成为幼儿学习活动的支持者，要求教师对幼儿的学习活动要提供物质和心理两方面的支持。其中，物质上的支持包括尽力为幼儿营造丰富的物质环境，为幼儿与物质环境能够更好地互动奠定基础等。心理上的支持首先是指教师对幼儿的关怀、尊重和接纳的态度，对幼儿自发的探究活动、新异的想法的支持、肯定和鼓励；还有对幼儿的问题、困难和需要的敏锐把握、对幼儿想法和感受的倾听与接纳等。教师作为活动的支持者，通过为幼儿提供自由的时间、空间以及材料，间接地帮助幼儿进一步探索有兴趣的问题，使主题顺利发展，同时为幼儿创设丰富的物质环境和宽松的心理环境，也能够为幼儿的进一步学习、实践、探究打下扎实的基础。

　　教师要成为幼儿学习活动的合作者，要求教师要以"合作伙伴"的身份参与到幼儿的学习活动中去，共同促进学习活动的不断延伸。《幼儿园教育指导纲要（试行）》（以下简称《指导纲要》）要求教师成为幼儿学习活动的合作者，即与幼儿一起运用过去已有的知识和经验，通过实际操作，获得新的经验。这有利于淡化甚至消除以往"教师在上、幼儿在下"的师幼关系，变"填鸭式"的活动为合作探究的学习活动。"教师和儿童一起工作——抓住儿童的皮球，再抛给儿童"，教师与幼儿之间平等的"抛接"要比教师居高临下的"抛给"更有利于促进幼儿的学习与发展。

　　引导者的角色与前两个角色相比，应该是幼儿教师最难扮演的角色，因为教师的引导离不开对幼儿学习状况的了解和对幼儿面临问题或矛盾冲突的把握，教师需对这些状况进行价值判断，找出他们与教育目标之间的联系，从而指引幼儿向着积极目标方向发展，这也对教师的观察力提出了相当高的要求。但是教师的引导并不意味着对幼儿问题与困难的包办代替。为了促进幼儿学习的不断深入，幼儿教师的作用不再仅仅只是解惑、点拨，幼儿教师作为幼儿学习与发展的引导者的角色是不可代替的，同时这一角色的成功扮演也是教师过硬的教育教学技能和优秀的专业能力与素养的充分体现。

（二）教师是课程资源的拓展者

　　课程资源是指富有教育价值的，能够转化为学校课程或服务于学校课程的各种条件的总和。幼儿教师不仅是课程资源的开发者，还是课程资源的拓展者。这就要求幼儿教师在日常的教学环节中，不仅要抓住那些经过处理、至善至美的已经物化的课程资源，还要对教学过程中动态生成的易被人忽略的教学事件进行拓展。不可否认的是，这些动态生成的课程资源更加接近教师以及幼儿的认知水平，更容易为幼儿所接受。如下面的案例所示。

案例评析

放飞想象

　　"花为什么会开？"有一天，学前班的老师问她面前的孩子。

　　第一个孩子说："她睡醒了，她想看看太阳。"

　　第二个孩子说："她一伸懒腰，就把花骨朵顶开了！"

　　第三个孩子说："她想和小朋友比比，看谁穿得更漂亮。"

　　第四个孩子说："她想看看，小朋友会不会把她摘走？"

　　第五个孩子说："她也长耳朵，她想听听小朋友唱歌。"

　　突然，第六个孩子问了老师一句："老师，您说呢？"

　　老师想了想，说："花特别懂事，她知道小朋友们都特别喜欢她，就仰起她的小脸，笑了！"

　　老师的回答很高明，听到这儿，孩子们全看着老师笑了，那笑脸比花更好看。

　　真惊叹这些孩子们的答案，他们的想象真丰富，他们的回答真精彩！不是吗？这些充满了灵气的回答，每一个都是一朵亮丽的花！

　　老师原来准备的答案是："花开了，是因为春天来了。"可听到孩子们的回答后，她放弃了准备好的答案。

评析:

这是一堂精彩的教学,也是一个真实的教学情景,它给人的启发是深刻的。都说童言无价,此言极是。童趣美丽,美丽在孩子们的眼里,有感情的世界才是真实的世界!这些极富想象力、极富感情色彩的句子,与那种沉闷单调的表述、一成不变的答案,形成了非常鲜明的对照。同时,我们也应该为那位老师拍案叫绝,她是如此爱护孩子们的想象力,不惜放弃自己原来的"标准答案",这种精神是多么难能可贵啊!她放弃的是束缚儿童情趣的绳索,而放飞的则是充满想象力的一群白鸽!

在案例中,教师原来对标准答案是有一定的预设的,但是她并没有将自己之前设计好的标准答案强加给学生,对于学生们各种各样富有想象力的回答教师给予了肯定与赞赏。教师瞬间也进行了换位思考,把自己变成了孩子,站在孩子的发展水平上去想象"花为什么会开"。每个孩子都是一朵花,教师没有束缚住孩子的想象。教学过程中课堂资源无处不在,教师要善于抓住机会正确引导孩子发展,只要教师以孩子的成长为目标,就会自觉地尽可能地拓展课程资源,把静态的文本知识转化为动态的人类智慧。这也就要求教师要借助于审美想象和审美情感的力量创造出教师职业的美,教师的行为也要具有即兴发挥、兴之所至、斐然成章的特色。

作为课程资源的拓展者,尤其是农村幼儿教师,更应该重视农村幼儿园课程资源的开发。农村课程资源可从自然资源和社会资源两个方面进行拓展。自然资源包括动植物资源,如鸡、鸭、鹅、兔等农村常见的动物;还包括当地的风景名胜资源,教师在教学活动中引导幼儿游览、参观、了解这些风景名胜,不仅能增长孩子的见识,还能培养孩子的审美能力,更能加深孩子对家乡的感情。社会资源包括民间文学、民间艺术、民间游戏等。如果幼儿教师能够因地制宜,对当地的课程资源加以拓展,幼儿的身心健康势必得到进一步的发展。

四、加强幼儿教师职业素养有利于克服职业倦怠

随着时代的发展和生活节奏的加快,职业女性面临着诸多压力,其压力来源主要有社会因素、历史因素、生理因素以及女性自身因素4个方面,幼儿教师也一样。社会的急剧变化、幼教改革的盛行、各种复杂的内外部事物的变迁,都可能会对幼儿教师的心理产生冲击——当孩子们一声声甜美的"老师好"无法打开教师心扉时,当孩子们一张张可爱的笑脸无法舒展教师紧锁的双眉时,当孩子们纯真的童言趣语难以激起教师心灵的共鸣时,当孩子像小鸟一样拥入教师怀抱而教师的表情"很无奈"时,当孩子们不愿与教师主动亲近时,当教师组织活动既没有创新也没有激情时,这只能说明"教师落伍了",即使教师很年轻,但心态已经老了,心里已经涌入了一种对职业的倦怠感。

所谓职业倦怠,是指从业者因不能有效缓解由各种因素所造成的工作压力,或深感付出与回报不对等而表现出的对所从事职业的消极态度和行为。国外的大量研究资料表明,职业倦怠最容易发生在助人行业的从业者身上。教师职业尤其是幼儿教师职业作为一种典型的助人行业,自然也容易产生职业倦怠现象。在实际工作中会发现,部分教师在年复一年的工作中,对

工作渐渐失去了热情、新鲜感和好胜心，一切只是在惯性的轨道上滑行。责任带来的紧张感和工作带来的疲惫感把教师搞得精疲力竭，这也是造成教师职业倦怠的主要原因之一。家长要求高、领导要求严、工作任务重、完成任务的时间紧、有的幼儿园班额又过大，工作量超出了教师的能力和精力范围，压力太大，时间一长自然而然会导致一些教师产生对工作的"倦怠"情绪，加之幼儿教师的工资待遇偏低，教师总感觉自己的付出与回报不相符，这也会让教师容易产生倦怠感。总的说来，教师"职业倦怠"现象已经越来越普遍。

从长远来看，幼儿教师要想走出"职业倦怠"的状态，最主要的是要加强自身的职业素养。具体来说，要从哪些方面加强自身的职业素养呢？首先，要发自真心地爱自己的工作，这是克服"职业倦怠"的根本，也是保持工作积极性的不竭动力。其次，要努力形成自己的职业特长。比如教学特长、艺术特长、教育研究特长等，教师在实践中有了自己的职业特长，在幼儿园就有了不可替代的位置，所以工作的自豪感也就随之产生了。工作中有了自豪感和成就感，工作中的"苦"才会真正变成乐，幼儿园的工作才会有源源不断的内在动力。再次，要把幼儿园的工作作为一项创造性的工作。这不仅可以提高工作质量，还可以转变幼儿教师工作时的被动状态。创造性地从事幼教工作，主要包括两方面的内容：一是要使"课"常上常新；二是要不断地研究教育教学中的问题。进行教育研究是创造性地工作中至关重要的一环，它使我们的教育工作日益具有挑战性和乐趣——只要教师去研究，就会发现幼儿教育工作的每天都有新的内容——幼儿是新的（幼儿的表情、幼儿的精神面貌、幼儿的求知欲望、幼儿的能力等），教学内容是新的，教学方法是新的，每天的收获也都是新的；不进行教育研究，我们的幼儿教育工作日复一日，很有可能会变成一种单调、乏味的体力劳动。最后，要学会宣泄自己的负面情绪。作为教师，及时适度地宣泄自己的负面情绪会使心理更加健康。这也就要求日常要建立良好的人际关系，可以多和自己的同事、领导进行交流；同时，多和积极、追求进步的同事为伍，学习他们那种健康的、积极向上的、不断追求事业上的成就和积极的应世态度，这也有利于教师形成积极健康的职业心理。

总之，加强幼儿教师职业素养能够预防或者克服幼儿教师进入"职业倦怠"状态。

第二节　幼儿教师职业素养的任务

一、提高幼儿教师的职业道德修养

幼儿教师职业素养的核心是职业道德修养，因此，其最主要的任务首先是提高幼儿教师的职业道德修养。幼儿教师职业道德修养是将教师职业道德要求转化为自己的信念并付诸行动的活动，是一种自我锻炼、自我改造、自我陶冶、自我教育的过程。其主要包括提高幼儿教师道德认识、陶冶道德情感、磨炼道德意志以及培养良好的道德行为4个方面。

（一）提高幼儿教师道德认识

认识是行动的先导，任何行为都是受一定思想支配的。因此，提高幼儿教师的道德认识是进行职业道德修养的前提。提高幼儿教师的道德认识，最重要的是要培养教师的奉献精神。

首先，对幼儿教师道德关系的认识，是构成其道德认识的基础。在幼儿教师道德关系中，幼儿教师与集体和社会的关系、幼儿教师之间的关系以及教师与幼儿的关系都是主要的道德关系。在幼儿教师与集体和社会的关系中，需要摆正个人与集体和社会的位置。这就不仅要求幼儿教师要增强自身的责任感和义务感，还要做到凡事以集体的利益为重。在教师与教师之间的关系中，应该正确地对待个人利益与他人利益。作为幼儿教师，要积极地参加幼儿园内外的各种教学技能比赛以及培训等活动，在涉及涨工资、提职称等直接的利益冲突时，仍要以一颗平常心对待，保持和同事间的良好关系。在教师与幼儿的关系中，一方面应全身心地爱孩子，另一方面不能无原则地迁就孩子，尤其是在教育孩子时，坚决不能使用体罚或变相体罚手段。无论何时，赏识教育都应该成为教育孩子的主流，讲究一定教育方法的惩罚教育（不等同于体罚或变相体罚）只能是一种辅助手段。对幼儿教师道德关系的认识，是构成其道德认识的基础，也是认识幼儿教师道德原则和道德规范的前提。

其次，对幼儿教师职业道德原则和规范的认识，是幼儿教师道德行为的前提。客观上来讲，幼儿教师的职业道德原则和规范比其他行业有着更高、更严格的要求。例如，在部分行业中"穿衣戴帽，个人所好"，似乎不涉及道德问题。然而，在整个的教师职业尤其是幼儿教师职业中，对着装却有着严格的规定。所以，无论是教师还是保育员，都应学会调整自己的外在形象，在幼儿面前保持清新、端庄、美丽大方的形象，使之能对幼儿产生良好的影响。同时，在幼儿教师与社会的关系上，要求幼儿教师热爱学前教育这个职业，尊重家长等；在教师与幼儿的关系上，要求教师要热爱幼儿、尊重幼儿，关心爱护每一个幼儿，公平公正对待每个幼儿；在幼儿教师与同事的关系上，要尊重同事、团结协作，也只有这样，才能创建一个优秀的集体。

最后，幼儿教师的道德认识还包括对幼儿园教育教学规律的认识。只有那些能够正确认识教育、教学的内在规律，并且能在具体的幼儿园工作实践中正确运用这些规律的老师，才有可能完成自己的职责，实现其道德目的。对幼儿教师而言，专业知识是其进行教育教学工作的内在基础和前提条件。因此，一个具有高尚职业道德的幼儿教师，不仅要掌握教育、教学的内在规律，而且要精通相关的专业知识。虽然幼儿教师业务水平的高低不能等同于其品质的高下，但是能折射出幼儿教师的工作态度和敬业精神。

虽然说认识是行为的指导，但是一个幼儿教师具备了一定的道德认识，并不意味着她就有了相应的道德品质。例如：个别幼儿教师明知"要给学生一碗水，自己要常有水"的道理，但还是不愿意下苦功夫去丰富自己的知识，仅仅满足于自己的"一碗水"甚至"半碗水"，这也说明在具备道德认识的前提下，道德情感也是至关重要的。

案例评析

最美教师

在"2019寻找最美教师"大型公益活动中，贵州黔南州惠水县第一幼儿园教师周贤怡用生命坚守责任，荣获"最美教师"称号。

一个一脸灿烂的女青年，一名年轻的共产党员，一个与癌症抗争了两年多并一直坚守岗位的幼儿园教师，她就是周贤怡。"有这样一种爱，病魔缠身却心系孩子；有这样一份责任，值得用疼痛的生命去坚守。"因工作出色，2000 年 9 月，周贤怡被调到惠水县第一幼儿园。

在新的工作环境里，周贤怡凭着对幼儿的爱，对幼儿教育事业的执着，一次次实现了教育、教学上的突破。2001 年、2002 年连续两年被评为"县级先进教育工作者"。正当周贤怡豪情满怀，准备在幼教事业上大显身手时，2012 年年初，周贤怡被诊断为甲状腺癌。"绝不离开孩子们，即使在生命最后一天，也要把自己的价值体现出来。"靠着信念的支撑，历经两次手术，一年后，周贤怡凭着与病魔抗争的坚强毅力，又站在了幼教岗位上，虽然病痛折磨她至今。

2014 年 2 月，周贤怡参加了黔南州幼儿骨干教师远程培训，并主动请缨担任罗甸、长顺、惠水 3 个县的辅导教师。6 月，作为全县唯一的教师代表，被表彰为全县"涟江骄傲人物最美教师"。9 月，在第 30 个教师节暨全国教育系统先进集体和先进个人表彰大会上，周贤怡被评为"全国模范教师"。

评析：

人生的意义在于奉献，人生的最大快乐在于实现自我价值。生命不息，奋斗不止。周贤怡把她的青春、热血与生命，奉献给她热爱的幼儿教育事业，谱写着一曲激昂的生命赞歌。

（二）陶冶幼儿教师道德情感

师德情感是指教师心理上对师德规范所产生的一种爱憎、好恶、荣辱、美丑等的情感体验。幼儿教师的道德情感主要包括正义感、自豪感、荣誉感和幸福感等。

近年来，整个社会对幼儿教师整体素质的要求越来越高，也使幼儿教师自身的压力越来越大。因此，作为幼儿教师不仅要加强自身的心理保健，努力避免走进职业倦怠的状态，而且要做一个健康、快乐的教师，提升自身的幸福感。提升幸福感的途径主要有以下 3 方面。

第一，要从孩子身上找到幸福感。苏霍姆林斯基曾经说过，幼儿内心生活时刻给我们带来满意和不满意、高兴和苦恼、忧愁和欢乐、疑惑和诧异、宽慰和愤怒。在儿童世界给我们带来的极广阔的情感领域内有愉快的和不愉快的、高兴的和伤心的曲调。善于认识这种和谐的乐声，是教育工作者精神饱满、心情愉悦和取得成功的最重要条件。如果教师把孩子看作令自己心烦的人，那么就会感到倦怠；如果教师把孩子看作可爱的天使，那么就会变成可爱的天使。

第二，要平等地进行师幼交往。在与幼儿的交往中教师只有放下自己的角色面具，以真实的自我与幼儿交往，和幼儿打成一片，才会发现幸福和快乐就在自己身边。师幼交往中，当教师给予幼儿爱时，幼儿也以一份真诚的爱来回报教师。以哲学的思维来看，与成人之爱相比，幼儿的爱更显得真挚和纯洁，更接近爱的本质。这也是为什么幼儿的爱能有那么大魅力的原因。

第三，幼儿教师还要创造性地开展工作。苏霍姆林斯基还曾说过："如果你想让你的教师的劳动能给教师带来一些乐趣，使天天上课不至于成为一种单调乏味的义务，那你就应该引导每一位老师走上从事教育研究这条幸福的道路上来。"只要我们进行研究，就会发现每天的太阳是"新"的，幼儿的精神面貌是"新"的，幼儿的反响是"新"的，每天的收获是"新"的。这样的工作当然是快乐的。

当幼儿教师有了职业幸福感，进而有了荣誉感等情感体验，才会使幼儿教师的道德情感有了进一步的升华。

（三）磨炼幼儿教师道德意志

教师道德意志是教师履行教师道德原则和规范时所表现出来的自觉克服一切困难和障碍，做出抉择的力量和坚持的精神。

幼儿教师在教育教学工作中并不是一帆风顺的，往往会遭到来自外部和内部的困难和阻力。道德意志的作用主要表现为依据某种道德认识和道德情感，果断地进行道德行为的抉择，为实现道德目的排除一切来自内部或外部的干扰。

首先，幼儿教师的道德意志表现为其在道德实践中克服困难的勇气。一是面对幼儿教师同事之间的竞争以及社会对幼儿教师的不信任危机，如果没有坚强的道德意志和毅力，就可能在行为选择时放弃自己的初衷，在困难面前畏缩不前，半途而废。二是面对个人教育、教学能力的局限，身体状况的不佳等主观因素，道德意志也能帮助幼儿教师克服困难，促进其专业的良好发展。

其次，幼儿教师的道德意志表现为其在道德实践中战胜诱惑的能力。教师在其道德生活中，不仅要面对各种各样的困难，还要面对来自各方面的诱惑。面对迅速发展的市场经济、面对"跳槽"的诱惑，幼儿教师更需要有坚强的意志来战胜诱惑，以坚定的职业理想做支撑，坚守这块暂时清贫却蕴含希望的阵地。

最后，幼儿教师道德意志表现为其在道德生活中战胜自己、超越自我。幼儿教师必须时刻保持良好的教师形象，在生活中的方方面面都要为幼儿树立良好的榜样。这就需要战胜自身品质中的自私、懒惰的成分，战胜自己的不良习惯。在幼儿教师的道德实践中，只有那些具有顽强意志的教师，才能经得起挫折和磨难，才能有持之以恒的人生追求，才能使自己的道德品质趋于完美。

因此，幼儿教师坚强的职业道德意志，是达到较高的道德水平的重要条件。如果幼儿教师在职业生涯中遇到了困难乃至危险，仍能以全部的热情和力量勇往直前，那么，她就具备了坚强的道德意志。

（四）培养幼儿教师道德行为

道德行为是在道德动机的支配下产生的，它表现为道德行为方式和道德行为习惯两方面。职业道德行为的养成是职业道德品质形成的关键。幼儿教师只有在不断反思自己道德行为的同时，在实践中贯彻道德原则和规范，并且长期坚持下去，才能培养出良好的道德行为，道德品质才算达到了比较完善的境界。总之，提高幼儿教师职业修养的过程是提高教师道德认识、陶冶道德情感、磨炼道德意志、养成良好道德行为习惯的 4 个环节有机统一的道德实践活动的过程。

二、改进幼儿教师的教育教学工作

《指导纲要》指出："教师应成为幼儿学习的支持者、合作者、引导者"；同时，也是幼儿学习资源的提供者、学习活动的组织者，幼儿学习成长过程中最有力的帮助者。教师职业素养的提高不可避免地会改进其教育教学工作，进而促进幼儿的全面发展。

在前文中已提及加强幼儿教师职业素养，有利于做好教育教学工作，而我们的任务，还要进一步改进幼儿教师的教育教学工作。

第一，要求幼儿教师要不断改进教学方式方法。教学活动是一个动态权变的过程，幼儿教师所面对的幼儿是具有主观能动性的个体，而教学情景又是个错综复杂、瞬息万变的过程，其中常常有意想不到的事情发生。教师面对变化的幼儿和突发事件时，要能巧妙地因势利导，要善于随机应变，果断地采取措施，做出适当、稳妥的处理。

第二，建立积极有效的师幼互动。在师幼互动中，教师不是管理者、指挥者，更不是机械的灌输者、传授者，而是良好师幼互动环境的创造者、交往机会的提供者、积极师幼互动的组织者和幼儿发展的支持者、帮助者、指导者、促进者。幼儿教师要深入、有效地参与和引导，保证师幼互动可以积极有效地进行。

第三，幼儿要因材施教、循序渐进。幼儿由于性格、生长环境等的不同都存在个体差异，因此在方法上要尊重幼儿的年龄特点因材施教，激励每个幼儿都能主动地参与活动。

第四，幼儿园可结合本园实际采取多种形式去获取经验。由于经济、地域所限，许多幼儿园的教育教学改革不可能得到众多专家的亲自指导，如在管理中可采取"走出去，请进来"的办法。"走出去"，即到办园有方的幼儿园去参观取经；"请进来"，即有针对性地请幼教专家到本园来指导工作。开展好"传、帮、带"活动，尽快提高教师素质，以适应新形势下幼儿教育的要求。

第五，采取灵活多样的教学方法，提高教学质量。尤其是一些中、小型城市，一些幼儿园人数超编已成为普遍现象。有效控制收托人数，需要社会各界的理解，需要幼儿园的管理者从长远痛下决心，需要家长的配合。只有适宜的幼儿人数，才有助于组织灵活多样的教学形式，丰富幼儿的一日生活，提高教学水平。就幼儿园教育活动设计而言，教师要有针对性地根据儿童发展的需要去设计。教学的组织要分清层次，考虑幼儿的年龄特征、个体差异，从培养"完整儿童"的角度去审视。要寓教于乐，通过游戏等教育手段，由表及里、由浅入深，循序渐进，不断开启儿童智力，促进他们健康成长。

三、促进幼儿教师个性化的专业发展，实现终身教育

教师专业发展，又称教师专业成长，是指教师在整个专业生涯中，依托专业组织、专门的培养制度和管理制度，通过持续的专业教育，习得教育教学专业技能，形成专业理想、专业道德和专业能力，从而实现专业自主的过程。它包括教师群体的专业发展和教师个体的专业发展。

教师职业素养的任务不仅是帮助幼儿教师实现专业发展，最重要的是要对其进行终身教育。教师专业化水平的提高无时不需要获取新知识、更新知识和应用知识。根据维果茨基的"最近发展区"理论，我们提倡幼儿教师要找好幼儿的最近发展区，为幼儿学习提供有效的"支架"，引发幼儿主动探索、主动学习的热情。而作为幼儿教育的主要承担者，也需要寻找幼儿教师的"最近发展区"，促进其专业成长。

首先，树立终身教育的意识和理念。幼儿教师只有树立终身教育的意识和理念，才能把不

断接受教育与主动学习作为自身专业发展的源泉与动力，与时代和教育的发展保持同步。要坚持终身学习与发展，既要通过多种途径不断提高自身的专业素质，还要秉承终身教育理念，将幼儿教育置于终身教育体系中，培养儿童成为终身学习者。

其次，自我学习与自我反思。这是幼儿教师进行终身教育的重要保证。幼儿教师应在每天的工作中，有意识地关注幼儿在活动中的反应，敏感地察觉他们的需要，及时以适当的方式应答，及时反思自己的行为。作为一个新时代的幼儿教师，只有坚持自我学习和不断反思，把反思行为变为自主的、习惯性的行为，才能实现自身的可持续发展。

再次，将理论学习与教育实践相结合，进行探索和研究。通过"实践—反思—再实践—再反思"，提升专业能力，形成教育智慧。

最后，不断扩大自身的学习资源和学习空间。及时了解专业领域和其他领域的最新发展信息，突破教育时间和空间的局限。

第三节 幼儿教师职业素养的内容

通常意义上，幼儿教师职业素养主要包括两个方面：人格素养和专业素养。其中，人格素养包括职业道德、健康的身心素质、对教师集体和家长要互相尊重、以身作则以及个人的仪表风度；专业素养包括专业知识、专业能力和专业情意。

一个具有较高职业素养的幼儿教师在处理幼儿之间的冲突时，与非专业的幼儿教师是有着截然不同的做法的。

 案例评析

该谁骑

一位老师带着 20 名 4 岁左右的孩子，到户外活动，因为全园只有两辆小三轮脚踏车，幼儿常为"该谁骑"争吵不休。这天，一位叫宝宝的小男孩跑到老师面前抗议道："小莉不让我骑三轮车。"这时老师应如何反应呢？

可以肯定的是，有较高职业素养的老师会先自问："可以利用这个机会教给孩子们什么？"可以用以下 4 种方式尝试解决。

第一种——轮流：教师可以协助幼儿学习"察言观色"，试着从别人的行为中看出一些端倪。例如，在什么时候提出"换我骑"的要求最有效，什么时候该放弃，什么时候可以再试试，以寻求最佳的应对方法。

第二种——协调：幼儿期的孩子已经具备协调的技巧。例如，猜测哪些事物能吸引别人，也能考虑每个人的喜好以达成协议，满足彼此的需求。在这个事件中，老师可以对宝宝说："你可以去跟小莉说，如果你让我骑三轮车，你荡秋千时我就帮你推。"如此，教师便向宝宝示范了如何用口头的方式与别人协调的技巧。

第三种——克服困难：老师需要协助幼儿克服所遭遇到的挫折。因为幼儿必须承认他不可能永远是赢家，必须学着接受失败和被拒绝。老师可以用就事论事的语气告诉宝宝：

"没关系，也许小莉等一下就不玩三轮车了，园里还有很多别的事可以做啊！有……"然后建议宝宝去玩玩其他的。也就是说，建议其他适合的活动，协助宝宝培养克服失败的能力。

第四种——语言技巧：老师可以教导幼儿用清晰、有效的语句表达自己的诉求。比如在这个事件中，老师可以引导宝宝用"我已经等了好久了，我很想骑一下"、"宝宝现在真的很想骑这辆三轮车"之类的话语与小莉沟通。

评析：

由上述案例可见，职业素养较高的教师以可靠的专业知识及见解来判断，其目的着眼于孩子长远的发展利益。因此，幼儿教师职业素养的培养是十分重要的。

一、幼儿教师应具备的人格素养

（一）幼儿教师职业道德

幼儿教师应具备的职业道德主要包括：热爱幼儿，热爱幼儿教育事业；健康的身心素质；对待教师集体和家长要互相尊重；有高尚的道德品质，以身作则。

幼儿教师的职业道德是指幼儿教师在从事教育劳动过程中，形成比较稳定的道德观念、行为规范的总和。

幼儿教师职业道德的状况反映了其整个的道德面貌。它在不同程度上影响着教师的整个生活目标、道德理想、道德标准，也直接影响到她的兴趣、情操，甚至整个个性品质。另外，以幼儿教师劳动的特点来看，也充分说明了道德在幼儿劳动中的重要性。因此，加强幼儿教师职业道德教育和职业修养，不仅有助于提高全民族的道德水平，建设社会主义精神文明和教育，而且对培养年幼一代有着特别重要的意义。

1. 热爱幼儿，热爱幼儿教育事业

热爱幼儿是幼儿教师最基本的品质，对孩子没有真正的爱，就不会有真正的教育。现代心理学研究证明：学前儿童是在人与人的交往中成长，成人的爱抚对幼儿的身心健康发展是十分重要的。幼儿对教师有种特殊的依恋，教师的爱是一种巨大的教育力量和极其重要的教育手段。幼儿教师热爱幼儿不是出于个人情绪的偏爱、个人的好恶、自然的爱，而是理智的爱、尊重的爱、严格的爱。这也就要求幼儿教师在日常活动中要对幼儿有爱心、耐心、热心、细心、童心和责任心。

（1）爱心。对于幼儿教师来说，无论何时何地，都要把爱心放在第一位，这也是其职业道德的核心。特别是对于小班刚入园的孩子来说，面对陌生的环境，甚至缺乏基本的生活自理能力，幼儿教师之于这些孩子来说首先充当的是妈妈的角色，而后才是教师的角色。这是由幼儿的年龄特点决定的，所以幼儿园的教育原则是保教结合，这是其他年龄段的教育所不具备的特点。我国儿童教育家陈鹤琴曾经说过："我爱儿童，儿童爱我。"这也充分说明了：作为幼儿教师，只有发自真心地去爱孩子，无论孩子聪明与否、漂亮与否、家庭条件怎样，都会全身心地去爱孩子，才能体会到幼儿园工作的乐趣，幼儿也才会真心地去喜欢老师。只有喜欢老师的孩子，才会真正地喜欢上幼儿园，才能在幼儿园里健康快乐地成长。

（2）耐心。由于幼儿身心阶段发展的特点，其求知欲和好奇心表现得尤为突出。当面对孩

子们问"为什么"的时候，教师更重要的是要不厌其烦，耐心地引导孩子自己去发现。面对孩子这样或那样的问题，甚至孩子在发展的过程中身心存在的各种问题，都需要幼儿教师耐心地去对待。

（3）热心。幼儿教师在幼儿园一日活动中不仅要对幼儿热心，而且在日常与家长的接触中，也要与家长交流孩子在幼儿园中的具体表现，使家长进一步地了解孩子，在家庭教育中对孩子存在的不足有针对性地进行教育。幼儿教师可充分利用幼儿入园和离园的时间询问家长孩子在家庭中的表现，以期对孩子有一个整体和全面的了解。另外，当幼儿教师与家长关系融洽时，如果在教育孩子的观念发生分歧时，或者孩子在幼儿园不可避免地受伤时，家长才能更好地理解教师，理解幼儿园。所以，做好家园配合，形成教育合力，幼儿教师的热心至关重要。

（4）细心。在幼儿园中，孩子的事情非常琐碎，特别是保育员老师，面对着孩子的各种问题，包括吃饭、睡觉、上厕所以及午睡后的梳头发、剪指甲等。每一件事情虽然都很细小，但是在这些细小的事情中更需要幼儿教师细心的教育。

（5）童心。拥有一颗童心，才能更好地从另一种角度了解孩子、更好地和孩子进行沟通，进而成为孩子的好朋友。一个真正充满童心的幼儿教师，不仅能够得到孩子的喜欢，而且自己的心态也会越来越年轻，幸福指数也会大幅提升。

（6）责任心。一个好的幼儿教师，责任心非常重要。只有有了责任心，才能使儿童免受伤害。在幼儿入园的环节中，作为一个有责任心的老师，应该严格按照规定对每个孩子进行仔细的晨检，仔细观察孩子的精神状况，发现问题及时进行处理。应该询问每个孩子是否有带药的，并做好服药记录。在教育活动中，有的孩子喜欢把笔放到嘴里，有的孩子在写字画画时喜欢和旁边的小朋友说话或者是嬉闹……这需要幼儿教师多加注意。就自由活动或者户外活动来说，一个有责任心的教师应该在活动前就对孩子们提出一些具体的要求，并且在整个活动中认真看护每个孩子。就离园活动来说，一个有责任心的教师不会仅仅让幼儿坐在电视机前看动画片打发时间，而是可以和孩子们开展丰富多彩的活动。

2. 对待教师集体和家长要互相尊重

幼儿教师处理好个人与个人、个人与集体的关系是职业道德中的一项重要内容。幼儿教师对待同事应互相尊重，看到别人长处，虚心学习，互相协作，互相团结，只有这样才能形成良好的集体，才有利于教育目的的实现。

另外，家长的配合是了解幼儿、促进幼儿健康发展、提高教育效果的重要条件。幼儿教师应该尊重幼儿家长，理解他们对子女的关心和期望的心情，与家长对孩子各方面的情况多交流，以使家长与幼儿园更好地配合，并参与教育工作。

3. 以身作则

教师是人类灵魂的工程师，是精神文明的播种者。孔子是中国第一个提出教师要做到身教重于言教的人，他认为教师应该用自己的人格去影响、教育学生，发挥教师的表率作用。因为幼儿模仿性强，教师的行为举止就是他们直观的、活生生的学习榜样，年龄越小的幼儿越是这样。苏联教育家加里宁曾说："一个教师必须好好检点自己，他应该感觉到，他的一举一动都处在最严格的监督之下，世界上任何人也没有受着这样严格的监督。孩子们几十双眼睛盯着他，须知天地间再也没有什么东西，能比孩子的眼睛更加精细、更加敏捷，再也没有任何人像孩子的眼睛那样能琢磨一切最细微的事物。"这也说明幼儿教师本身的表率作用是何等重要。因此，作为幼儿教师，他比任何职业的人更需要严格要求自己，做到思想进步、言行一致。

（二）良好的教育思想素养

良好的教育思想素养是幼儿教师职业素养的核心内容。就理论层面而言，良好的教育思想与理念是教育精神和价值取向的体现，反映了一名幼儿教师的文化底蕴和美好追求。从实践层面来讲，幼儿教师良好的教育思想具有激励人的功能，也具有教育人、规范人和指导人的作用。

幼儿教师良好的教育思想素养主要表现为正确的儿童观和教育观。儿童观主要是幼儿教师对儿童的总的看法和基本观点，是对幼儿进行良好教育的依据。幼儿教师的儿童观包括：首先，认识到幼儿是独立存在的人，具有与成人一样的基本权益，具有独立的人格。其次，儿童发展存在个体差异，不能以统一的标准要求所有的孩子。最后，每个幼儿都具有巨大的发展潜能，要充分利用幼儿身心发展的"关键期"进行教育。

教育观简单来说就是幼儿教师的教育观念：首先，教师一定要树立以幼儿的发展为本的观念，这不仅是教育的起点，也是归宿。其次，对幼儿的教育要渗透在一日活动的各个环节。最后，幼儿教师是幼儿学习活动的支持者、合作者、引导者，幼儿园教学过程是师幼互动、共同发展的过程。

（三）健康的身心素养

健康的身心素养是幼儿教师人文素养的基础。作为一名幼儿教师应当有宽阔慈爱的心胸、稳定的情绪、丰富的感情、活泼开朗的性格、良好的行为习惯。假如幼儿教师的情绪极其不稳定，整天愁眉苦脸或者一副怒气冲冲的样子，那么幼儿则会处于焦虑或者恐惧中，不敢和教师接近。假如幼儿教师和蔼可亲、有亲和力、情绪稳定，幼儿就会心情舒畅，特别喜欢这样的老师，特别喜欢上幼儿园。所以，只有给孩子营造一个宽松、和谐、开心的环境，幼儿的思维才会变得积极活跃，幼儿的性格才会变得自信乐观。

（四）仪表风度

仪表风度是一个人性格气质、文化素养、审美观念的外部表现，是美好心灵的表露。幼儿教师的仪表风度是指她的言谈举止、待人接物、步态手势、面部表情，以及衣着仪容等方面表现出来的行为方式和特征，是教师个人道德情操的反映，是内心美的外在表现，是文明行为的组成部分，直接对教育工作和幼儿的心灵产生影响。

幼儿教师的衣着打扮等应符合幼儿教师的形象，做到端庄大方、从容有礼、适度得体，符合教师的职业道德和审美标准，既不能过分陈旧，显得落伍，也不能一味追求新奇、艳丽、花哨。幼儿教师的服装颜色上应以暖色调为主，服装的样式应在体现时代特点的基础上便于与幼儿一起进行各种活动、便于规范幼儿的生活。相反，过肥、过宽的衣服，迈不开步的裙子等，都是不符合幼儿教师的职业特点的。鉴于幼儿具有"向师性"的特点，特别喜欢模仿老师，受教师的影响很大，所以教师在仪表方面更应多加注意，突出整体效果，这样也有利于提高幼儿教师的社会威望。

二、幼儿教师应具备的专业素养

（一）幼儿教师的专业知识

由于幼儿教师服务对象比较特殊，主要是 3—6 岁的幼儿，因此很多人都认为幼儿教师不需要懂得太多的专业知识，只需会一些技能，如唱歌、跳舞、画画，性格开朗活泼，会带着小孩子游戏就可以。这种认识不仅深刻地影响着家长与幼儿园管理者，而且不可避免地会对幼儿教师也产生一定的影响。幼儿教师的专业领域并不只是音乐、舞蹈、绘画这些专门的艺术领域，还包括幼儿园教育教学工作。孩子身体的发育、语言的发展、科学的启蒙与社会交往能力的形成对儿童今后的发展意义更为重大。因此，构成幼儿教师专业知识基础的就不仅仅是一些艺术技能，更多的应是有关艺术、语言、科学、社会发展、儿童身心发展方面的广泛知识与对艺术和文化的鉴赏能力，以及有关幼儿园教育教学的理论知识。

幼儿教师的专业知识可概括为 3 方面：条件性知识、本体性知识和实践性知识。

第一，条件性知识，主要指从事教育教学工作必要的教育科学知识。它包括学前教育学的理论与方法、学前心理学的理论与方法，还有学科教学论知识，这是成为一名幼儿教师最基本的条件。

其中，学前教育学的理论与方法是关于教师如何"教"的知识，掌握学前教育学的理论知识是专业教师与非专业教师的区别。同时，掌握一定的学前心理学的知识与方法是教师专业发展的基础。而教学知识则是教师的一种隐性知识，需要在长期的教育实践活动中自己摸索。

教师对幼儿一个小小的微笑足以燃烧起孩子的自信，照亮孩子的人生。教师不能忽视幼儿的情感，哪怕是一件很小的事情，对于幼儿来说都是至关重要的。陶行知曾经说过："你可不要轻视孩子的感情，他做了一只纸鹤飞不到天上去，是有如罗斯福讨不着机会去打德国一样的恼气；他写字想得双圈没有得着，仿佛是竞选总统落选了一样的失意。"看似稚嫩的幼儿也会有如此强烈的情绪体验，教师不能忽视这一点。

第二，本体性知识，主要包括幼儿教师的学科专业知识以及和幼儿教师专业相关的其他学科的知识，包括幼儿卫生学、幼儿心理学、幼儿教育学以及幼儿园各科教材教法，这些知识也是幼儿教师知识结构中很重要的方面。

第三，实践性知识，主要与教育情境紧密相连，是内隐性的知识体系。英国学者艾尔贝兹最先提出了教师实践性知识的概念，并将其界定为：教师广泛拥有的一种不清晰的、不抽象的、在面临工作时能利用各种知识资源引导其工作的知识。国内学者陈向民认为："教师的实践性知识是教师真正信奉的并在其教育教学实践中实际使用和表现出来的对教育教学的认识。"因此，幼儿教师的实践性知识具有情境性、内隐性的特点，很多时候是"只可意会不可言传"的。同时，这也和幼儿教师个人的从教经历有着密切的联系。

幼儿教师的条件性知识和本体性知识都属于理论性的知识，可以通过专业学习的途径来获得，但是幼儿教师的实践性知识必须根植于教师的教育教学实践中，只有通过日常教育实践的积累和丰富，才能不断得到强化和改造。

总之，幼儿教师的知识结构应当具有一定的综合性、渗透性，与从事其他职业的人相比，更要不断地充实自己，不断开拓更新自己的知识，培养更多其他方面的爱好和才能。

（二）幼儿教师的专业能力

幼儿教师的专业能力结构主要包括：观察了解幼儿的能力、制订教育教学计划的能力、组织管理能力、沟通能力和教学反思的能力。

1. 观察了解幼儿的能力

观察了解幼儿是教师进行教育的前提条件。幼儿教师不仅要善于对幼儿在一日活动中的外在行为进行观察，还要善于了解儿童的心理活动。如果教师能观察到幼儿的异常行为，那么就可以有的放矢地对幼儿进行教育，收到较好的教育效果，从而巧妙地加以引导。

观察是一种有目的、有计划的较持久的知觉活动。因此，在观察幼儿一日活动的过程中，幼儿教师应该明确观察的目的，并围绕这个观察目的有步骤地进行观察活动。以幼儿园中的游戏活动为例，教师首先应将观察的重点放在幼儿身上，要观察在游戏中幼儿的各种行为表现或是在不同类型游戏中每个幼儿的实际发展水平，并做好相应的观察记录。其次，应观察幼儿游戏的空间、时间以及游戏材料等游戏环境对游戏活动的影响，如游戏场地创设、游戏时间的长短、游戏材料的投放等对游戏活动的影响，以便准确掌握幼儿当前的需要和游戏活动状况，从而提供与幼儿发展水平相适应的条件，更好地为幼儿游戏活动的开展提供支持，以利于更好地了解幼儿。

对于幼儿教师来说，选择合适的观察方法是了解幼儿的关键。观察的方法主要有以下 3 种。一是扫描观察法，是教师在相等的时间段里对幼儿依次进行观察。此法适合教师大概地了解全班幼儿的一日活动情况。二是定点观察法，是教师固定在一日活动的某一区域对幼儿进行定点观察。此法适合教师了解某个游戏活动或教学活动中幼儿的情况，能够避免教师介入指导的盲目性。定点观察法在游戏或教学的过程中使用较多。三是追踪观察法，是教师根据观察目的和需要确定 1~2 个幼儿进行重点细致观察。此法适合教师观察了解个别幼儿在游戏、教学等活动中的发展。教师可以固定人而不固定地点地观察幼儿在活动中的各种情况。教师既可以自始至终地观察，也可以就某一个时段或某一个情节对个别幼儿进行观察。

2. 制订教育教学计划的能力

教师的教育教学计划是幼儿园教育工作的重要环节，是教师开展班级日常工作的依据和具体的行动规划，能有效地促使教师将培养目标清晰、有目的地落实到幼儿身上，减少教师开展工作中的不确定性，找到一种方向感。教育教学计划主要包括学期计划、月计划、周计划和日计划四种。

制订教育教学计划时，应遵循以下 4 条原则：根据"以幼儿发展为本"的理念，计划要体现稳定性和灵活性相结合的原则；根据维果茨基"最近发展区"的理论，计划要体现适宜性和挑战性相结合的原则；根据"幼儿全面和谐发展"的要求，计划要体现整合性和平衡性相结合的原则；根据"因材施教"的教育原则，计划要体现针对性和层次性相结合的原则，即为每个幼儿的健康成长提供适宜其自身发展需要的条件，为每个幼儿多元智能的发展创造机会。

在制订学期计划时，要结合幼儿教师自身对目标的理解、以往的工作经验、现有的参考教材进行选择确定，也可以进行调整和添加。月计划是学期计划的下位分解计划，主要是在总结上月执行情况的基础上提出实现学期目标计划的实际步骤，包括上月情况分析、本月各领域重点目标、主要活动措施及活动内容等。周计划的重点是将月计划分解到各周逐次完成，进一步明确工作要求、内容、措施，以便将一般常规工作和重点工作有机结合起来，但要分清轻重缓急及主次，要保证每周安排一两项重点工作。日计划是一日生活中全部活动的设计规划，是周计划每天、每项内容的详细实施方案。一般由教师独立完成，包含目标、环境材料、过程与指导重点、效果分析4个要素。

3. 组织管理能力

在幼儿园的一日活动中，合理规划、科学地安排幼儿活动，启发幼儿的主动性、创造性，最大程度地促进儿童发展，这就对幼儿教师的组织能力提出了很高的要求。一般来说，幼儿教师的组织管理能力包括：制订班级教育工作计划的能力；创设与本班幼儿发展相适宜的环境的能力；按照幼儿的发展水平进行分组，及灵活地指导各小组同时进行活动的能力；组织幼儿开展各类教育活动并进行评价的能力等。而在幼儿园一日活动中的户外活动环节，以及活动结束与上课之前的过渡环节，同样需要幼儿教师较高的组织管理能力。

幼儿教师的组织管理能力是搞好教育教学的保证，教育组织能力是在学习和工作中有意识地锻炼而逐步提高的。在一日活动的过程中，幼儿教师可预先制定活动规则，提高幼儿的自律能力。同时加强师幼互动，加强对整个教育过程的监控，教师的管理效果就会显著增强。

总之，教师在组织各个活动时，事先对活动的步骤制订详细的计划，考虑好活动的每个步骤，实施时认真细致，并且在每次行动结束都认真地进行总结反思。这样，幼儿教师的组织管理能力就会在不断的锻炼中得到提高。

4. 沟通能力

在日常的教育教学工作中，言语是传递知识、影响幼儿的重要手段。幼儿教师的沟通能力主要包括与幼儿的沟通和与幼儿家长的沟通。幼儿教师的言语应该是确切明了、简单通俗、生动形象、富有感染力和说服力，不仅要求语法正确，还要讲究语音、语调以及语言的生动性，同时伴以适当的面部表情和手势。一般来说，教师与幼儿、教师与家长之间的沟通包括"言语沟通"和"非言语沟通"。

幼儿教师在与幼儿的交流中，根据幼儿的身心发展状况，特别是小班的幼儿，应该更多地使用肯定句式，少用否定句式。教师应讲究语言艺术，由于幼儿的思维具有直觉行动性和具体形象性，因此教师的口语应该生动形象、引人入胜，并伴有体态语言。在教师与幼儿进行沟通的过程中，"非言语沟通"有时候比"言语沟通"更为重要。"非言语沟通"主要指教师运用手势、表情、目光、面部表情等体态动作，向幼儿传达意愿，表达态度，教师一个肯定的目光、一个微笑或抚摸，有时候比语言更能激励幼儿，增强其自信心。

幼儿教师与家长的沟通则需要有了解家长的能力和与家长沟通的技能技巧。主要包括：与家长面对面交谈时聆听的技巧，适合不同家长个性的谈话技巧，向不同个性的家长汇报孩子不同发展情况的技巧等。除此之外，教师还要利用多种手段与家长进行沟通。如教师可以通过家长会的形式，较全面、准确地向家长反映幼儿在园情况，听取家长意见，还可以主动了解幼儿在家情况，宣传科学育儿知识，共同制定教育措施，做好教育工作。教师也可利用家长接送幼儿的时间，短暂交谈，或采取家访、家园联系册等方式与家长沟通。

5. 教学反思的能力

任何教师的专业化成长都离不开反思。美国学者波斯纳提出教师成长的公式：教师成长＝经验＋反思。如果一名教师只满足于经验的获得，而不对经验进行深入思考，那么他只能在低水平上进行简单的重复。教学反思的能力也就是对自己的教育教学状况进行正确评价的能力。无论是对幼儿教师来说，还是对其他教师来说，都是很重要的一种能力。如果一个教师善于反思，无论是对她的专业发展还是整体综合素质的提高，都能起到事半功倍的效果。

叶澜教授曾提出这样的观点：一个教师写30年教案不一定有效果，但坚持写3年教学反思一定能成为优秀教师。这足以说明教学反思对幼儿教师专业发展的重要性。

幼儿教师可以尝试着从以下方面进行反思：对教学目标达成情况进行反思；对活动实施情况进行反思；对师幼互动效果进行反思；对突发事件进行反思；对幼儿行为进行反思。通过反思找出教学中存在的问题，不断调整自己的知识结构和实践方式，使专业成长达到质的飞跃。

6. 进行教育教学研究的能力

教育科学研究的能力，是教师对幼儿、对教育教学实践和理论进行探索，发现问题，并试图解决问题的能力。

幼儿教师要在教学实践的基础上，逐渐发展自己的教育教学研究的能力。幼儿教师的教育教学研究活动与专业理论研究不同，他们进行研究的目标、内容和行为方式有自己独特的特点，做好幼儿园教育研究必须结合自身的特点，从自身出发，实事求是。对于广大幼儿教师来说，教育教学研究的问题应该来源于自己或幼儿园的教育教学工作中，一般是比较具体的应用性问题。幼儿教师具有进行教育教学研究的能力，这也是新时期对幼儿教师提出的更高的要求。

（三）幼儿教师的专业情意

幼儿教师的专业情意是教师对教育教学的一种深厚的情感，教师专业化的最高境界意味着专业情意的健全。幼儿教师的专业情意包括专业理想、专业情操、专业性向和专业自我4个方面。

1. 专业理想

专业理想是幼儿教师对成为一个成熟的教育教学专业工作者的向往和追求，它为教师提供奋斗目标，是推动教师专业发展，并使其献身于教育工作的根本动力。专业理想的树立意味着教师对教育事业的责任感以及积极性的强化。

幼儿教师的专业理想是教师专业发展的内在驱动力，起到了导航的作用。一个有着专业理想的幼儿教师，其自身的成长会更快。

2. 专业情操

专业情操是幼儿教师对教育教学工作带有理智性的价值评价的情感体验，它是构成教师价值观的基础，是构成优秀教师个性的重要因素，也是教师专业情意发展成熟的标志。它包括理智的情操、道德的情操和美的情操3个方面。

首先，理智的情操是幼儿教师认识教育和改造教育的一种内在的动力，主要表现为教师在教学和科研上所获得的成就感，以及对幼儿教育事业充分认识而产生的自豪感。所以，在培养幼儿教师理智的情操时，要积极地引导教师研究教育教学，对教育教学中出现的具体问题进行研究。

其次，道德的情操是专业情操中最重要的一个方面。幼儿教师的道德情操是发自内心深处的情感，基于教育、基于发展的目的。

在具体的幼儿园工作中，首先，幼儿教师要做到"一进步"、"二全心"、"三和蔼"。"一进步"是学习先进教师的敬业爱业精神，不断自我进步。"二全心"是全心全意为幼儿的进步努力、全心全意为家长服务。"三和蔼"是幼儿教师要对幼儿和蔼可亲，对每位家长和气有礼，并且对同事和睦互助。其次，幼儿教师还要做到"三个贴近教育"，即在幼儿活动时，教师要以朋友的身份参与活动，去贴近幼儿的内心；在幼儿做错事情时，教师一定要做到以理服人，和孩子像母子一样地去微笑沟通，去贴近幼儿情感；在幼儿有强烈的要求时，要用一颗童心去理解孩子们的要求，去贴近幼儿生活。最后，幼儿教师也一定要得到"三个信任"，即得到幼儿、家长、社会上的信任。只有做到了这些，幼儿教师的道德情操才会得到更好的发展。

最后，美的情操是幼儿教师按照社会和教育发展的规律，根据自身的审美标准，对教师的专业活动进行评价时产生的情感体验，它是教师专业发展中顶级的情感。幼儿教师的审美修养影响着教学以及游戏活动等过程中美的创造，同时教师也要善于引导和培养幼儿学生的审美情趣。

3. 专业性向

教师的专业性向是幼儿教师成功从事教学工作所具备的人格特征，是优秀教师的专业趋同性。

一般来说，优秀的、创造力强的幼儿教师的专业性向为：富有耐心，能够发现每个幼儿的潜质和才能并给予正确指导；有敏锐的观察力和综合分析力，能合理想象和正确判断幼儿的未来；自主独立，富有创造性；拥有良好的人际关系，为人耿直、坦率、不拘小节，具有幽默感，具有良好的口语表达能力，善于组织幼儿园教育教学活动等。

4. 专业自我

教师专业自我是幼儿教师在职业生活中对自我从事教育教学工作的感受、接纳和肯定的心理倾向。具有良好的专业自我的幼儿教师，能够在职业生活中形成完备的知识、观念、价值体系，创造并体现符合自己志趣、能力与个性的独特的教学风格。

专业自我主要包括以下方面：对自我形象的正确认知、积极的自我体验、正确的职业动机、对职业状况的满意度、对理想的职业生涯有清晰认知、对未来工作情境有较高的期望等。教师专业自我在一定程度上表现为教师的主观幸福感。幼儿教师的主观幸福感源于对教育的执着热爱，也源于对自我的肯定和欣赏。同一水平的教师，由于自我悦纳的程度不同，主观幸福感也会不同。

幼儿教师专业自我的形成是教师在与外界环境的相互作用中教育教学素质不断提高的过程，是教师职业生活个性化的过程，也是良好教师形象形成的过程。

📝 **思考与练习**

1. 幼儿教师职业素养的意义是什么？

2. 幼儿教师职业道德修养包括哪些方面？

3. 幼儿教师的专业情意有哪些？

课证融通

1. 在孙老师组织的"我为班级做件事"讨论中，晨晨说："我收垃圾。"琴琴立刻说："妈妈说，如果不好好学习，长大以后就去收垃圾。"孙老师接着说："环卫工人收垃圾，让我们生活在干净的环境里，因此收垃圾也是一件很有意义的事。"从教育观角度分析，下列正确的是（　　　　）。（单选题）

　　A. 教师要引导幼儿正确认知

　　B. 教师要关注幼儿成长

　　C. 教师要引导幼儿进行生涯规划

　　D. 教师要注重幼儿的个别差异

2. 学校对学生进行心理健康教育的任务是（　　　　）。（多选题）

　　A. 培养学生良好心理素质

　　B. 维护学生心理健康

　　C. 培育"四有"新人

　　D. 促进学生实现与环境的积极适应

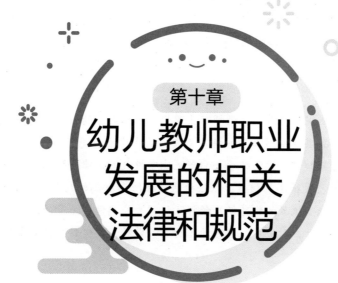

第十章

幼儿教师职业
发展的相关
法律和规范

★ **本章导读**

　　近年来，随着某些幼儿园法律纠纷、幼儿教师虐童事件的出现，引发了公众对幼儿园教师职业道德及相关法律法规的广泛关注。在呼吁提升幼儿教师职业道德的同时，也要摸清幼儿教师职业发展的底线，那就是相关的法律规定，只有明了底线，才能更有效地减少触碰底线的行为。诸多事件的发生皆是因为当事人职业法律意识的缺失和淡薄，因而对幼儿教师职业发展的相关法律知识进行普及势在必行。

@ **思政小课堂**

　　幼儿教育政策法规是培养幼儿教师职业理想和法律素养的一门重要课程，教育的目的性要求教师必须具备其职业所必需的特定素质，从法律素质角度看就是：首先，教师除了掌握一般的法律基础知识外，还必须全面系统地掌握教育法律法规体系。幼儿教师职业法律素质是幼儿教育质量提高的核心，依法执教是保障和提高幼儿教育质量的前提和基础，只有懂法、守法、依法执教的优秀幼儿教师队伍，才能确保高质量的幼儿教育。幼儿教师的职业法律素质的提升，对保护、促进幼儿的身心发展，促进幼儿教育事业的健康发展都具有重要作用。

第一节　幼儿教师职业法律素质

一、职业法律素质的含义及特点

　　关于职业法律素质的含义，首先从素质入手，对于"素质"一词在《辞海》中是这样描述的：①人的生理上的原来的特点；②事物本来的性质；③完成某种活动所必需的基本条件。在高等教育领域中，素质应是第三个定义，那就是大学生从事某种社会实践活动所具备的能力。

　　法律素质是个体在学习和掌握一定法律知识的基础上，能够将法律知识外化为符合法律规范的行为，内化为运用法律知识解决实际问题的能力，最终由两者结合为法律素质。法律素质指个体自觉知法、守法、用法的能力和行为。

　　教师职业的特殊性决定了其法律素质具有一般内涵和特殊内涵。

　　一般内涵。教师作为社会人，应广泛了解一些基本法律知识，正确认识和理解社会主义民主与社会主义法制的关系，认识到社会主义法制的本质和基本特征，自觉守法，主动用法，运用法律维护国家和集体的利益，维护自身和学生的正当权益。

　　特殊内涵。教师作为一个特殊的职业群体，教育的目的性要求教师具备其职业所必需的特定素质，从法律素质角度看就是：首先，教师除了掌握一般的法律基础知识外，还必须全面系统地掌握教育法律法规体系；其次，教师必须严格守法，依法执教。

二、幼儿教师职业法律素质的作用

人是一切活动的核心要素，幼儿教师是幼儿教育的核心，而幼儿教师职业法律素质是幼儿教育质量提高的核心，依法执教是保障和提高幼儿教育质量的前提与基础，只有懂法、守法、依法执教的优秀幼儿教师队伍，才能确保高质量的幼儿教育。

幼儿教师职业法律素质的作用主要表现在以下 3 个方面。

（一）幼儿教师职业法律素质的提升有利于幼儿教育事业健康发展

习近平总书记反复强调："教师是立教之本、兴教之源，承担着让每个孩子健康成长、办好人民满意教育的重任。"幼儿教师职业法律素质的提升，对保护、促进幼儿的身心发展，促进幼儿教育事业的健康发展都具有重要作用。

（二）幼儿教师职业法律素质的提升有利于改善幼儿园法律纠纷现状

近年来，随着幼儿园法律纠纷的出现，有的甚至涉及严重违法，这些都与幼儿教师的法律素质紧密相关。某幼儿园教师出于"一时好玩"，揪住一名幼童双耳向上提起，并让同事拍照传到网上。被揪耳幼童双脚离地近 20 厘米，表情痛苦，号啕不止。相反，幼儿教师神情愉悦，乐在其中。这种行为明显违法，对幼儿身心造成了严重伤害，而当事人只是出于"一时好玩"，其职业法律素质之淡薄让人震惊。

这些层出不穷的法律纠纷，很大程度上是幼儿教师的法律意识淡薄、职业法律素质的缺失造成的，因此，幼儿教师职业法律素质的提升迫在眉睫。

（三）幼儿教师职业法律素质的提升有利于保护幼儿及教师自身合法权益

幼儿教师作为一个社会群体，承担着保护幼儿合法权益的重任，《教师法》第八条规定教师应当履行的义务包括"关心、爱护全体学生，尊重学生人格，促进学生在品德、智力、体质等方面全面发展"、"制止有害于学生的行为或者其他侵犯学生合法权益的行为，批评和抵制有害于学生健康成长的现象"。

幼儿教师作为社会人，也有自身应有的权利和义务。要提高幼儿教师的职业法律素质，更好地运用法律武器保护自身权益。《教育法》第三十四条规定："国家保护教师的合法权益，改善教师的工作条件和生活条件，提高教师的社会地位。教师的工资报酬、福利待遇，依照法律、法规的规定办理。"

三、幼儿教师应具备的职业法律素质

（一）具备从事教师行业所需的普适性法律素质

幼儿教师作为教育行业中的一个群体，势必要先具备教师行业所需的法律素养，了解《教育法》、《教师法》等相关法律。如了解 1995 年 9 月 1 日正式实施的《教育法》的相关内容，知道它是教育的"宪法"或教育法规体系中的"母法"，在教育法体系中具有最高法律效力。理解教师的权利和义务、受

中华人民共和国
教育法（节选）

教育者的权利等，从而做到依法执教。

（二）具备从事幼儿教师所需的专业性法律素质

幼儿教师面对的是一个特殊的群体，是 3—6 岁的幼儿，相比于其他阶段的教育，教育者要付出更多的心血和努力。在面对这些幼儿时，只倡导爱心和师德是不够的，必须有一个底线，就是相关法律。幼儿教师要认真学习《儿童权利公约》《幼儿园工作规程》《幼园工作条例》、《幼儿园教育指导纲要（试行）》《3—6 岁儿童学习与发展指南》等法律法规。近年来，各幼儿园通过法律知识竞赛、普法知识讲座等形式对幼儿教师进行普法宣传，都起到了良好效果。

幼儿教师作为一个职业群体，在工作过程中也要学会维护自身的合法权益，如了解自身的从业资质，了解教师的权利和义务，了解有关组织和个人侵犯自身权利时如何维护等，从而真正做到依法执教，依法维护自身权利。

第二节　相关法律法规和规范性文件

一、与幼儿教师相关的法律法规和规范性文件

作为一名肩负着教育国家未来希望的教育者，幼儿教师应该了解相关法律法规，主要包括以下 4 个方面。

（一）《幼儿园工作规程》

《幼儿园工作规程》是加强和规范幼儿园管理的重要文件，也是深化幼儿园教育改革、提升保教质量的指导性文件，自 1996 年颁布实施以来发挥了重大作用。随着经济社会的发展，教育改革的不断深入，幼儿园教育的环境和条件的不断变化，为适应新形势，教育部颁布了新修订的《幼儿园工作规程》（以下简称新《规程》），新《规程》自 2016 年 3 月 1 日起实行，同时废止原国家教育委员会第 25 号发布的《规程》。新《规程》整体依据原文件，修订部分更加注重与现行法律政策规定的衔接，进一步完善幼儿园管理制度，促进学前教育健康可持续发展。

（二）《幼儿园管理条例》

《幼儿园管理条例》1989 年 8 月 20 日经国务院批准，1989 年 9 月 11 日中华人民共和国国家教育委员会令第 4 号发布，自 1990 年 2 月 1 日起施行。

开办幼儿园应当具有符合下列条件的保育、幼儿教育、医务和其他工作人员。

（1）幼儿园园长、教师应当具有幼儿师范学校（包括职业学校幼儿教育专业）毕业程度，或者经教育行政部门考核合格。

（2）医师应当具有医学院校毕业程度，医士和护士应当具有中等卫生学校毕业程度，或者取得卫生行政部门的资格认可。

（3）保健员应当具有高中毕业程度，并受过幼儿保健培训。

（4）保育员应当具有初中毕业程度，并受过幼儿保育职业培训。

（三）《幼儿园教育指导纲要（试行）》

《幼儿园教育指导纲要（试行）》（以下简称《指导纲要》）以区别于 1981 年颁布的《幼儿园纲要》，《指导纲要》颁布于 2001 年 7 月，是为了贯彻《教育法》、《幼儿园管理条例》、《幼儿园工作规程》，指导幼儿园深入实施素质教育。《指导纲要》共分为总则、教育内容与要求、组织与实施、教育评价 4 个部分。其中，第二部分着重从幼儿园 5 大领域的目标、内容与要求、指导要点等方面进行了详细的阐述，是指导幼儿教师保育和教育的重要依据。

（四）《3—6 岁儿童学习与发展指南》

2012 年由教育部颁布的《3—6 岁儿童学习与发展指南》（以下简称《指南》），是贯彻落实教育规划纲要和学前教育"国十条"的重要举措。教育规划纲要明确提出：遵循幼儿身心发展规律，坚持科学保教方法，保障幼儿快乐健康成长。"国十条"明确要求"国家颁布幼儿学习与发展指南"。《指南》的印发对有效转变公众的教育观念、提高广大幼儿园教师的专业素质和家长的科学育儿能力、防止和克服"小学化"倾向、全面提高学前教育质量，具有重要意义。

《指南》既适用于幼儿园教师，也适用于广大家长，操作性和实用性都很强，着重强调了以下 5 个方面的教育理念。

1．幼儿是积极主动的学习者

促进幼儿学习与发展最重要的是为幼儿创造机会和条件，注重激发与保护幼儿的求知欲和学习兴趣，调动幼儿学习的积极性和主动性，鼓励、支持和引导幼儿去主动探究与学习。

2．珍惜童年生活的独特价值

要充分认识生活和游戏对幼儿成长的教育价值，把握蕴含其中的教育契机，让幼儿在一日生活中，在与同伴和成人的交往中感知体验、分享合作、享受快乐。

3．尊重幼儿的学习方式和学习特点

要最大限度地满足和支持幼儿通过直接感知、实际操作及亲身体验获取经验的需要，严禁"拔苗助长"式的超前教育和强化训练。

4．尊重幼儿发展的个体差异

幼儿的学习方式和发展速度各有不同，在不同学习与发展领域的表现也存在明显差异。幼儿年龄越小，个体差异就越明显。成人不应要求幼儿在统一的时间内达到相同的水平，应允许幼儿按照自身的速度和方式达到《指南》所呈现的发展"阶梯"，不用"一把尺子"衡量所有幼儿。

5．重视家园共育

强调重视家庭教育对幼儿终身学习和发展的重要影响，倡导建立良好的亲子关系，创设平等、温馨的家庭环境，注重家长对孩子言传身教和潜移默化的影响。只有家长和幼儿园共同努力，才能有效地促进幼儿身心健康成长，否则就会事倍功半。

《指南》从健康、语言、社会、科学、艺术五大领域描述幼儿的学习与发展。每个领域按照幼儿学习与发展最基本、最重要的内容划分为若干方面。每个方面由学习与发展目标和教育

建议两部分组成。

学习与发展目标部分分别对 3—4 岁、4—5 岁、5—6 岁 3 个年龄阶段末期的幼儿所具备的基本生活自理能力（表 10-1），应该知道什么、能做什么、大致可以达到什么发展水平，分别提出了合理期望，指明了幼儿学习与发展的具体方向。

表 10-1　具有基本的生活自理能力

3—4 岁	4—5 岁	5—6 岁
1.在帮助下能穿脱衣服或鞋袜 2.能将玩具和图书放回原处	1.能自己穿脱衣服、鞋袜、扣纽扣 2.能整理自己的物品	1.知道根据冷热增减衣服 2.会自己系鞋带 3.能按类别整理好自己的物品

此外，教育建议部分列举了一些能够有效帮助和促进幼儿学习与发展的教育途径及方法。以健康领域为例，学习与发展目标和教育建议如下。

（1）鼓励幼儿做力所能及的事情，对幼儿的尝试与努力给予肯定，不因其做不好或做得慢而包办代替。

（2）指导幼儿学习和掌握生活自理的基本方法，如穿脱衣服和鞋袜、洗手洗脸、擦鼻涕、擦屁股的正确方法。

（3）提供有利于幼儿生活自理的条件。如提供一些纸箱、盒子，供幼儿收拾和存放自己的玩具、图书或生活用品等；幼儿的衣服、鞋子等要简单实用，便于自己穿脱。

《指南》提供的幼儿学习与发展目标及典型表现是家长和幼儿教师观察了解幼儿的参照，但不是评价和衡量幼儿发展快与慢、好与差的"标尺"，不能简单地对照指标评判幼儿，更不能将《指南》作为分领域训练的"清单"，为追求"达标"而对幼儿进行强化训练。《指南》有助于帮助家长和幼儿教师根据每个幼儿的特点，确定适合其身心状况的合理发展目标，但《指南》中的各学习与发展目标不能简单、直接地用作幼儿园的具体教育活动目的和活动内容，应该根据幼儿的兴趣和需要，制定有针对性的活动目标，选择活动内容，提供丰富、适宜的玩教具和游戏材料，并善于把握蕴含其中的教育契机，促进每个幼儿在原有水平上的发展。要从促进幼儿全面发展的角度，理解和运用《指南》各领域的目标及要求，注重各领域之间和目标之间的相互渗透、整合，促进幼儿身心健康协调发展，绝不能片面强调与追求幼儿在某一方面和几个方面的发展。

二、与幼儿相关的法律制度

长期以来，人们往往强调幼儿作为受教育者的义务，而忽略其作为具有独立法律人格的公民所享有的权利。事实上，幼儿有十分广泛的法律权利。

（一）《儿童权利公约》

1989 年 11 月 20 日，第 44 届联合国大会以 25 号决议通过了《儿童权利公约》（*Convention on the Rights of the Child*，CRC，以下简称《公约》）。《公约》是第一部有关保障儿童权利且具有法律约束力的国际性约定。1990 年 1 月 26 日,《公约》向所有国家开放供签署,当天就有 61 个国家签署。1990 年 9 月 2 日,《公约》在获得 20 个国家批准加入之后正式生效。

1990 年 8 月 29 日,中国常驻联合国大使代表中国政府签署了《公约》,中国成为第 105 个签约国。1991 年 12 月 29 日,第七届全国人民代表大会常务委员会第二十三次会议决定批准中国加入《公约》,同时声明:中华人民共和国将在符合其宪法第二十五条关于计划生育的规定的前提下,并根据《未成年人保护法》第二条的规定,履行《公约》第六条所规定的义务。1992 年 3 月 2 日,中国常驻联合国大使向联合国递交了中国的批准书,从而使中国成为该公约的第 110 个批准国。该公约于 1992 年 4 月 2 日在中国生效。

《公约》由序言和 54 项条款组成。序言部分回顾了《联合国宪章》的原则,以及宣言和《公约》中有关人权的条款。54 项条款由三部分组成,第 1—41 条为第一部分,是实质性条款,规定了儿童的定义、儿童的权利、《公约》的基本原则。第 42—45 条为第二部分,是程序性条款,规定了缔约国的义务、联合国儿童权利委员会的组成和任期。第 46—54 条为第三部分,是缔约性条款,主要涉及公约的签署、批准、加入、生效、修改、保留、退出等事项。

(二)《中国儿童发展纲要(2021—2030 年)》

《中国儿童发展纲要(2021—2030 年)》是 2021 年 8 月 25 日,国务院常务会议审议通过的纲要,于 2021 年 9 月 8 日,由国务院印发。本纲要把"培养什么人、怎样培养人、为谁培养人"这一主线贯穿始终,充分体现全面落实立德树人的根本任务;把"坚持鼓励儿童参与"作为基本原则之一,强调尊重儿童主体地位,鼓励和支持儿童参与家庭、社会和文化生活,创造有利于儿童参与的社会环境。

(三)其他与幼儿相关的法律

1.《教师法》

《教师法》从 1986 年开始起草,后经过八年酝酿、修改,于 1993 年 10 月 31 日经第八届全国人民代表大会常务委员会第四次会议通过,1994 年 1 月 1 日起施行。教师法的制定和颁布,对于提高教师的地位,保障教师的合法权益,造就一支具有良好的思想品德和业务素质的教师队伍,促进我国社会主义教育事业的发展,有着重要的意义。

《教师法》是我国教育史上第一部关于教师的单行法律,它的制定和颁布体现了党和国家对人民教师的重视。有利于从根本上提高教师的社会地位,保障教师的合法权益,使教师成为社会上受人尊重的职业;有利于加强教师队伍的建设,造就一批具有高素质的教师队伍,促进社会主义教育事业的发展,同时对幼儿的合法权益也起到了积极保障作用。

2.《未成年人保护法》

2021 年 6 月 1 日起,新修订的《未成年人保护法》正式实施,这是一部全方位保障未成年人权益的综合性、基础性法律。修订后的《未成年人保护法》分为总则、家庭保护、学校保护、社会保护、网络保护、政府保护、司法保护、法律责任和附则,共九章 132 条。

《未成年人保护法》有利于促进未成年人健康成长,保证党和国家事业后继有人。未成年人是祖国未来的建设者，是中国特色社会主义事业的接班人。他们的成长状况如何，直接关系到中华民族的整体素质，关系到国家前途和民族命运。未成年人保护法的立法宗旨，就是保护未成年人的身心健康，保障未成年人的合法权益，促进未成年人在品德、智力、体质等方面全面发展，培养有理想、有道德、有文化、有纪律的社会主义建设者和接班人。

 思考与练习

1. 教师职业法律素质的作用有哪些？

2.《中华人民共和国教育法》中关于教师的权利和义务是如何规定的？

3. 幼儿教师应该了解的法律法规有哪些方面？

课证融通

1. 在处理涉及学生伤害事故纠纷时，下列说法正确的是（　　）。（多选题）

　　A. 如果法律先后有两种提法，一般以后制定的法律为准

　　B. 学校与学生之间的问题，应该以教育部制定的规章为准

　　C. 如果法律与政策有不同提法，应该以相关政策为准

　　D. 如果法律与政策有不同提法，应该以相关法律为依据

2.《中华人民共和国宪法》规定，任何组织或个人权利都不得超越（　　）。（单选题）

　　A. 宪法和法规

　　B. 宪法和法律

　　C. 法律和法规

　　D. 政策和法律

课证融通答案汇总

参考文献

［1］ 丁海东.幼儿园游戏与指导［M］.北京：高等教育出版社，2013.

［2］ 蒋慧，吴舒莹，马梦晓.幼儿教师心理调适［M］.福州：福建教育出版社，2012.

［3］ 杨敏.儿童保护：美国经验及其启示［M］.南京：江苏人民出版社，2016.

［4］ ［印度］迪帕·库玛.美国儿童自我保护技能训练［M］.石婧，译.北京：北京科学技术出版社，2018.

［5］ 郭正良，颜旭.幼儿教师职业道德［M］.2版.长沙：湖南大学出版社，2014.

［6］ ［美］蔡伟忠.幼儿常规建立的道与法［M］.北京：中国农业出版社，2012.

［7］ 吴颖新.幼儿教师的专业素养［M］.北京：中国轻工业出版社，2012.

［8］ 邓卫东.幼儿教师职业修养与职业规划指导［M］.天津：南开大学出版社，2014.

［9］ 崔培英.幼儿园教师职业道德修养［M］.郑州：郑州大学出版社，2016.

［10］左志宏.幼儿园教师职业道德［M］.北京：北京师范大学出版社，2014.

［11］金正昆.教师礼仪规范［M］.2版.北京：中国人民大学出版社，2014.

［12］戚荣金，唐燕，崔聚兴.学前教育学［M］.西安：陕西师范大学出版总社有限公司，2013.

［13］施燕.幼儿园新教师上岗手册：给充满困惑的新教师和园长们［M］.上海：华东师范大学出版社，2012.

［14］钱晓萍，舒荣.幼儿教师职业道德规范的有效性研究：正负面清单模式［J］.现代教育科学，2021（2）：105－110.

［15］黄正平，刘守旗.教师职业道德新编［M］.南京：南京大学出版社，2010.

［16］薛莲.新时代背景下提升幼儿教师职业道德水平的思考［J］.教育观察，2021（40）：67－70.

［17］王琼.立德树人视域下"幼儿教师职业道德"课程思政教学实践探索［J］.科教文汇（下旬刊），2021（8）：147－149.

［18］陈娟堂.中职幼儿教师职业道德课程教学改革探索［J］.广西教育，2021（22）：64－66.

［19］汪愉栋.学前幼儿的肖像权保护：基于幼儿教师职业道德与政策法规课程的视角［J］.教育观察，2021（4）：24－25.